民事案件高频案由立案审查精要

CIVIL CASE
HIGH FREQUENCY CASE
FILING REVIEW ESSENTIALS

主　　编／王宇展
副 主 编／徐玉弟　徐　啸
执行主编／吴瑞益

法律出版社　LAW PRESS
——北京——

图书在版编目(CIP)数据

民事案件高频案由立案审查精要 / 王宇展主编;徐玉弟,徐啸副主编. -- 北京:法律出版社,2024
ISBN 978-7-5197-8834-6

Ⅰ.①民… Ⅱ.①王… ②徐… ③徐… Ⅲ.①民事诉讼-立案-法律解释-中国 Ⅳ.①D925.105

中国国家版本馆 CIP 数据核字(2024)第 036823 号

民事案件高频案由立案审查精要 MINSHI ANJIAN GAOPIN ANYOU LI'AN SHENCHA JINGYAO	王宇展　　　　主编 徐玉弟　徐　啸　副主编 吴瑞益　　　　执行主编	策划编辑　冯雨春 责任编辑　李　军 装帧设计　鲍龙卉

出版发行　法律出版社	开本　710 毫米×1000 毫米　1/16
编辑统筹　法律应用出版分社	印张 20　字数 300 千
责任校对　晁明慧	版本　2024 年 5 月第 1 版
责任印制　刘晓伟	印次　2024 年 5 月第 1 次印刷
经　　销　新华书店	印刷　三河市兴达印务有限公司

地址:北京市丰台区莲花池西里 7 号(100073)
网址:www.lawpress.com.cn　　　　　　销售电话:010-83938349
投稿邮箱:info@lawpress.com.cn　　　　客服电话:010-83938350
举报盗版邮箱:jbwq@lawpress.com.cn　　咨询电话:010-63939796
版权所有·侵权必究

书号:ISBN 978-7-5197-8834-6　　　　　　定价:96.00 元
凡购买本社图书,如有印装错误,我社负责退换。电话:010-83938349

本 书 撰 稿 人

（按姓氏笔画排序）

马怡婷　　上海市闵行区人民法院立案庭法官助理

王思悦　　上海市闵行区人民法院立案庭法官助理

王夏梦　　上海市闵行区人民法院立案庭法官助理

左玉国　　上海市闵行区人民法院立案庭副庭长

冯佳燕　　上海市闵行区人民法院立案庭法官助理

杨欣宜　　上海市闵行区人民法院立案庭一级科员

吴瑞益　　上海市闵行区人民法院立案庭副庭长

张志远　　上海市闵行区人民法院立案庭速裁团队负责人

张磊蕾　　上海市闵行区人民法院立案庭审判员

倪晶旌　　上海市闵行区人民法院知产审判团队法官助理

詹梦星　　上海市闵行区人民法院立案庭法官助理

序

　　立案诉讼服务是人民法院审判工作的前提和基础，也是启动司法程序的开关和按钮。2023年7月13日，在全国大法官研讨班开幕式中，最高人民法院党组书记、院长张军指出，要把实质性化解矛盾、解决问题作为司法审判的目标、导向，以"如我在诉"的意识，在每一个审判环节都把服判息诉的功课做到极致。近年来，全国法院不断加强诉源治理，抓前端、治未病，推动矛盾纠纷源头化解，而人民群众的司法需求也随着社会时代和经济发展持续提升，人民法院受理案件数量大幅攀升，其中不乏新类型案件涌现，对人民法院的立案工作提出了更高的要求，需要法院立案庭在工作中始终坚持换位思考，站在当事人的角度思考问题，把化解矛盾、服判息诉的工作做足。在此背景下，必须深入贯彻落实党的二十大精神和习近平总书记重要指示精神，坚持以人民为中心的发展思想，落实"如我在诉"的理念。上海市闵行区人民法院积极践行、勇于尝试，一方面，通过机制创新激发动能，构建"1+5+N"诉源治理体系，推进"枫桥式人民法庭"创建工作，充分借助人民法庭主体作用，推动更多法治力量向引导和疏导端用力，将诉调对接的"解"向下延伸，将诉源治理向前挺进，促进基层社会治理从化诉止争向少诉无诉转变；另一方面，通过规范建设内挖潜能，坚决贯彻落实立案登记制，统一立案审查标准，避免法院"未审先判""就案办案""机械司法"，全面保障当事人的诉权，满足人民群众多元化的诉讼需求。

　　立案诉讼服务场所是人民群众到法院参与诉讼活动的"第一道窗口"。依法、准确、高效、便民地完成立案环节，容易给当事人和代理律师留下好的第一印象，能在立案环节发挥法院诉讼活动的"首因效应"作用，并有利于后续调解、审判、执行等各项工作的推进。相反，如果当事人、代理律师在立案过程中遇到失当的拒绝受理、无理的推脱管辖、一味的消极受理等情况，则容易使诉讼参与人产生"立案难""立案慢"的感受，既无法回应人民群众对司法公正的期盼，也不利于法院发挥司法定分止争的职能作用。立案审查工作纷繁复杂，涉及的法律、司法解释以及指导性观点数量庞多，并散见于不同的法律条文及规定中。因此，聚焦民事案件高频案由，并将相关的审查要点及实践观点进行梳理汇总，通过"抓住主要矛盾和矛盾的主要方面"，可以达到立案审查"事半功倍"的效果。

本书主要由上海市闵行区人民法院在立案一线工作的员额法官、法官助理参与编写，从基层法院立案审查的角度展开，通过数据分析锁定基层法院受理民事案件中的高频案由，并采用案例链接的形式，紧密联系司法实践中民事诉讼的立案痛点、难点、堵点，对比新旧民事诉讼法及其司法解释等规范，梳理总结出了具有实操性的民事诉讼立案审查要点。于外以期达到规范指引、有效释明当事人参与诉讼；于内以期达到规范法院立案审查工作，帮助立案审查工作人员进一步掌握相关审查要点，全面提升程序性案件审查能力。基于此，本书内容的特点如下：

一是全面与重点相结合，通过翔实系统编纂，突出专题性。具体而言，本书采总分结构。上篇总论主要介绍立案审查的三大要素即起诉与受理、管辖与主管以及诉讼参加人三个章节重点内容，下篇分论则旨在梳理民事诉讼法中各编项下的高频案由，并结合总论详细展开不同案由下三要素的具体应用与分析，涉及内容既包括民事诉讼法律法规，还包括司法解释、司法观点及相关案例等。

二是理论与实务相结合，重在开展案例分析，突出实践性。相比传统的立案要点汇编，本书并非一味罗列法条及相关司法解释。具体而言，上篇总论在就具体议题分析时按照"理论解析——案例链接——实践判断——总结延伸"结构展开，下篇分论则按照"案由释义——管辖规定——实践点击——请求权基础规范指引"结构行文，上、下篇在基本的理论展开阐述外均有相当篇幅探引实践案例，并以案例为引，就实务中遇到的相关问题做出明确答复及法律释明，形成立案审查索引指南。

三是程序与实体相结合，通过体例要件指引，突出操作性。立案审查是程序性要件的集中审查阶段，即主要审查民事起诉的形式要件、当事人是否明确、适格以及是否属于法院主管、管辖等方面的内容，因此，本书在体例安排上也以程序性要件为基础脉络而展开，便于立案审查的法官以及参与诉讼的群众按照程序性要素检索相关规定，厘清要点。

本书编写过程中，法律出版社给予了大力支持，编辑人员为本书细致的编排、审校付出了大量努力。立案庭在完成本职工作的同时，还组织人员参与编写，相关撰稿人更是利用业余时间进行撰写，付出了大量心血，在此一并表示衷心的感谢！囿于时间、精力和水平局限，本书的内容难免有所疏漏和不足，欢迎读者们提出宝贵建议。

如我在诉，念兹在兹。最后，衷心希望本书能够为诉讼参与人提供有用的指引和帮助。

上海市闵行区人民法院党组书记、院长

2024 年 1 月

总 目

▶▶ 上　篇 ◀◀

第一章　起诉与受理 ·· 003
　　第一节　诉与起诉 ·· 003
　　第二节　审查与受理 ·· 022

第二章　管辖与主管 ·· 035
　　第一节　专门管辖 ·· 035
　　第二节　级别管辖 ·· 047
　　第三节　地域管辖 ·· 055
　　第四节　专属管辖 ·· 063
　　第五节　协议管辖 ·· 069
　　第六节　移送管辖与指定管辖 ··· 076

第三章　诉讼参加人 ·· 084
　　第一节　当事人的主体资格 ··· 084
　　第二节　诉讼代理人 ·· 093

▶▶ 下　篇 ◀◀

第四章　民事类高频案由 ·· 105
　　第一节　高频案由分析 ·· 105

001

第二节　人格权纠纷 ·· 106
第三节　婚姻家庭、继承纠纷 ···································· 115
第四节　物权纠纷 ·· 135
第五节　合同、准合同纠纷 ·· 149
第六节　劳动合同纠纷 ·· 183
第七节　侵权责任纠纷 ·· 190

第五章　商事类高频案由 ·· 211
第一节　高频案由分析 ·· 211
第二节　合同纠纷 ·· 212
第三节　涉及合伙、企业和公司有关的纠纷 ············ 222
第四节　保险纠纷和票据纠纷 ···································· 235

第六章　知识产权类高频案由 ······································ 249
第一节　高频案由分析 ·· 249
第二节　侵害作品信息网络传播权纠纷 ···················· 249
第三节　侵害著作权纠纷 ·· 252
第四节　侵害商标权纠纷 ·· 258
第五节　特许经营合同纠纷 ·· 261
第六节　不正当竞争纠纷 ·· 264

第七章　特别程序类高频案由 ······································ 274
第一节　高频案由分析 ·· 274
第二节　申请司法确认调解协议 ································ 274
第三节　认定公民无民事行为能力、限制民事行为
　　　　　能力案件 ·· 276
第四节　宣告失踪、宣告死亡案件 ···························· 278
第五节　申请人身安全保护令案件 ···························· 282

详·目

▶▶ 上 篇 ◀◀

第一章 起诉与受理 ·· 003
 第一节 诉与起诉 ·· 003
  一、原告是与本案有直接利害关系的公民、法人和其他组织 ········ 004
   【理论解析】 ··· 004
    （一）原告是争议法律关系中的一方 ································ 004
    （二）原告与本案有利害关系 ··· 005
    （三）原告与案件的利害关系必须是直接利害关系 ············ 005
   【实践判断】 ··· 006
   【总结延伸】 ··· 006
    （一）判断纠纷的类型 ··· 006
    （二）确定原告与案件所涉纠纷有无直接利害关系 ············ 007
  二、有明确的被告 ··· 007
   【理论解析】 ··· 007
   【实践判断】 ··· 008
   【总结延伸】 ··· 009
  三、有具体的诉讼请求和事实、理由 ·· 011
   【理论解析】 ··· 011
   【实践判断】 ··· 012

(一) 主体 ··· 012
  (二) 客体 ··· 013
  【总结延伸】 ·· 014
  (一) 适配性 ··· 014
  (二) 精准性 ··· 015
  (三) 具体化 ··· 015
  (四) 可执行性 ·· 015
 四、属于人民法院受理民事诉讼的范围和受诉人民法院管辖 ················· 016
  【理论解析】 ·· 016
   (一) 案件属于人民法院受理民事诉讼的范围 ·· 016
   (二) 案件属于受诉人民法院管辖 ·· 016
  【实践判断】 ·· 017
  【总结延伸】 ·· 018
   (一) 民事诉讼受案范围的判断 ·· 018
   (二) 民事诉讼主管问题的审查 ·· 018
 五、诉讼标的 ·· 019
  【理论解析】 ·· 019
   (一) 给付之诉 ··· 019
   (二) 确认之诉 ··· 020
   (三) 形成之诉 ··· 020
  【实践判断】 ·· 021
  【总结延伸】 ·· 021
   (一) 不同法律关系下,原告提出的诉讼请求不同 ·· 022
   (二) 法律对不同的纠纷类型规定了不同的判断标准 ···································· 022
   (三) 针对不同类型的纠纷,法律对其管辖规定有所不同 ····························· 022
第二节 审查与受理 ··· 022
 一、不予登记立案的情形 ·· 022
  【理论解析】 ·· 022
  【实践判断】 ·· 023

（一）违法起诉或不符合法律规定的情形 …………………………… 023
　　（二）所诉事项不属于人民法院主管的情形 …………………………… 023
　【总结延伸】 ……………………………………………………………… 024

二、不予受理起诉的情形 …………………………………………………… 025
　【理论解析】 ……………………………………………………………… 025
　　（一）主体不适格 …………………………………………………… 025
　　（二）诉请不恰当 …………………………………………………… 026
　　（三）不属于本院管辖 ……………………………………………… 026
　　（四）重复起诉 ……………………………………………………… 026
　【实践判断】 ……………………………………………………………… 027
　【总结延伸】 ……………………………………………………………… 027

三、重复起诉的判断标准 …………………………………………………… 028
　【理论解析】 ……………………………………………………………… 028
　【实践判断】 ……………………………………………………………… 030
　　（一）当事人相同 …………………………………………………… 030
　　（二）诉讼标的相同 ………………………………………………… 031
　　（三）诉讼请求相同 ………………………………………………… 031
　【总结延伸】 ……………………………………………………………… 033
　　（一）原审原告在第二审程序中撤回起诉后重复起诉 …………… 033
　　（二）一审原告在再审审理程序中撤回起诉后重复起诉 ………… 033
　　（三）外国法院判决、裁定已经被我国人民法院承认，当事人
　　　　　就同一争议向人民法院起诉 ……………………………… 034

第二章　管辖与主管 ……………………………………………………… 035
第一节　专门管辖 ………………………………………………………… 035
　【理论解析】 ……………………………………………………………… 036
　　（一）专门管辖与集中管辖 ………………………………………… 036
　　（二）专门法院及专门管辖 ………………………………………… 037
　【实践判断】 ……………………………………………………………… 041

　　　　【总结延伸】 ··· 042
　第二节　级别管辖 ··· 047
　　　　【理论解析】 ··· 048
　　　　【实践判断】 ··· 052
　　　　　　（一）诉讼标的额确定标准 ······························· 052
　　　　　　（二）级别管辖移送错误，程序上如何处理 ············ 053
　　　　【总结延伸】 ··· 054
　第三节　地域管辖 ··· 055
　　　　【理论解析】 ··· 056
　　　　　　（一）一般地域管辖 ··· 056
　　　　　　（二）一般地域管辖的例外规定 ··························· 057
　　　　　　（三）特殊地域管辖 ··· 058
　　　　【实践判断】 ··· 061
　　　　【总结延伸】 ··· 062
　第四节　专属管辖 ··· 063
　　　　【理论解析】 ··· 063
　　　　　　（一）排他效力 ··· 063
　　　　　　（二）排除效力 ··· 063
　　　　　　（三）限制效力 ··· 064
　　　　　　（四）职权审查效力 ··· 064
　　　　【实践判断】 ··· 065
　　　　　　（一）不动产纠纷管辖 ······································ 065
　　　　　　（二）遗产继承纠纷管辖 ··································· 067
　　　　【总结延伸】 ··· 068
　　　　　　（一）可适当拓宽专属管辖的范围 ······················· 068
　　　　　　（二）进一步强化专属管辖的效力 ······················· 068
　第五节　协议管辖 ··· 069
　　　　【理论解析】 ··· 070
　　　　　　（一）协议管辖的范围仅限于因合同纠纷或其他财产权益
　　　　　　　　　纠纷提起的诉讼 ······································ 070

（二）协议管辖选择的人民法院，是与争议有实际联系地点的
　　　　人民法院 ·· 070
　　（三）协议管辖只适用于一审民事案件，不适用于二审和再审
　　　　民事案件 ·· 070
　　（四）协议管辖不能违反级别管辖和专属管辖的规定 ··············· 071
　　（五）双方当事人必须达成一致的书面管辖协议 ······················· 071
【实践判断】 ··· 072
　　（一）管辖协议中约定"向各自所在地法院"起诉 ······················ 072
　　（二）管辖协议中约定"由守约方（被违约方）所在地法院"
　　　　管辖 ·· 073
　　（三）管辖协议中地域管辖和级别管辖交叉 ······························· 073
【总结延伸】 ··· 074
　　（一）选择的管辖法院与争议无实际联系的，应当认定约定管辖
　　　　无效 ·· 074
　　（二）创设管辖法院与争议之间的连接点，以约定管辖是否会破坏
　　　　诉讼秩序为标准判断效力 ·· 075

第六节　移送管辖与指定管辖 ··· 076
【理论解析】 ··· 077
　　（一）法院已经受理案件 ··· 077
　　（二）移送的法院对案件无管辖权 ··· 077
　　（三）只能向有管辖权的法院移送 ··· 077
　　（四）移送管辖只能进行一次 ··· 077
【实践判断】 ··· 080
　　（一）无管辖权法院向有管辖权法院的移送 ······························· 080
　　（二）有管辖权法院向有管辖权法院的移送 ······························· 082
【总结延伸】 ··· 082
　　（一）需规范移送管辖制度，完善移送管辖审查审批 ··············· 082
　　（二）需规范当事人的异议申请权，避免滥用管辖权异议 ······· 083

第三章　诉讼参加人 ································· 084
第一节　当事人的主体资格 ························· 084
一、当事人能力 ································ 084
【理论解析】 ································ 084
（一）公民 ································ 085
（二）法人 ································ 085
（三）其他组织 ································ 086
【实践判断】 ································ 087
（一）机关内部的事业单位是否具备民事主体资格 ············ 088
（二）大学内设学院是否具备民事主体资格 ··············· 088
（三）企业被吊销营业执照后是否具备民事主体资格 ·········· 088
（四）建筑企业的项目部是否具备民事主体资格 ············ 089
【总结延伸】 ································ 089
二、当事人适格 ································ 090
【理论解析】 ································ 090
【实践判断】 ································ 092
【总结延伸】 ································ 093
第二节　诉讼代理人 ································ 093
【理论解析】 ································ 093
（一）法定代理人 ································ 093
（二）委托诉讼代理人 ································ 094
【实践判断】 ································ 097
【总结延伸】 ································ 098

▶▶ 下　篇 ◀◀

第四章　民事类高频案由 ································ 105
第一节　高频案由分析 ································ 105
第二节　人格权纠纷 ································ 106

一、生命权、身体权、健康权纠纷 ·· 106
【案由释义】 ·· 106
【管辖规定】 ·· 107
【实践点击】 ·· 107
（一）当侵权人是无民事行为能力人、限制民事行为能力人时，
应将谁列为起诉时的被告？ ································ 107
（二）被侵权人死亡时，其近亲属是否可以作为原告提起诉讼？ ········ 108
（三）生命权、身体权与健康权如何区分？ ························ 109
【请求权基础规范指引】 ·· 110

二、姓名权、名誉权、肖像权、隐私权纠纷 ································ 110
【案由释义】 ·· 110
【管辖规定】 ·· 111
【实践点击】 ·· 111
（一）姓名权纠纷与名称权纠纷如何区分？ ························ 111
（二）法人和非法人组织可以以名誉权受到侵害为由向法院请求精神
损害赔偿吗？ ································ 112
（三）侵权人在网络平台上发布侵害他人人身权益的信息，当事人是否
可以直接起诉网络服务提供者要求提供侵权人的个人信息？ ······ 113
（四）侵权人未以营利为目的制作、使用、公开他人肖像的，受害人
可否以肖像权受到侵害为由向法院起诉？ ························ 114
【请求权基础规范指引】 ·· 114

第三节　婚姻家庭、继承纠纷 ··· 115
一、离婚纠纷 ·· 115
【案由释义】 ·· 115
【管辖规定】 ·· 115
【实践点击】 ·· 116
（一）精神病人如何提起离婚诉讼？ ······························ 116
（二）涉外离婚纠纷如何确定地域管辖法院？ ······················ 117
（三）无民事行为能力人的配偶有虐待、遗弃等严重损害无民事行为能力
一方的人身权利或财产权益行为的，如何提起民事诉讼？ ········ 118

【请求权基础规范指引】·················· 119

二、继承纠纷 ······························ 119

　【案由释义】······························ 119

　　（一）法定继承纠纷 ···················· 120

　　（二）遗嘱继承纠纷 ···················· 121

　【管辖规定】······························ 121

　【实践点击】······························ 122

　　（一）继承关系中，除原告外其余顺位的继承人均不在世，此时
　　　　　起诉应列谁为被告？················ 122

　　（二）继承案件中，涉案房屋的真实产权属于父母却登记在其中
　　　　　一位继承人名下，其他继承人起诉要求继承该财产的，
　　　　　能否受理？······················ 122

　　（三）除法定继承人外，还有哪些人享有继承权或可分得适当遗产，
　　　　　可以提起继承诉讼？················ 123

　　（四）被继承人生前的经常居住地能否作为继承遗产纠纷确定
　　　　　管辖的依据？···················· 123

　【请求权基础规范指引】·················· 124

三、分家析产纠纷 ·························· 124

　【案由释义】······························ 124

　【管辖规定】······························ 124

　【实践点击】······························ 124

　　（一）分家析产纠纷和继承纠纷应如何区分？········ 124

　　（二）分家析产纠纷和共有物分割纠纷应如何区分？····· 126

　　（三）分家析产纠纷中，涉及夫妻共同财产的，是否可以要求对该部分
　　　　　共同财产一并予以分割？·············· 126

　【请求权基础规范指引】·················· 127

四、抚养纠纷 ······························ 127

　【案由释义】······························ 127

　　（一）抚养费纠纷 ······················ 127

（二）变更抚养关系纠纷 ··· 128
　【管辖规定】 ··· 128
　【实践点击】 ··· 128
　　（一）父母婚姻存续期间，一方不履行抚养子女的义务，未成年
　　　　 子女可否主张抚养费？ ··· 128
　　（二）不能独立生活的成年子女，诉请父母支付抚养费，法院是否
　　　　 受理？ ··· 129
　　（三）父母双方已就抚养费支付达成协议，子女是否可以请求
　　　　 变更？ ··· 130
　　（四）祖父母或外祖父母起诉要求变更孙子女、外孙子女的抚养权，
　　　　 是否受理？ ··· 130
　　（五）祖父母或外祖父母起诉要求孙子女、外孙子女的父或母支付
　　　　 抚养费的，能否受理？ ··· 131
　【请求权基础规范指引】 ··· 132
五、离婚后财产纠纷 ··· 132
　【案由释义】 ··· 132
　【管辖规定】 ··· 132
　【实践点击】 ··· 133
　　（一）离婚后财产纠纷涉及不动产，是否适用专属管辖？ ··············· 133
　　（二）离婚后一方诉请要求另一方配合办理公积金冲还贷手续的，
　　　　 法院能否受理，案由如何确定？ ································· 134
　　（三）当事人离婚时达成的关于财产分割的协议是否具有强制
　　　　 执行力？ ··· 134
　　（四）夫妻离婚后对共有财产进行分割，若该财产涉及第三人的
　　　　 权益，案由如何确定？ ··· 134
　【请求权基础规范指引】 ··· 135
第四节　物权纠纷 ··· 135
　一、相邻关系纠纷 ··· 135
　　【案由释义】 ··· 135

【管辖规定】……………………………………………………… 136
【实践点击】……………………………………………………… 136
（一）相邻关系纠纷的诉讼主体是什么？…………………… 136
（二）原告以被告的行为"影响安全"为由提起相邻纠纷诉讼的，
法院是否受理？…………………………………………… 137
【请求权基础规范指引】………………………………………… 137

二、共有纠纷 …………………………………………………… 137
【案由释义】……………………………………………………… 137
【管辖规定】……………………………………………………… 138
【实践点击】……………………………………………………… 138
（一）哪些情况下，当事人可以提起共有物分割之诉？…… 138
（二）哪些情况下，可以提起债权人代位析产之诉？……… 139
【请求权基础规范指引】………………………………………… 139

三、排除妨害纠纷 ……………………………………………… 140
【案由释义】……………………………………………………… 140
【管辖规定】……………………………………………………… 140
【实践点击】……………………………………………………… 140
（一）排除妨害纠纷的请求权主体要求是什么？…………… 140
（二）行使排除妨害请求权有时间限制吗？………………… 141
【请求权基础规范指引】………………………………………… 141

四、物权确认纠纷 ……………………………………………… 141
【案由释义】……………………………………………………… 141
【管辖规定】……………………………………………………… 141
【实践点击】……………………………………………………… 142
（一）哪些情况下，当事人可以提起物权确认之诉？……… 142
（二）哪些情况下，当事人不能提起物权确认之诉？……… 142
（三）对拆迁安置权益发生争议的，可以提起物权确认之诉吗？……… 143
（四）物权确认纠纷中，夫妻一方擅自处理共有房屋是否可以适用
物权善意取得制度，提起物权确认之诉？………………… 143

【请求权基础规范指引】 …… 144

五、业主撤销权纠纷与业主知情权纠纷 …… 144

【案由释义】 …… 144

（一）业主撤销权纠纷 …… 144

（二）业主知情权纠纷 …… 144

【管辖规定】 …… 144

【实践点击】 …… 144

（一）业主撤销权纠纷的适格主体要求是什么？ …… 145

（二）业主撤销权诉讼请求的撤销对象是什么？ …… 146

（三）物业服务合同中的内容是否属于业主撤销权的范围？ …… 146

（四）行使业主撤销权受时效或期间的限制吗？ …… 146

【请求权基础规范指引】 …… 147

六、返还原物纠纷 …… 147

【案由释义】 …… 147

【管辖规定】 …… 147

【实践点击】 …… 148

（一）返还原物纠纷中，是否可提出原物被占有期间产生的孳息的诉请？ …… 148

（二）返还原物纠纷中，诉讼请求是否可以针对原物主张修理、重作、更换或者恢复原状？ …… 148

（三）返还原物请求权与排除妨害请求权如何区别？ …… 149

【请求权基础规范指引】 …… 149

第五节 合同、准合同纠纷 …… 149

一、物业服务合同纠纷 …… 149

【案由释义】 …… 149

【管辖规定】 …… 150

【实践点击】 …… 150

（一）关于已约定仲裁条款的前期物业服务合同能否直接提起诉讼？ …… 150

（二）业主是否可以单独对物业服务人提起诉讼，要求变更物业服务合同内容？ ………………………………………………… 150

【请求权基础规范指引】 ………………………………… 151

二、租赁合同纠纷 ………………………………………… 151

【案由释义】 ………………………………………………… 151

【管辖规定】 ………………………………………………… 152

【实践点击】 ………………………………………………… 152

（一）是否所有的房屋租赁合同纠纷均适用《民法典》合同编"租赁合同"一章的规定？ ………………………………… 152

（二）公有房屋的承租人死亡后，当事人对出租人作出的承租人确定意见不服的，能否直接向法院起诉？ ………………… 153

（三）房屋租赁合同纠纷与房屋委托合同纠纷的区别？ …… 153

【请求权基础规范指引】 ………………………………… 154

三、民间借贷纠纷 ………………………………………… 154

【案由释义】 ………………………………………………… 154

【管辖规定】 ………………………………………………… 154

【实践点击】 ………………………………………………… 155

（一）民间借贷纠纷中，对于"接收货币一方"如何理解？ …… 155

（二）债权转让后，借款合同应如何确定管辖？ ……………… 155

（三）民间借贷纠纷中一方当事人死亡，管辖如何确定？ …… 156

（四）借款合同签订后，当事人住所地变更，如何确定管辖？ …… 157

【请求权基础规范指引】 ………………………………… 157

四、快递服务合同纠纷 …………………………………… 157

【案由释义】 ………………………………………………… 158

【管辖规定】 ………………………………………………… 158

【实践点击】 ………………………………………………… 159

（一）快递服务合同纠纷与相近合同纠纷如何区别？ ……… 159

（二）快递公司由于自身过错导致快件丢失，收件人虽不是快递服务合同当事人，是否可以主张损害赔偿？ ………………… 159

五、教育培训合同纠纷 ·················· 160

【案由释义】 ·················· 160

【管辖规定】 ·················· 160

【实践点击】 ·················· 160

（一）如何区分教育培训合同与技术培训合同？ ·················· 160

（二）教育培训合同中教育培训机构的披露地址能否作为其住所地依据？ ·················· 162

【请求权基础规范指引】 ·················· 162

六、建设工程合同纠纷 ·················· 163

【案由释义】 ·················· 163

【管辖规定】 ·················· 163

【实践点击】 ·················· 164

（一）建设工程施工合同与承揽合同的区别？ ·················· 164

（二）建设工程分包合同与劳务合同的区别？ ·················· 165

（三）家居舒适系统工程合同，如家用中央空调、新风系统等安装合同，是否属于建设工程施工合同？ ·················· 166

【请求权基础规范指引】 ·················· 167

七、房屋买卖合同纠纷 ·················· 167

【案由释义】 ·················· 167

【管辖规定】 ·················· 167

【实践点击】 ·················· 168

（一）凡涉及不动产纠纷皆由不动产所在地法院管辖？ ·················· 168

（二）"交付不动产的，不动产所在地为合同履行地"在房屋买卖合同纠纷中应如何适用？ ·················· 169

（三）凡在房屋买卖合同中约定了"房屋所在地法院管辖"，是否都能适用？ ·················· 169

（四）房屋买卖合同纠纷中，买方能否在诉讼请求中要求卖方按照合同约定迁出户口？ ·················· 170

（五）"借名买房"纠纷系合同纠纷还是确权纠纷？ ·················· 170

【请求权基础规范指引】 ··· 171

八、劳务合同纠纷 ··· 171

【案由释义】 ··· 171

【管辖规定】 ··· 171

【实践点击】 ··· 171

（一）未签订书面劳务合同，提供劳务者起诉要求支付劳务费，起诉人所在地法院是否具有管辖权？ ······················· 171

（二）未签订书面劳务合同，起诉人与被起诉人住所地均不在上海市A区，但起诉人在上海市A区为被起诉人提供劳务，起诉人起诉要求支付劳务费，上海市A区人民法院是否具有管辖权？ ··· 172

【请求权基础规范指引】 ··· 172

九、中介合同纠纷 ··· 173

【案由释义】 ··· 173

【管辖规定】 ··· 173

【实践点击】 ··· 173

如何区分中介合同纠纷与委托合同纠纷？ ···························· 173

【请求权基础规范指引】 ··· 175

十、不当得利纠纷 ··· 175

【案由释义】 ··· 175

【管辖规定】 ··· 175

【实践点击】 ··· 175

（一）审查不当得利诉讼请求时，如何判断是否属于民事诉讼的受理范围？ ··· 175

（二）如何审查提起不当得利纠纷诉讼是否构成重复起诉？ ············ 176

（三）不当得利返还请求权与物权请求权中的原物返还请求权如何区分？ ··· 177

【请求权基础规范指引】 ··· 177

十一、确认合同效力纠纷 · 178

【案由释义】 · 178

（一）确认合同有效纠纷 · 178

（二）确认合同无效纠纷 · 178

【管辖规定】 · 178

【实践点击】 · 178

（一）合同外第三人是否有权确认合同无效？ · 178

（二）确认合同效力纠纷中，"合同履行地"如何确定？ · 179

【请求权基础规范指引】 · 179

十二、民间委托理财合同纠纷 · 180

【案由释义】 · 180

【管辖规定】 · 180

【实践点击】 · 180

（一）民间委托理财合同与民间借贷如何区别？ · 180

（二）民间委托理财合同与委托合同如何区别？ · 180

【请求权基础规范指引】 · 181

十三、缔约过失责任纠纷 · 181

【案由释义】 · 181

【管辖规定】 · 181

【实践点击】 · 182

合同有效并已实际履行，能否主张缔约过失责任？ · 182

【请求权基础规范指引】 · 183

第六节 劳动合同纠纷 · 183

【案由释义】 · 183

【管辖规定】 · 184

【实践点击】 · 184

（一）已达法定退休年龄的"超龄"劳动者是否仍受劳动法的调整？ · 184

（二）当事人已签收劳动争议仲裁机构作出的调解书，之后反悔，向人民法院起诉的，人民法院是否受理？ ……………… 185

（三）用人单位在申请仲裁前后已经注销的，劳动者可否直接向法院起诉该用人单位的法定代表人或股东？ ……………… 186

（四）公司与劳动者在解除劳动合同关系时就未结清的工资款项签署还款协议书的，如公司始终未履行给付义务，员工可否以该协议书为证据直接向人民法院起诉要求公司给付？ ……… 186

（五）社会保险纠纷作为劳动争议纠纷依法适用劳动仲裁前置程序的情形 ………………………………………………… 187

（六）劳动仲裁裁决书中明确不服劳动裁决的管辖法院的，当事人是否可向其他法院起诉？ ……………………………… 188

（七）劳动仲裁前置程序的例外情况 ……………………………… 189

【请求权基础规范指引】 ……………………………………………… 190

第七节　侵权责任纠纷 ……………………………………………………… 190

一、机动车交通事故责任纠纷 ………………………………………… 190

【案由释义】 ……………………………………………………… 190

【管辖规定】 ……………………………………………………… 191

【实践点击】 ……………………………………………………… 191

（一）机动车交通事故发生后，谁可以作为原告主张车辆的损害赔偿？ …………………………………………… 191

（二）如何选择机动车交通事故责任纠纷的管辖法院？ ……… 191

（三）机动车交通事故发生时，如何将保险公司列为当事人？ ……… 192

（四）以挂靠形式从事道路运输经营活动的机动车发生交通事故的，当事人是否可以一并起诉被挂靠人承担赔偿责任？ ……… 193

【请求权基础规范指引】 ……………………………………………… 193

二、财产损害赔偿纠纷 ………………………………………………… 193

【案由释义】 ……………………………………………………… 193

【管辖规定】 ……………………………………………………… 194

【实践点击】 ……………………………………………………… 194

（一）公民饲养的宠物受到侵害的，可否适用本案由向人民法院起诉？ ······ 194

（二）当事人的虚拟网络财产受到侵害的，其住所地法院是否对案件有管辖权？ ······ 194

【请求权基础规范指引】 ······ 195

三、非机动车交通事故责任纠纷 ······ 195

【案由释义】 ······ 195

【管辖规定】 ······ 195

【实践点击】 ······ 196

非机动车交通事故责任纠纷与机动车交通事故责任纠纷如何区分？ ······ 196

【请求权基础规范指引】 ······ 196

四、提供劳务者受害责任纠纷 ······ 196

【案由释义】 ······ 196

【管辖规定】 ······ 196

【实践点击】 ······ 197

（一）受害人在提供劳务过程中因第三人侵权受害的，已通过诉讼向第三人追责并获得赔偿，是否可以再起诉雇主要求其承担雇主责任？ ······ 197

（二）农民工在工地作业时意外受伤，应该以提供劳务受害为由向法院提起诉讼还是通过工伤赔付的方式救济自己的权利？ ······ 197

【请求权基础规范指引】 ······ 198

五、医疗损害责任纠纷 ······ 198

【案由释义】 ······ 198

（一）侵害患者知情同意权责任纠纷 ······ 198

（二）医疗产品责任纠纷 ······ 199

【管辖规定】 ······ 199

【实践点击】 ······ 199

（一）医疗损害责任纠纷与医疗服务合同纠纷如何区分？ ······ 199

（二）因药品、消毒药剂、医疗器械的缺陷，或者输入不合格的血液造成患者损害的，患者可以将谁列为被告？ ………… 201

【请求权基础规范指引】 ………… 202

六、违反安全保障义务责任纠纷 ………… 202

【案由释义】 ………… 202

【管辖规定】 ………… 202

【实践点击】 ………… 202

（一）受害人在公共场所因第三人侵权而受到损害的，可否只起诉该公共场所的经营者、管理者承担安全保障义务责任？ ……… 202

（二）外来人员进入小区后受到人身损害的，可否起诉物业管理公司承担违反安全保障义务责任？ ………… 203

【请求权基础规范指引】 ………… 204

七、产品责任纠纷 ………… 204

【案由释义】 ………… 204

【管辖规定】 ………… 205

【实践点击】 ………… 205

（一）消费者在购买、使用产品或者接受服务时，其合法权益遭受损害的，如何列明当事人？ ………… 205

（二）消费者在诉请中要求产品的生产者或销售者承担惩罚性赔偿责任的，如何确定管辖法院？ ………… 207

（三）产品责任纠纷与产品质量纠纷如何区分？ ………… 207

【请求权基础规范指引】 ………… 208

八、教育机构责任纠纷 ………… 209

【案由释义】 ………… 209

【管辖规定】 ………… 209

【实践点击】 ………… 209

（一）大学生、研究生在教育机构学习、生活期间受到人身损害，可否适用本案由？ ………… 209

（二）限制民事行为能力人、无民事行为能力人在教育机构学习、
　　　　生活期间财产权益受到损害的，可否适用本案由？ ······ 210
　【请求权基础规范指引】 ······ 210

第五章　商事类高频案由 ······ 211
第一节　高频案由分析 ······ 211
第二节　合同纠纷 ······ 212
一、买卖合同纠纷 ······ 212
　【案由释义】 ······ 212
　【管辖规定】 ······ 212
　【实践点击】 ······ 212
　　（一）买卖合同中的"合同履行地"在立案阶段应如何确定？ ······ 212
　　（二）消费者通过网络购物方式购买商品后，以质量问题请求惩罚性
　　　　赔偿，能否依据信息网络买卖合同纠纷确定案件管辖？ ······ 214
　　（三）买卖合同纠纷中涉及公司人格否认，如何列当事人的诉讼
　　　　地位？ ······ 215
　　（四）买受人支付货款后，出卖人未开具增值税专用发票的，买受人
　　　　向法院起诉，请求法院判令出卖人开具增值税专用发票，
　　　　人民法院是否应予受理？ ······ 215
　【请求权基础规范指引】 ······ 216

二、融资租赁合同纠纷 ······ 216
　【案由释义】 ······ 216
　【管辖规定】 ······ 217
　【实践点击】 ······ 217
　　（一）如何确定融资租赁法律关系的性质？ ······ 217
　　（二）融资租赁合同中，如何确定两个合同关系的当事人的诉讼
　　　　地位？ ······ 217
　　（三）如合同中租赁物使用地不明确，是由原告补充说明租赁物
　　　　使用地，还是依据《民事诉讼法解释》确定合同履行地？ ······ 218
　【请求权基础规范指引】 ······ 218

三、承揽合同纠纷 218
　　【案由释义】 218
　　【管辖规定】 219
　　【实践点击】 219
　　　　（一）如何区分定作合同纠纷与装饰装修合同纠纷？ 219
　　　　（二）承揽合同与买卖合同的区别？ 220
　　【请求权基础规范指引】 220

四、金融借款合同纠纷 220
　　【案由释义】 220
　　【管辖规定】 221
　　【实践点击】 221
　　　　金融借款合同纠纷与民间借贷纠纷的区别？ 221
　　【请求权基础规范指引】 222

第三节　涉及合伙、企业和公司有关的纠纷 222

一、股权转让纠纷 222
　　【案由释义】 222
　　【管辖规定】 223
　　【实践点击】 223
　　　　（一）股权转让纠纷的主要类型？ 223
　　　　（二）股权转让合同纠纷与买卖合同的区别？ 223
　　【请求权基础规范指引】 223

二、挂靠经营合同纠纷 224
　　【案由释义】 224
　　【管辖规定】 224
　　【实践点击】 224
　　　　挂靠机动车侵权的被告主体？ 224
　　【请求权基础规范指引】 225

三、合伙合同纠纷 225
　　【案由释义】 225

【管辖规定】 …………………………………………………………… 226
　　【实践点击】 …………………………………………………………… 226
　　　　（一）合伙合同纠纷与合伙企业纠纷的区别? ……………………… 226
　　　　（二）合伙合同纠纷中"合同履行地"的确定? …………………… 227
　　【请求权基础规范指引】 ……………………………………………… 227

四、联营合同纠纷 …………………………………………………………… 227
　　【案由释义】 …………………………………………………………… 227
　　【管辖规定】 …………………………………………………………… 228
　　【实践点击】 …………………………………………………………… 228
　　　　（一）联营合同纠纷的三种类型? ……………………………………… 228
　　　　（二）实践中如何区分联营合同纠纷与房屋租赁合同纠纷? ……… 229
　　【请求权基础规范指引】 ……………………………………………… 229

五、损害公司利益责任纠纷 ………………………………………………… 230
　　【案由释义】 …………………………………………………………… 230
　　【管辖规定】 …………………………………………………………… 230
　　【实践点击】 …………………………………………………………… 230
　　　　（一）损害公司利益责任纠纷中的诉讼主体地位? ………………… 230
　　　　（二）损害公司利益责任纠纷中被告身份的确定? ………………… 231
　　【请求权基础规范指引】 ……………………………………………… 231

六、股东知情权纠纷 ………………………………………………………… 232
　　【案由释义】 …………………………………………………………… 232
　　【管辖规定】 …………………………………………………………… 233
　　【实践点击】 …………………………………………………………… 233
　　　　（一）公司原股东退出公司后，又以公司在其股东资格存续期间
　　　　　　 对其隐瞒真实经营状况为由，诉请要求行使公司知情权的，
　　　　　　 是否有主体资格? ……………………………………………… 233
　　　　（二）公司监事以其知情权受到侵害为由对公司提起知情权诉讼的，
　　　　　　 主体是否适格? ………………………………………………… 233
　　　　（三）公司股东以公司其他股东或公司董事、监事、其他高级管理
　　　　　　 人员为被告，提起知情权诉讼应如何处理? ………………… 234

【请求权基础规范指引】·· 234

第四节　保险纠纷和票据纠纷 ·· 235

一、保险人代位求偿权纠纷 ·· 235

　【案由释义】 ··· 235

　【管辖规定】 ··· 235

　【实践点击】 ··· 236

　　（一）被保险人与第三人事先达成的仲裁条款，对行使代位求
　　　　　偿权的保险人的效力？ ································· 236

　　（二）保险公司代位行使被保险人对第三者请求赔偿的案件的
　　　　　地域管辖？ ·· 236

　　（三）保险人代位求偿权纠纷中被保险人的诉讼地位如何确定？ ········ 236

　【请求权基础规范指引】 ·· 237

二、财产保险合同纠纷 ·· 237

　【案由释义】 ··· 237

　　（一）财产损失保险合同纠纷 ··································· 238

　　（二）责任保险合同纠纷 ······································· 238

　　（三）信用保险合同纠纷 ······································· 238

　　（四）保证保险合同纠纷 ······································· 239

　【管辖规定】 ··· 239

　【实践点击】 ··· 239

　　运输工具登记注册地的认定？ ·································· 239

　【请求权基础规范指引】 ·· 240

三、票据追索权纠纷 ··· 240

　【案由释义】 ··· 240

　【管辖规定】 ··· 241

　【实践点击】 ··· 242

　　（一）最后持票人基于转贴现合同起诉请求未在票据上背书的
　　　　　合同相对方承担责任的案件，应如何确定案由？ ··········· 242

　　（二）持票人不先行使票据付款请求权而先行使票据追索权，
　　　　　遭到拒绝提起诉讼的，人民法院是否受理？ ················ 242

【请求权基础规范指引】 ········· 243

　二、人身保险合同纠纷 ············· 243

　　【案由释义】 ··················· 243

　　　（一）人寿保险合同纠纷 ········· 243

　　　（二）意外伤害保险合同纠纷 ····· 244

　　　（三）健康保险合同纠纷 ········· 244

　　【管辖规定】 ··················· 244

　　【实践点击】 ··················· 244

　　　（一）人身保险合同与财产保险合同的区别？ ········· 244

　　　（二）因人身保险合同纠纷提起的诉讼，是否可以在保险事故发生地法院起诉？ ········· 246

　　【请求权基础规范指引】 ········· 246

　五、票据付款请求权纠纷 ········· 247

　　【案由释义】 ··················· 247

　　【管辖规定】 ··················· 247

　　【实践点击】 ··················· 248

　　　（一）票据付款请求权的适用条件？ ········· 248

　　　（二）提起票据付款请求权纠纷诉讼与公示催告程序的区别及衔接问题？ ········· 248

　　【请求权基础规范指引】 ········· 248

第六章　知识产权类高频案由 ········· 249

第一节　高频案由分析 ········· 249

第二节　侵害作品信息网络传播权纠纷 ········· 249

　　【案由释义】 ··················· 249

　　【管辖规定】 ··················· 250

　　【实践点击】 ··················· 250

　　　（一）若原告起诉被告侵害其信息网络传播权，在立案审查阶段，法院应当注重审查原告哪几方面？ ········· 250

(二) 若原告起诉被告侵害信息网络传播权时未提供赔偿证据，
法院是否应当要求原告进行证据的补充? ······ 250

(三) 若原告诉称网络服务提供者与他人共同提供其作品片段，
法院应如何审查? ······ 251

【请求权基础规范指引】 ······ 251

第三节 侵害著作权纠纷 ······ 252

一、侵害作品复制权纠纷 ······ 252

【案由释义】 ······ 252

【管辖规定】 ······ 252

【实践点击】 ······ 254

(一) 若原告诉被告在未取得其许可的情况下复印多份文学作品，
而原告并非作品作者，作者身份不明，法院应审查原告
哪一方面? ······ 254

(二) 若原告诉被告在未取得其许可的情况下复制某影视剧剧本，
而原告并非影视剧制作者，法院应审查原告哪一方面? ······ 254

【请求权基础规范指引】 ······ 255

二、侵害作品署名权纠纷 ······ 255

【案由释义】 ······ 255

【管辖规定】 ······ 255

【实践点击】 ······ 255

(一) 若原告诉被告在未取得其许可的情况下在一作品上署名，
而作品原作者已死亡，法院应审查原告哪一方面? ······ 255

(二) 若原告诉称被告在共同完成的作品上署名并许可他人专有
使用某小说，法院应要求原告提交哪些证据? ······ 256

【请求权基础规范指引】 ······ 256

三、侵害作品发行权纠纷 ······ 256

【案由释义】 ······ 256

【管辖规定】 ······ 256

【实践点击】 ······ 257

详 目

　　　（一）若原告诉被告盗取其作品复制件并公开发行，法院应要求
　　　　　原告提供哪些证据？ ……………………………………………… 257
　　　（二）侵害作品发行权的主体主要有哪几类？ ……………………… 257
　　【请求权基础规范指引】 ……………………………………………… 257

四、侵害保护作品完整权纠纷 …………………………………………… 257
　　【案由释义】 …………………………………………………………… 257
　　【管辖规定】 …………………………………………………………… 257
　　【实践点击】 …………………………………………………………… 258
　　　（一）若原告诉被告侵犯其作品完整权，法院应审查哪几方面？ ……… 258
　　　（二）保护作品完整权的保护对象？ ………………………………… 258
　　　（三）原告诉被告在汇编出版其作品时篡改其作品内容，法院应要求
　　　　　原告提供哪些证据？ ……………………………………………… 258
　　【请求权基础规范指引】 ……………………………………………… 258

第四节　侵害商标权纠纷 ………………………………………………… 258
　　【案由释义】 …………………………………………………………… 258
　　【管辖规定】 …………………………………………………………… 259
　　【实践点击】 …………………………………………………………… 260
　　　（一）如何确认涉诉商标在保护期内？ ……………………………… 260
　　　（二）侵害商标权纠纷哪些原告是适格主体？ ……………………… 260
　　　（三）侵害商标权纠纷中，原告需要在立案时提供哪些证据证明
　　　　　商标权的归属、侵权事实以及赔偿依据？ ……………………… 260
　　【请求权基础规范指引】 ……………………………………………… 261

第五节　特许经营合同纠纷 ……………………………………………… 261
　　【案由释义】 …………………………………………………………… 261
　　【管辖规定】 …………………………………………………………… 262
　　【实践点击】 …………………………………………………………… 262
　　　（一）立案审查时如何判断特许经营法律关系？ …………………… 262
　　　（二）立案审查时，识别特许经营法律关系时应当注意哪些问题？ …… 263
　　　（三）立案审查阶段，如何判断特许人资格？ ……………………… 263

【请求权基础规范指引】··· 264

第六节 不正当竞争纠纷··· 264

一、仿冒纠纷··· 264

【案由释义】··· 264

【管辖规定】··· 264

【实践点击】··· 265

（一）仿冒纠纷的主要类型？··· 265

（二）属于商标法禁用禁注范围的标志是否可以主张反不正当
竞争法的保护？··· 265

（三）境外相关企业字号是否可以受到我国反不正当竞争法保护？······ 266

（四）仿冒纠纷与侵害企业名称（商号）权纠纷及姓名权纠纷
之间的区别？··· 266

【请求权基础规范指引】··· 266

二、虚假宣传纠纷··· 267

【案由释义】··· 267

【管辖规定】··· 267

【实践点击】··· 267

（一）消费者是否可以作为适格原告依照《反不正当竞争法》
提起侵权诉讼？··· 267

（二）虚假宣传与虚假广告之间的区别？··································· 268

【请求权基础规范指引】··· 268

三、侵害商业秘密纠纷··· 269

【案由释义】··· 269

【管辖规定】··· 269

【实践点击】··· 269

（一）侵害商业秘密纠纷案件中，原告需要在立案时提供哪些证据？······ 269

（二）侵犯商业秘密纠纷案件中，哪些原告是适格主体？············ 270

（三）侵犯商业秘密纠纷案件中，非经营者是否可以被列为被告？······ 270

（四）侵犯商业秘密民事纠纷案件中，原告是否可以向法院申请
证据保全和行为保全? ……………………………………… 270
（五）原告是否可以主张"赔礼道歉"这一责任承担形式? ………… 271
【请求权基础规范指引】 ……………………………………………… 271
四、网络不正当竞争纠纷 …………………………………………………… 271
【案由释义】 …………………………………………………………… 271
【管辖规定】 …………………………………………………………… 272
【实践点击】 …………………………………………………………… 272
（一）网络不正当竞争行为与信息网络侵权行为之间的关系? ……… 272
（二）网购收货地能否作为网络不正当竞争案件管辖连接点? ……… 272
（三）网络不正当竞争行为发生在中华人民共和国领域外应当如何
确定管辖? ………………………………………………… 273
【请求权基础规范指引】 ……………………………………………… 273

第七章 特别程序类高频案由 …………………………………………… 274
第一节 高频案由分析 ……………………………………………… 274
第二节 申请司法确认调解协议 …………………………………… 274
【案由释义】 …………………………………………………………… 274
【管辖规定】 …………………………………………………………… 275
【实践点击】 …………………………………………………………… 275
（一）当事人向人民法院申请司法确认调解协议的，应提交
哪些材料? …………………………………………………… 275
（二）哪些情况下当事人申请司法确认调解协议，法院裁定
不予受理? …………………………………………………… 275
【请求权基础规范指引】 ……………………………………………… 276
第三节 认定公民无民事行为能力、限制民事行为能力案件 …… 276
【案由释义】 …………………………………………………………… 276
【管辖规定】 …………………………………………………………… 277
【实践点击】 …………………………………………………………… 277
（一）申请认定公民无（限制）民事行为能力的情况都有哪些? ……… 277

（二）哪些主体可以申请认定公民为无民事行为能力或者限制民事行为能力人？ ………… 277

（三）在向法院申请认定公民行为能力的案件中，申请人需提供哪些材料？ ………… 277

（四）认定公民无民事行为能力或者限制民事行为能力的案件中，人民法院是否必须对被申请人进行医学鉴定？ ………… 278

【请求权基础规范指引】 ………… 278

第四节 宣告失踪、宣告死亡案件 ………… 278

【案由释义】 ………… 278

【管辖规定】 ………… 278

【实践点击】 ………… 279

（一）申请宣告公民失踪应满足什么条件？ ………… 279

（二）申请宣告公民死亡应满足什么条件？ ………… 279

（三）可以向法院申请宣告公民失踪或死亡的利害关系人有哪些？ ………… 280

（四）利害关系人在申请宣告失踪或死亡时，有无顺序上的限制？ ………… 280

（五）哪些人不能作为申请宣告失踪人死亡的利害关系人？ ………… 281

（六）利害关系人向法院申请宣告失踪或死亡的，应当提交哪些材料？ ………… 281

【请求权基础规范指引】 ………… 281

第五节 申请人身安全保护令案件 ………… 282

【案由释义】 ………… 282

【管辖规定】 ………… 282

【实践点击】 ………… 282

（一）哪些人可以申请人身安全保护令？ ………… 282

（二）只有家庭成员间才能申请吗？如果只是恋爱关系呢？ ………… 282

（三）家庭暴力的形式有哪些？ ………… 283

（四）如何申请人身安全保护令？ ………… 283

（五）申请人身安全保护令是否要以家事诉讼的提起为前提？ ………… 284

【请求权基础规范指引】 ………… 284

上 篇

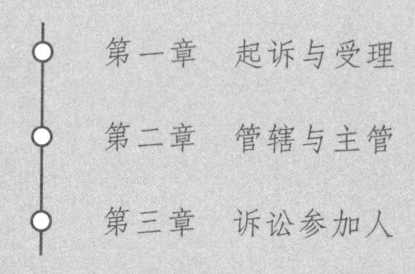

- 第一章 起诉与受理
- 第二章 管辖与主管
- 第三章 诉讼参加人

第一章
起诉与受理

第一节
诉与起诉

起诉，是指原告实施的要求法院启动审判程序，审理并裁判自己提出的特定诉讼请求的诉讼行为。由于社会生活个体间的冲突矛盾不可避免，随之而来产生纠纷，当自力救济无法实现时，诉与起诉便成为人们维权的一种方式。当自身权益受到侵害，该如何维权？若至法院提起诉讼，原告、被告、诉讼请求如何确定？该向哪家法院起诉？这些都是当事人在每一次诉讼中需要面对和解决的问题。就起诉的条件，《民事诉讼法》第122条规定，起诉必须符合下列条件：（1）原告是与本案有直接利害关系的公民、法人和其他组织；（2）有明确的被告；（3）有具体的诉讼请求和事实、理由；（4）属于人民法院受理民事诉讼的范围和受诉人民法院管辖。看似简单的4个条件，不足百字却概括了起诉的条件，然而在司法实践中则是三头两绪。例如，一家企业被拖欠货款，企业的法定代表人可否作为原告起诉？某人通过微信将钱款出借给网友，并提供转账记录、该网友的网名、微信号，能否起诉？在离婚案件中，诉请要求解除婚姻关系、分割夫妻共同财产，诉讼请求属具体明确吗？购买商品房产生纠纷，商品房位于A区，可以向A区法院起诉吗？下面将从立案审查的角度逐一予以分析。

一、原告是与本案有直接利害关系的公民、法人和其他组织

理论解析

在讨论原告主体资格问题前，首先要明确究竟何为原告？原告，是指为维护自己或自己所管理的他人的民事权益，而以自己的名义向法院起诉，从而引起民事诉讼程序发生的人。[①] 原告作为一次诉讼的启动者，诉讼请求的提出人，手握确定被告主动权的一方，人民法院在立案登记环节中唯一会出现的当事人一方，是诉讼过程中的关键一环。哪些主体可以作为原告，适格原告需具备哪些条件，是起诉首先需要解决的问题，更是人民法院从立案审查角度需要关注的重点。关于原告的主体资格，可以从以下几方面予以审查确定。

（一）原告是争议法律关系中的一方

在法律关系中，可能涉及不同类型的诉讼主体，不同主体的诉讼能力以及承担民事权利义务的能力各不相同。为保证诉讼活动的正常开展，确保判决之可履行性，并非所有主体都可以作为民事诉讼的当事人。《民事诉讼法》第51条第1款规定，公民、法人和其他组织可以作为民事诉讼的当事人。作为民事诉讼当事人即具备诉讼权利能力与具备诉讼行为能力亦不相同。诉讼权利能力是指成为民事诉讼当事人的资格，而诉讼行为能力则是指能够自己实施诉讼行为。其中公民、法人之范围相对确定，而可以作为民事诉讼当事人的其他组织的具体范围法律并未予以明确。《民法典》中虽未对"其他组织"予以释明规定，但第四章"非法人组织"中的第102条规定，非法人组织是不具有法人资格，但是能够依法以自己的名义从事民事活动的组织。非法人组织包括个人独资企业、合伙企业、不具有法人资格的专业服务机构等。综合两部法律之规定，其他组织之范畴基本等同于非法人组织。（见表1-1）

---

① 参见张卫平：《民事诉讼法》（第6版），法律出版社2023年版，第147页。

表 1-1　民事主体的诉讼权利能力与诉讼行为能力辨析

类型	诉讼权利能力	诉讼行为能力	特殊情形
公民	始于出生，终于死亡	完全民事行为能力人具有诉讼行为能力，限制民事行为能力人、无民事行为能力人无诉讼行为能力	胎儿：涉及胎儿利益保护时，具有诉讼权利能力
法人	始于成立，终于终止	与诉讼权利能力同时产生同时终止	
其他组织	始于成立，终于终止	与诉讼权利能力同时产生同时终止	

（二）原告与本案有利害关系

此处的利害关系范围应当采用限缩解释，需为法律上的利害关系。例如，张某行走在路上，恰逢李某和王某发生争执，张某听完认为李某没有道理，起诉李某要求其给王某赔礼道歉，人民法院是否应当受理？因为张某与李某、王某之间的纠纷没有利害关系，不能作为原告起诉，因此法院不予受理。

（三）原告与案件的利害关系必须是直接利害关系

一般而言，原告与案件所涉纠纷有直接利害关系主要是指：（1）自己的合法权益受到不法侵害；（2）自己与他人就民事权利义务发生争议；（3）自己与争议事实所指向的具体诉讼标的存在法律上的直接利害关系。在诉讼中各个诉讼主体都属于独立的个体，要成为适格原告，必须与所涉纠纷存在直接利害关系。例如，张某、王某二人系夫妻，丈夫张某之父去世，兄弟姐妹间未就遗产继承达成一致，张某碍于亲情不好意思起诉，王某作为张某之妻，继承遗产后夫妻共同财产将会增加，王某认为自己与该案存在利害关系，是否可以作为原告提起继承诉讼呢？答案是不可以。即使认定王某与该案有利害关系，但该利害关系并非法律上的直接利害关系，因此王某作为原告并不适格。

案例链接：因李某拖欠房屋租金，张某欲向李某提起房屋租赁合同纠纷诉讼，请求法院判令解除其与李某的房屋租赁关系，要求李某腾退房屋，并支付拖欠的房屋租金。张某提供的证据材料显示，涉案房屋的所有权人并非张某，张某一直是替其在外地的亲戚代收房租，且房屋租赁合同非其所签，故张某与本案没有直接利害关系，并不是适格原告。

经法院审查，本案中张某虽收取房租，但其既非房屋所有权人，亦非房屋租赁合同的一方主体，其并不具备成为原告的条件，非适格原告。

实践判断

在判断原告是否适格时，首先需要明确何为当事人适格。当事人适格，又称正当当事人，是指对于具体的诉讼，有作为本案当事人提起诉讼、要求本案判决的资格。在诉讼维权中，判断是否是适格的原告时，针对不同类型的纠纷，判断方式有所不同。例如，对于合同纠纷，判断是否是适格原告，最直接、便捷的方式是看其是否是合同一方主体，基于合同相对性原则，诉讼各方当事人一般均为合同签订主体；而对于侵权纠纷，判断是否是适格原告，则需要看其是否是受到侵害的主体，只有在合法权益受到实际侵害的情况下，才能成为侵权纠纷的原告，提起侵权诉讼；对于婚姻家庭等纠纷，具有婚姻家庭关系是判断其能否作为原告最简单的方式；对于涉及法人主体的诉讼，在判断时首先需要明确公司与法定代表人是属于各自独立的两个主体，不能混为一谈，应当在区分发生纠纷的行为性质是公司行为、职务行为、个人行为的基础上，确定适格原告是公司还是个人。

总结延伸

（一）判断纠纷的类型

纠纷的类型也就是立案审查过程中常说的基础法律关系，尤其是在存在法律关系竞合的情况下，第一步需要确定原告主张的基础法律关系，比如在司法实践中常见的合同与侵权竞合的情况下，究竟是以合同法律关系起诉还是以侵权法律关系起诉，不同的基础法律关系适格原告有可能完全不同。例如，王某从 A 超市购买榨汁机一台，赠与朋友李某，李某在使用该榨汁机的过程中，榨汁机发生故障，并导致李某身体受到伤害，支出医药费若干。该案中即存在两种法律关系，即王某与 A 超市之间的合同关系，李某与 A 超市之间的侵权关系，王某可以以合同关系作为基础法律关系，对 A 超市提起诉讼，但是如果选择以侵权关系作为基础法律关系，则应由受到实际侵害的李某作为原告起诉。

（二）确定原告与案件所涉纠纷有无直接利害关系

只有在存在直接利害关系的情况下，即因纠纷受到实际损失的人才有可能成为适格原告提起诉讼。前述"榨汁机"案例中，在侵权法律关系下，王某并未受到实际损失，也就无法成为侵权法律关系的适格原告提起诉讼。

二、有明确的被告

📝 理论解析

《最高人民法院关于适用〈中华人民共和国民事诉讼法〉的解释》（以下简称《民事诉讼法解释》）第209条规定，原告提供被告的姓名或者名称、住所等信息具体明确，足以使被告与他人相区别的，可以认定为有明确的被告。起诉状列明被告信息不足以认定明确的被告的，人民法院可以告知原告补正。原告补正后仍不能确定明确的被告的，人民法院裁定不予受理。

《民事诉讼法》及其司法解释对于立案审查阶段确定被告的标准予以规定，被告应当明确，并不要求适格，亦不要求正当。就被告明确的标准，司法解释也给出了相对确定的解释。在司法实践中，很多原告认为身份证号码作为我国公民唯一的身份资格号码，在被告身份证号码确定的情况下，当然属于被告明确的情形，故在诉状中列明被告的身份证号码，就不再提供被告的住所地址等其他具体信息。然而人民法院在维护原告起诉权利的同时，亦应保护被告的应诉答辩权利和程序正义，向被告送达原告的起诉状、副本，告知应诉答辩权利，若仅仅基于身份证号码，法院并无法确定被告的姓名、具体地址、联系方式等信息，案件材料的送达程序将无法顺利进行，审判进程势必有所停滞。如此一来既增加了原告诉讼的时间成本，对于司法资源亦是一种浪费。从这个角度而言，被告明确并不意味着原告只需要提供被告的身份证号码或者确定的某一片段信息，而需要给予尽量多的被告信息，便于被告与他人相区别，有助于法院审判程序性工作的推进。

案例链接： 张某与赵某系夫妻，婚后未生育子女。双方婚姻关系存续期间因动迁获得安置补偿款并共同购买了 A 房屋，房屋登记于张某名下。张某于 2021 年 11 月 7 日死亡，生前未订立遗嘱。赵某处理丈夫后事时发现 20 世纪 50 年代张某在与赵某结婚前，在外地与前妻还育有两子张甲、张乙。因时隔久远，且张某来沪后与张甲、张乙二子均无联系。赵某除张甲、张乙的姓名外，无法提供两被告其他信息，故赵某仅列明两被告姓名，向法院起诉要求依法继承 A 房屋。

此案为继承纠纷，在法定继承前提下，将所有继承人列为案件当事人系查明案件事实所必须。然原告仅提供被告姓名，不能认定为被告明确，即使不考虑同名同姓之情形，仅有姓名，法院既无法与被告取得联系亦无法向被告送达相关的诉状、副本等材料，案件的审判无法推进。原告在提起诉讼前，需尽可能收集被告的信息，如通过查询被继承人户籍变动过程，确定其来沪前的具体地址，再通过该地址查询被继承人其他家庭成员的信息，进而确定与他人相区别的被告，达到被告明确这一标准。必要时可以委托代理律师向法院申请开具诉前调查令开展查询调查。

实践判断

在司法实践中，经常遇到原告提供被告的手机号码、身份证号码、微信号码、临时租住地址等信息申请立案的情形。对于前述情形，若无其他证据或信息共同佐证，一般是无法认定符合被告明确这一标准的。以微信账号为例，原告认为被告是明确的，只需要法官添加该微信账号，然后通过微信询问对方身份即可确认。然而，微信账号作为微信使用者自行取名设置的一个称呼，账号出借的情形亦不能排除，要与使用者确定必然的联系十分困难；人民法院在立案审查的过程中，要通过主动添加微信以确定被告身份，这与民事诉讼居中裁判的要求并不相符。故此种情形下，并不符合被告明确之要求。

结合司法实践情况，在原告无法提供有关被告身份信息材料（如身份证、居住证、户口簿、护照、港澳通行证、驾驶证、军官证、士兵证、外交证件等）的情况下，可参考表 1-2 的情况予以处理。

表 1-2 被告身份立案审查情况

姓名	出生信息	民族	身份证号码	住所地	联系方式	立案审查中可参考的做法
√	√或×	√或×	×	×	√或×	（1）释明补正 （2）补正后仍不能明确的，不予受理
√	√或×	√或×	×	√	√或×	（1）释明补正 （2）若当事人实在无法提供，立案庭甄别后根据住所地调取查询身份证号码（仅限本地） （3）查询结果完全准确的，登记立案 （4）查询结果不准确的，告知补正
√	√	√或×	√	×	√或×	（1）释明补正 （2）若当事人实在无法提供，该案被告住所地不影响案件管辖，立案庭甄别后调取住所（仅限本地）信息准确无误的，登记立案 （3）查询无果或信息不准确的，不予受理 （4）该案被告住所地影响到案件管辖，再次释明并要求提供，无法提供的，不予受理
√	√	√或×	√	√	√或×	登记立案

注："√"代表原告提供相关信息，"×"代表原告暂无法提供相关信息

📝 总结延伸

在立案审查阶段，"明确的被告"这一标准系针对被告明确的形式标准，主要是为了被告的身份可以被识别，从而避免被告同他人发生混淆。在司法

实践中，使被告区别于他人的信息很多，通常情况下有姓名、性别、年龄、住址、社会关系、身份证号码或其他户籍登记内容等，信息越多，越有利于确定具体的被告。同时，原告若能提供被告准确的住所地信息，也是大部分案件确定管辖权的重要依据。原告在起诉时提供被告更为详细的身份信息，似为原告之起诉设置了障碍，事实上是为原告维权提高工作效率。同时对于原告确实无法提供被告信息的情形，法院可以根据审查的需要向当事人委托的代理律师开具诉前调查令。对于被告身份信息这一涉及立案审查的材料，原告在无法自行调取的情况下，可以通过律师向法院申请调查令，至相关部门调取更为详尽的信息，便于起诉。与此同时，考虑到自然人原告调取被告身份信息的实际困难和诉讼成本，若原告实在无法提供，例如，当事人年龄较大、诉讼能力较弱；案件标的较小、事实争议不大，无委托律师必要；涉自然人间相邻权纠纷、业主纠纷时不宜激化矛盾等情况，亦应根据案件的实际情况先行登记立案为妥，不应以当事人无法提供被告身份证号码而"一刀切"地拒收案件。若原告提交的诉状中所载信息不足以认定为明确的被告的，可以告知其补正；原告补正后仍不能确定明确的被告的，应当裁定不予受理。

需要注意的是，诉前调查令开具发生于案件受理立案前。就诉前调查令适用的范围以及申请要求，上海市高级人民法院于2012年出台了《关于立案审查阶段适用调查令的操作规则（试行）》。该规则中明确诉前调查令是指当事人在立案审查阶段因客观原因无法取得诉讼所需要的证据，经申请并获法院批准，由法院签发给当事人的诉讼代理律师，由其向有关单位和个人收集所需证据的格式性法律文书。诉前调查令针对的调查事项仅限于法院能否立案的程序性证据，如当事人诉讼主体资格情况，法院对涉诉纠纷管辖权情况等；该规则还明确申请开具调查令所需调查收集的证据若涉及实体问题，应当向相关审判庭申请。诉前调查令之申请人必须是正在审查立案的案件当事人或其委托诉讼代理人，持令人必须是案件当事人的委托诉讼代理人，且仅限于取得有效律师执业证书的律师。以上海为例，申请诉前调查令一般注意事项梳理可见表1-3。

表 1-3 申请诉前调查令要件情况

项目	要件情况
申请时间	申请人已向法院递交诉状及相关证据，起诉尚处于立案审查阶段
申请人	案件正在立案审查阶段的当事人或经当事人委托的诉讼代理人
持令人	当事人的委托诉讼律师，且取得有效的律师执业证书
申请范围	关系能否立案的程序性证据
申请材料	（1）调查令申请书（需载明所要调查收集的证据内容及待证事实、无法取得的原因） （2）诉状及基础证据 （3）已有的当事人身份信息材料 （4）授权委托书、律师事务所函、律师证复印件等

三、有具体的诉讼请求和事实、理由

理论解析

诉讼请求是贯穿整个诉讼程序以及案件裁判的主旨，而事实理由则是支撑原告提出诉讼请求的主要依据。诉讼请求、事实理由是原告起诉时必须明确的事项，也是人民法院立案审查过程中的审查重点，诉讼请求是否明确、具体，诉讼请求的提出是否有事实、理由作为支撑，关乎立案能否顺利进行。

就诉讼请求而言，理论上有观点认为存在广义、狭义之分。从广义上讲，诉讼请求是原告向法院提出的，要求法院予以判决的请求；而狭义上的诉讼请求，仅指原告向被告主张的法律上的利益。[①] 诉讼请求一般系双方争议焦点之所在，诉讼请求是否成立，是否应获支持，是案件裁判结果的主要内容。原告为证明诉讼请求的合法性、合理性进行举证，列明事实理由等事实依据，进而提出要求支持其诉讼请求的法律依据；而被告则针对原告提出的诉讼请求进行答辩、质证、举证，从事实和法律两个方面证明原告所主张的诉讼请求不成立，不应获得支持。法官从诉讼请求出发，综合各方证据，查明案件

[①] 参见张卫平：《民事诉讼法》（第6版），法律出版社2023年版，第214页。

事实，依据法律规定，审查诉讼请求是否成立，最终做出支持或不支持诉讼请求的裁判。由此可见，诉讼请求对一个案件至关重要，而事实理由则与诉讼请求能否得到支持息息相关。在立案审查的过程中，对于诉讼请求的审查相较于审判阶段宽松，即在立案阶段对诉讼请求的审查标准，一是要求明确具体，二是有一定的事实理由作为证据支撑即可，无须达到充足的事实理由的标准，避免"未审先判"。

案例链接：刘某驾车与夏某发生交通事故，致夏某受伤住院。刘某对此次交通事故负全责，赔偿了夏某的住院费用。夏某在 H 医院就医治疗，花费医疗费共计 40 万余元。刘某认为 H 医院存在虚假用药、过度治疗的情况，故将 H 医院诉至法院，请求对夏某因交通事故在 H 医院住院累计花费的 40 万余元医疗费的合理性、合法性、合规性进行鉴定。刘某系与夏某间的机动车交通事故责任纠纷的赔偿义务人，并非该医疗服务合同的主体双方，刘某提出的请求属于当事人向法院提出的鉴定申请，没有对 H 医院提出具体的诉讼请求。

在此案中，刘某提出诉讼请求要求对夏某因交通事故在 H 医院住院累计花费 40 万余元医疗费的合理性、合法性、合规性进行鉴定。首先，鉴定申请并不属于诉讼请求的范围；其次，虽然该诉请中涉及的费用金额已经明确，但刘某的诉请并非明确针对该 40 万余元医疗费主张应当支付或者不应当支付，全额支付或部分支付。对前述问题刘某均未在诉讼请求中予以明确，因此不符合立案条件。

实践判断

作为原告，当合法权利受到侵害，如何拟定诉讼请求才符合起诉条件进而顺利维权？在立案审查中，对于当事人提出的诉讼请求是否明确具体，可以从主体、客体两个方面进行判断。

（一）主体

主体指的是在原告的起诉中，所提出的诉讼请求针对的对象，原告要求判令履行一定法律义务的主体是谁，比如在一个案件中，原告列举了两名被告，提出的诉讼请求是要求被告向原告支付一定数额的金钱，此时即使原要求给付的金钱数额明确具体，该诉讼请求也未达到明确具体的标准。因为原告并未明确其要求履行该项义务的主体是两位被告中的哪一位抑或两位被告共同支付。此情形就属于诉讼请求所针对的主体不明确。

（二）客体

客体是指原告诉讼请求中所涉及的具体内容，比如在离婚案件中，原告的诉讼请求除了要求法院判决双方离婚外，还要求分割夫妻共同财产。鉴于我国一夫一妻制的婚姻制度，婚姻关系存在于夫妻二人之间，离婚纠纷的双方主体确定，诉讼请求针对的主体已然明确。但原告主张分割财产却并未在诉讼请求中明确要求分割的财产具体是什么，这属于诉讼请求针对的客体不明确的情形。原告需明确要求分割的财产是何种类，如存款、房产、股票、股权等，存款还需要明确具体的金额，房产需要明确具体的地址，股票股权亦需明确是何公司之股权，股权具体份额有多少，以上非现金性财产还需明确大概的市场价格；同时，原告还需要明确主张的分割方式，一人一半或其他比例。综上，不难看出，诉讼请求明确具体，既需要明确该诉讼请求针对的主体，亦需要明确诉讼请求所涉及的客体，只有主体、客体均明确才符合立案条件。

在司法实践中，在立案登记环节部分原告会提出这样的要求，立案时证据材料暂不提交，待立案后开庭前或开庭时提交，或者仅明确部分诉讼请求，待开庭时再予以全部明确。如此操作是否可行呢？在讨论这个问题前，首先需要思考当事人提出这一要求的目的是什么，不外乎希望在对方毫无准备的情况下，举出自己有力的证据或提出新的诉请，通过证据突袭从而在诉讼过程中获得主动权。但显然此种方式并不利于法官查明案件事实，更对法官做出正确裁判存在极大的不利影响。因此立案时不提交证据，庭审中再行提交是不被鼓励的。首先，在民事诉讼法关于起诉条件的规定中，明确要求起诉应当有具体的诉讼请求和事实理由，这就意味着在起诉时就需要提供证明诉讼请求成立的事实理由，而事实理由则需要基本证据的支撑。虽然在立案审查阶段，对于诉讼请求以及事实理由的审查条件并不严苛，但这并不意味着当事人可以在不提供任何证据的情况下直接起诉并立案；而且民事诉讼法给予被动参与诉讼的被告以答辩权，对于被告答辩权的行使，法律明确规定了答辩期限，被告之答辩一般而言也是针对法院向其送达的原告立案时提交的诉讼请求以及证据，若不能按照要求提交证据，答辩期亦将随之顺延，这对于司法资源是极大的浪费，诉讼效率亦受影响。其次，法院作为居中裁判者，作出裁判的前提是查明案件事实，法官作为纠纷事项事后知晓并需要做出裁判的角色，其并未亲历事项之经过，法官事实查明的重要依据来源于双方的举证，也就是双方通过证据证明的事实，只有给予双方足够的时间针对自己的主张收集证据，梳理事实，法官才能更加顺利地查明事实、依法裁判。

总结延伸

在大部分民事案件中，诉讼请求关系着各方当事人争议的焦点，它既决定了案件能否顺利登记立案，同时对于后续的案件审理也至关重要。结合诉讼请求在整个诉讼中的关键地位，恰当的诉讼请求应当具备以下几个特征。

（一）适配性

诉讼请求需要与原告的诉讼目的、诉讼标的、事实理由相适配。

1. 诉讼请求与诉讼目的。在诉讼中，往往可能存在多项诉讼请求，各项诉讼请求之间可能存在杂糅、重复甚至矛盾的关系，需要原告作出选择，而不是一股脑地全部提出。在选择的过程中，原告可以从自己诉讼的最终目的出发，综合考虑诉讼成本、证据情况等因素。以合同纠纷为例，需要确认合同无效、解除合同，还是要求继续履行，抑或合同履行完成后，针对履行过程中出现的违约行为主张违约责任等。再如，在房屋买卖合同纠纷中，卖方作为原告提起诉讼，主张合同无效、被告返还房屋，同时还诉请要求被告支付购房款余款，这两个诉求本身之间存在逻辑冲突，无法同时提出，原告必须做出明确选择。

2. 诉讼请求与诉讼标的。诉讼请求的提出必须与争议的法律关系一致，否则会导致诉讼请求不当的情况发生。仍以房屋买卖合同纠纷为例，买方作为原告购买被告的房屋，支付全部购房款后发现，因被告将交易房屋为他人设定了抵押登记，导致过户不能，房屋买卖合同履行受阻。原告提出诉讼请求要求涤除抵押登记，并确认房屋归其所有。在该案件中，在房屋未能完成过户的情况下，原告对被告享有的是债权，而原告要求涤除抵押登记，确认房屋归其所有则系以物权为基础的诉讼请求，该诉讼请求不当。

3. 诉讼请求与事实理由。诉讼请求的提出应当以一定的事实理由为根基，即诉讼请求的提出应当与事实理由相匹配。在立案审查阶段，对于诉讼请求的审查标准不同于审判阶段，符合立案条件的诉讼请求仅要求明确具体，而在审判阶段则需要对诉讼请求能否被支持作出裁判。也正是基于此，在立案审查阶段对事实理由的审查标准亦相对宽松。根据民事诉讼法的规定，立案条件对事实理由的要求为有具体的事实理由，即立案阶段不要求提出的事实理由能够达到诉讼请求获得支持的标准。

（二）精准性

在民事审判领域，法院审理案件采"不告不理"原则，法院围绕原告的诉讼请求进行审查裁判，诉讼请求的全面性、精准性就尤为重要，比如在民间借贷等涉及钱款交付的案件中，只要求本金还是一并要求支付利息等。尤其是在存在法律关系竞合的情况下，不同的请求权构成要件、审理规则不尽相同，举证责任亦各有不同，故在此种情形下，在起诉时，就需要对竞合的法律关系进行梳理分析，结合后续可能出现的举证等情况，做出精准的选择。

（三）具体化

诉讼请求的具体化实际上是需要原告根据诉的类型，被告需要承担的责任形式、内容予以明确、具体，比如在确认之诉中，要求确认某合同无效，则需要明确请求确认的合同是何人于何时所签的哪份合同；再如在给付之诉中，要求支付房租，则需要明确支付某年某月、某个具体期间的房租××元。

（四）可执行性

诉讼请求最终得以实现往往在执行阶段，所以诉讼请求必须具有可执行性。仍以合同纠纷为例，原告诉请要求继续履行合同，履行作为一个宽泛的概念，在执行阶段将面临毫无方向的问题，因此该诉请需要原告明确具体的履行内容，如交付货物、支付货款等。

四、属于人民法院受理民事诉讼的范围和受诉人民法院管辖

理论解析

作为民事诉讼法规定的诉讼条件之一,《民事诉讼法》第 122 条第 4 项实际包含两个要求:一是案件属于人民法院受理民事诉讼的范围;二是案件属于受诉人民法院管辖。

(一)案件属于人民法院受理民事诉讼的范围

《民事诉讼法》第 3 条规定:人民法院受理公民之间、法人之间、其他组织之间以及他们相互之间因财产关系和人身关系提起的民事诉讼,适用本法的规定。该条厘定了民事诉讼的受案范围,在司法实践中民事争议范围十分宽泛,表现形式亦多种多样,无法通过法律条文加以明确甚至穷尽,因此需要明确判断之标准。

1. 民事诉讼处理的是平等主体之间因财产关系、人身关系引发的纠纷。平等主体这一概念是相对而言的,以行政机关为例,其在履行自己行政职能的过程中,与公民之间不是平等主体,但行政机关作为合同一方与公民签订买卖合同、服务合同时,则双方属于平等主体,发生纠纷就属于民事诉讼的受案范围。

2. 民事诉讼受案范围的例外。在司法实践中,民事诉讼受理平等主体因财产关系、人身关系引发纠纷时也存在例外情况,比如民事诉讼中的特别程序案件,如选民资格案件,该类案件严格按照法律之规定,并非发生于平等主体之间,原告甚至与该纠纷不存在直接利害关系,但是法律规定此类案件通过民事诉讼途径予以解决,系出于裁判效率、节约司法资源考虑,选民资格案件之处理对审判效率要求极高,在选举前需要完成裁判,但是此类案件在实践中亦属少数。

(二)案件属于受诉人民法院管辖

管辖是指第一审民事案件应当由哪一级哪一家法院受理,既包括级别管辖也包括地域管辖。在我国存在四级法院体系,最高人民法院、高级人民法

院、中级人民法院、基层法院，各级法院除了最高人民法院具有唯一性外，其他三级法院在全国各地均有。就级别管辖，法律及各地对中级人民法院、高级人民法院受理案件的范围从诉讼标的额、社会影响力等方面综合考虑均有明确的规定，在级别管辖确定之后，地域管辖则是分析讨论的重点。管辖确定规则的存在，对法院受理民事案件的分工和权限予以明确，避免因为管辖不明出现推诿或者争抢管辖权的情况，同时确定规则的公开有利于当事人以及诉讼代理人及时确定案件法院，从而提高诉讼效率，更快维权。

案例链接： 吴某与刘某于 2015 年 8 月 27 日登记离婚，离婚协议约定离婚后登记在双方名下的位于 M 区的房屋归吴某所有，协议签订后一个月内刘某需配合吴某办理产权变更手续。然而到期后刘某拒绝将房屋登记至吴某名下，现吴某起诉至 M 区法院。

就该案，首先，判断是否属于人民法院民事案件受案范围。吴某与刘某均为自然人，属于民事诉讼法中所规定的适格当事人，且二者系平等主体；二者之间的纠纷系财产分割引发的纠纷，属于法律规定的财产关系，故该纠纷属于人民法院受理民事案件的范围。其次，审查 M 区法院对该案是否具有管辖权。吴某提供的证据材料显示，刘某住所地不在 M 区法院辖区，亦无证据证实刘某经常居住地在 M 区法院辖区，故 M 区法院对该案无管辖权。

实践判断

在立案审查过程中，首先，需要判断的问题是，案件是否属于法院民事诉讼的受案范围，法律针对不同性质的案件规定了不同的诉讼程序，如民事诉讼、行政诉讼、刑事诉讼等。尤其是民刑交叉、民行交叉的案件，其处理需要区分不同情形进行判断。以民刑交叉案件为例，张某遭电信诈骗，向宋某账户转账 10 万元，宋某涉嫌犯罪被公安机关立案侦查。张某向法院提起民事诉讼，要求宋某赔偿经济损失 10 万元。就张某提起的民事诉讼，首先对于张某本次诉讼所涉纠纷，公安机关已经立案，根据先刑后民原则，该民事案件暂无法受理，且张某作为宋某刑事案件中的被害人，其损失应当通过刑事退赃、退赔途径解决，此亦非民事案件受案范围。

其次，立案阶段最重要的一个审查因素——是否属于受诉人民法院管辖。

在民事诉讼领域，管辖最常见的类别包括专属管辖、级别管辖、地域管辖。关于各类管辖的相关内容，在本书后续章节将会详细阐述，此处不再展开。在确定地域管辖的过程中，还需注意管辖恒定原则。管辖恒定原则指的是在诉讼中如果发生个别案件情况变化导致管辖权可能发生转移的情况下，管辖权的确定以起诉时作为判断的时间点，管辖权确定以后，诉讼中案件情况的变化不影响已经确定的管辖权。

总结延伸

（一）民事诉讼受案范围的判断

在民事诉讼受案范围的判断中，除民刑交叉案件外，最容易发生争议的领域有二：一是民事争议与行政争议。在司法实践中，部分行政争议也涉及经济利益，而经济利益可能与民事权利义务息息相关。因此在判断是行政争议还是民事争议的过程中应该采用实质判断说，首先，判断导致争议产生的实质问题是什么，其次，判断该实质问题是否涉及行政机关的具体行政行为，若涉及则该争议为行政争议。二是民事争议与内部争议。从法理上分析，行政机关、法人和其他组织内部的争议，司法裁判并不介入，只有属于法律加以调整的外部行为，才能作为裁判权行使的对象。[①] 在司法实践中，外部行为的民事争议与内部争议之间亦容易混淆。在判断时以实质判断说为宜，即判断争议是因为内部管理行为产生还是因为民事行为所导致。

（二）民事诉讼主管问题的审查

在民事诉讼主管问题的审查中，还经常遇到诉讼与仲裁的问题。仲裁作为当事人可选择的一种纠纷解决途径，其与诉讼既相互独立又存在交织。仲裁适用之范围由法律明确规定负面清单，除法律规定不得仲裁的事项，其他均可选择仲裁作为纠纷解决的方式。当事人约定仲裁且仲裁协议有效的纠纷，法院没有管辖权，无法直接通过诉讼解决，这体现仲裁与诉讼具有相对独立性；认为仲裁程序违法则可通过诉讼的途径或者要求审查仲裁协议是否有效，或请求撤销仲裁裁决，或请求不予执行仲裁裁决，也体现出仲裁与诉讼的不可分割性。

---

① 参见张卫平：《民事诉讼法》（第6版），法律出版社2023年版，第104页。

五、诉讼标的

📝 理论解析

诉讼标的是诉的基础，也是在审查起诉条件过程中无法回避的基础问题。诉讼标的与诉讼标的额名字虽然极为接近，仅一字之差，且在很多时候，在一些法律理论中，诉讼标的与诉讼标的额被混为一谈，实际二者并不相同。诉讼标的额指的是原告诉讼请求中所涉及的具体金额；而诉讼标的则是指民事诉讼审理裁判的对象，是原、被告之间争议的法律关系。

在立案登记与审查受理阶段，诉讼标的是确定案件案由的基础，更是法院审查案件管辖、确定能否受理的重要依据；诉讼标的还关系到案件诉讼时效的确定。在后续审理过程中，双方更是以诉讼标的为基础，围绕诉讼标的提出诉讼请求，进行举证、质证、辩论；此外，诉讼标的也是判断是否构成重复起诉的要件之一。

在传统民法领域，诉主要分为三类，即给付之诉、确认之诉和形成之诉。

（一）给付之诉

给付之诉，顾名思义就是要求对方支付一定金额的钱款或履行一定义务的诉，给付之诉的诉讼标的应当是原告能够要求被告履行一定义务所依据的实体请求权。比如房东要求租客支付租金，其能够要求租客给付租金的基础是将房屋出租给租客使用，转化为法律语言就是房屋租赁法律关系，这就是该诉讼的诉讼标的；而出借人要求借款人归还借款，同样是要求给付一定数额的金钱，其请求的基础则是出借人将钱款出借给借款人使用，约定到期还本付息，转化为法律语言就是民间借贷法律关系，诉讼标的也正是此。给付之诉中原告也可以要求被告给付一定的行为，如购买不动产房屋，买方支付全部购房款，卖方却未配合办理过户等手续，买方基于房屋买卖合同之约定，诉请要求卖方履行协助办理过户的义务，虽诉讼请求并不涉及具体的金钱给付，但该诉仍为给付之诉，原告要求给付的是一定的行为——配合办理过户，其诉讼标的亦通过原告能够要求被告履行一定义务所依据的实体请求权确定，即房屋买卖合同纠纷。

（二）确认之诉

确认的对象是原告、被告双方争议的法律关系或权利义务。确认之诉基于要求确认的结果而分为积极和消极两类。积极的确认之诉，要求确认存在某种法律关系或权利义务；消极的确认之诉则要求确认某种法律关系或权利义务不存在。确认之诉的标的就是双方争议的特定法律关系或权利义务，如确认存在或不存在亲子关系。

（三）形成之诉

形成之诉是通过诉讼形成新的权利义务关系的诉讼，例如要求解除婚姻关系的诉讼就属于形成之诉，原告提起该诉的目的在于解除婚姻关系，这就是其诉讼标的。

以上三类诉的类型情况总结如下。（见表1-4）

表1-4 诉的类型情况总结

诉的类型	诉讼标的	常见情形
给付之诉	给付财物，为或不为某种行为	支付租金、归还借款、协助过户、继续履行合同等
确认之诉	确认某种法律关系存在或不存在	确认合同无效、确认婚姻关系无效等
形成之诉	改变或消灭某种现存的民事法律关系	离婚、解除收养关系等

案例链接：A公司因业务需要，将某机械设备委托B公司研发，向B公司支付研发费用，同时双方约定，待B公司研发完成后，双方订立买卖合同，由A公司购买该设备，价格初步商定为1000万元，其他合同条款另行商定。B公司完成研发后，却将设备以1300万元的价格出售给C公司。A公司与B公司协商未果，至法院诉讼。那么A公司与B公司之间可能存在哪些纠纷？A公司何种权益受损？若起诉诉讼标的为何？

在该案中，A公司与B公司之间的关系以时间轴为线索，分为两个阶段，第一阶段A公司委托B公司研发某设备，双方存在委托开发的关系，在开发完成后，则进入第二阶段，双方就买卖合同存在预约。在厘清关系时间轴之后，显而易见 A 公司受损发生于第二阶段，B 公司未履行预约合同与 A 公司完成买卖合同的订立和履行，因此 A 公司可以要求 B 公司就预约合同承担缔约过失责任。

实践判断

通过上述案例可以看出，在司法实践中，大部分案件原、被告双方之间的关系都是复合的，这就为判断诉讼标的增加了难度。尤其是立案审查阶段，首先需要区分的就是诉讼标的与诉讼请求。诉讼标的与诉讼请求二者之间究竟是何种关系，不同法系亦有着不同的观点，诉讼标的等同于诉讼请求的理论也一直存在。主流观点认为诉讼标的与诉讼请求系不同概念，但两者关系密切。《民事诉讼法解释》第 247 条第 1 款第 2 项、第 3 项以及第 233 条中同时使用了"诉讼请求"与"诉讼标的"两个概念，说明在我国法律中二者并非完全等同。就《民事诉讼法解释》第 247 条中规定的诉讼标的如何理解，最高人民法院在（2021）最高法民再 55 号民事裁定书中认为此处的诉讼标的，主要以实体法上的请求权作为界定依据，指的是原告在诉讼上所为一定具体实体法之权利主张。此外，在一次诉讼中，诉讼标的只有一个，诉讼请求却可以有很多项。例如，在民间借贷纠纷案件中，原告要求被告归还借款 5 万元，该案的诉讼标的是民间借贷法律关系，诉讼请求则是归还借款 5 万元，此后在诉讼的过程中，原告要求被告再支付利息 2000 元，此时诉讼请求从一项增加为两项，标的额也随之增加，但是诉讼标的仍然是民间借贷法律关系，诉讼请求与诉讼标的额发生变化，但是诉讼标的未发生变化。

总结延伸

在司法实践中，诉讼标的之判断主要采用实质判断说，即分析纠纷发生的根本，据此确定争议法律关系的性质，从而确定诉讼标的。在法律关系竞合的情况下，作为原告，则需要做出选择，在起诉时做出最有利于自己的选择。人民法院则需要在原告提起诉讼时，从原告选择法律关系的角度予以审查，在一定情况下予以适时地释明。对于原告提出的不同的诉，可从以下几个方面分析。

(一) 不同法律关系下，原告提出的诉讼请求不同

比如，在合同法律关系与侵权法律关系竞合的情况下，一般而言主张合同纠纷，除法律针对特殊情形亦规定可以提出精神损害赔偿外，不能在诉请中主张精神损害赔偿；而在侵权纠纷中，则可以主张精神损害赔偿。

(二) 法律对不同的纠纷类型规定了不同的判断标准

比如，侵权纠纷，一般而言原告需要证明损害事实、损害结果、因果关系；在合同纠纷中原告则需要证明合同关系的存在，被告存在违约或合同约定的其他情形。原告在选择诉讼标的时还需要结合自己的举证能力、举证责任。综合上述因素选择诉讼标的，进而提出诉讼请求。

(三) 针对不同类型的纠纷，法律对其管辖规定有所不同

如侵权纠纷可以由侵权行为地管辖，也可以由被告住所地管辖，侵权行为地包括侵权行为发生地、侵权结果发生地；合同纠纷之管辖则更为复杂，除被告住所地之外，根据合同类型的不同，管辖规定亦不相同。作为掌握诉讼主动权的原告，向哪家法院起诉系原告选择权之行使结果，原告可以结合诉讼便利性予以选择。

第二节 审查与受理

一、不予登记立案的情形

理论解析

《最高人民法院关于全面深化人民法院改革的意见——人民法院第四个五年改革纲要（2014—2018）》中明确指出，变立案审查制为立案登记制，对人民法院依法应该受理的案件，做到有案必立、有诉必理，保障当事人诉权。立案登记制实施的法律依据是《民事诉讼法》第126条，符合起诉条件的，应当在7日内立案，并通知当事人；不符合起诉条件的，应当在7日内

做出裁定书，不予受理；原告对裁定不服的，可以提起上诉。

立案登记制的实施，绝非意味着对立案无须进行审查，直接进入审理阶段进行处理。立案登记制的实施保障了当事人的诉权，但这并不意味着否定立案阶段的审查功能，更不能一味降低人民法院立案审查的条件标准。《最高人民法院关于人民法院登记立案若干问题的规定》（以下简称《登记立案规定》）第10条规定，人民法院对下列起诉、自诉不予登记立案：（1）违法起诉或者不符合法律规定的；（2）涉及危害国家主权和领土完整的；（3）危害国家安全的；（4）破坏国家统一和民族团结的；（5）破坏国家宗教政策的；（6）所诉事项不属于人民法院主管的。

案例链接：陈某通过网络向某单位信访投诉。在投诉的过程中，网络出现故障，陈某坚持认为国家网信部门、公安部门对其发动网络攻击，导致其无法信访投诉，给其造成损害，故向法院提起民事诉讼，要求相关主管单位就网络安全维护问题给其造成的损失承担民事责任。

经立案审查，该案中起诉人陈某存在违法起诉之情形。在无任何依据的情况下陈某主观认为自己遭受攻击，并据此提起民事诉讼，属于法院依法应当不予登记立案之情形。

实践判断

《登记立案规定》中所列举的六种不予登记立案的情形，可以划分为以下两类。

（一）违法起诉或不符合法律规定的情形

违反宪法或法律规定的起诉，主要包括起诉目的是通过诉讼制造不良的政治影响，影射特定事件、特殊主体，攻击社会主义制度，对国家主权和安全、领土完整、社会稳定、民族团结构成潜在威胁等情形。

（二）所诉事项不属于人民法院主管的情形

《民事诉讼法》第127条规定了部分不属于人民法院民事受案范围的情形及处理，主要包括：（1）依照行政诉讼法规定，属于行政诉讼受案范围的，告知原告提起行政诉讼；（2）依照法律规定，双方当事人达成书面仲裁协议申请仲裁、不得向人民法院起诉的，告知原告向仲裁机构申请仲裁；

（3）依照法律规定，应当由其他机关处理的争议，告知原告向有关机关申请解决。

立案登记制为必立案件设置了一个前提条件，即"依法应受理的案件"。依法应受理的案件，根据规定应当符合法定的起诉条件，如前文所分析的原告、被告、诉讼请求、管辖四大条件。立案登记的实施要求在立案审查阶段，对是否属于依法应受理的案件，主要从程序上进行审查。比如在立案阶段审查诉讼之事实理由，只针对是否具有支持诉请的基础事实、证据，对于该证据是否能够使原告胜诉，在立案阶段不作评判。

总结延伸

党的十八届四中全会通过的《中共中央关于全面推进依法治国若干重大问题的决定》中明确提出，改革法院案件受理制度，变立案审查制为立案登记制，对人民法院依法应当受理的案件，做到有案必立、有诉必理，保障当事人诉权。这一改革主要是为了解决立案难的问题，在该决定的指引下，2015年立案登记制正式开始实施。但立案登记制并不等同于立案不审查制，有案必立也不可能走上逢案必立、一个不漏的路径。也正是在这一大背景下，《登记立案规定》中以列举的方式明确了六类不予登记立案的情形。然而，一方面施行立案登记制，另一方面却又规定了不予登记立案的类型，这是否会产生矛盾呢？

这个问题的讨论首先应当明确，立案登记制的实施主要是为了解决立案阶段过度审查，以立代审的现象，避免很多案件因为实体结果无法获得支持，而在立案阶段即做出判断，导致当事人丧失诉权。立案登记制保护的是当事人的诉权而不是胜诉权，即使不能胜诉，当事人仍有起诉的权利。在立案审查过程中，遵守立案登记制原则的同时，还需要注意防范虚假诉讼。立案登记制的施行，使立案审查的标准较以往的立案审查制有所放松，这也就给了虚假诉讼以可乘之机。所以在立案审查中，对于虚假诉讼多发的领域，一些易出现虚假诉讼的案由，如民间借贷，特别是亲属、夫妻之间的借贷纠纷，双方主动要求调解、"手拉手"调解的案件，应当提高防范意识，对诉讼主体资格、委托代理手续、基础法律关系等问题予以重点审查、仔细核对。同时可充分利用最高人民法院研究开发的立案智能辅助系统，在立案登记环节对案件受诉范围、当事人适格、级别管辖、地域管辖等多维度开展综合分析和异常预警，对虚假诉讼、滥诉、涉众等涉诉风险行为进行有效识别。

二、不予受理起诉的情形

理论解析

《民事诉讼法》第 126 条规定，不符合起诉条件的，应当在 7 日内作出裁定书，不予受理。判断是否应当不予受理的条件就是看提起的诉讼是否符合立案条件。在相关法律中就应当不予受理之案件分别作出了规定。总体而言，判断标准即前文所及的原告、被告、诉讼请求、管辖等基础条件。

不予受理起诉与不予登记立案是否相同，二者之间如何区分，是立案审查阶段无法回避的问题。不予受理起诉与不予登记立案具有相同点，二者基本都发生于立案审查阶段，二者的结果都是法院对该案件所涉纠纷不进行处理。但二者并不完全相同，在实践判断中可以采用排除法进行区分。法律对不予登记立案以列举的方式明确了六种类型，在此六种类型之外，又不符合立案条件的案件，则属于不予受理案件之范畴。就不予登记立案的六种类型，前五种较易判断，第六种"不属于人民法院主管"与不予受理情形中"不属于人民法院受案范围"似乎存在重叠，在区分时需多加注意。

不予受理的案件在民事领域各个审判程序中均有存在，对其分类可以根据立案的四个条件进行概括，不符合四个立案条件中的任何一个，都属于不予受理的范围。下面就审判实践中常见的几类不予受理案件类型进行分析。

（一）主体不适格

主要有原告不适格、被告不明确两种类型。其中原告不适格既包括原告与本案无直接利害关系的情形，也包括法律特别规定的情形。例如，女方在怀孕期间、分娩后 1 年内或终止妊娠后 6 个月内男方提出离婚的；法人或者其他组织以人格权利遭受侵害为由，向人民法院起诉请求赔偿精神损害的；被侵权人因道路交通事故死亡，无近亲属或者近亲属不明，未经法律授权的机关或者有关组织向人民法院起诉主张死亡赔偿金等。

（二）诉请不恰当

主要有诉讼不明确、不具体，诉请不属于民事受案范围两种类型。比如，原告在起诉状中有谩骂和人身攻击之辞的，人民法院告知其修改后仍拒绝修改；申请司法确认调解协议效力不属于人民法院受理范围的，如涉及婚姻关系、亲子关系、收养关系等身份关系无效、有效或者解除的，涉及物权、知识产权确权的；在婚姻关系存续期间，当事人不起诉离婚而单独提起无过错方损害赔偿请求的；当事人提起诉讼仅请求解除同居关系的；涉及国家政策及历史遗留问题的相关案件等。

（三）不属于本院管辖

此种情形既存在于第一审普通程序，也存在于再审程序、第三人撤销之诉、执行异议之诉等特殊程序中。

（四）重复起诉

重复诉讼是不予受理案件中较为常见的类型之一，就重复诉讼的判断将在后续章节专门阐述分析。需要注意的是，除第一审普通程序外，重复诉讼的判断在涉及二审撤诉、再审撤诉、仲裁后诉讼中均有存在。

案例链接：2018年罗某与陈某登记结婚，婚后生育一子，罗某户籍地为山西省，陈某户籍地为上海市M区。陈某因犯诈骗罪、故意伤害罪于2022年7月被上海市M区法院判处有期徒刑10年。2023年1月罗某向上海市M区法院提起诉讼，要求判令罗某、陈某二人离婚，儿子由罗某抚养。根据民事诉讼法的规定，对被监禁或采取强制性教育措施的人提起的诉讼由原告住所地法院管辖，陈某已被法院判处有期徒刑，罗某起诉离婚，由罗某所在地法院管辖，然作为原告的罗某户籍地在山西省，经常居住地亦不在上海市M区，因此上海市M区法院对该案并无管辖权。立案审查阶段就管辖问题向罗某释明后，罗某表示自己因涉嫌刑事犯罪被江西省某法院判处刑罚，因养育未成年子女而尚未被司法机关实际羁押。故罗某认为该案属于双方都被监禁或采取强制性教育措施的情形，由被告原住所地法院管辖。

经审查认为，根据法律规定被告被监禁或采取强制性教育措施1年以上的，应由被告被监禁地或被采取强制性教育措施地法院管辖，该案中罗某虽被判处刑罚，但并未被羁押，尚未被监禁或被采取强制性教育措施；且被告陈某 2021 年被拘留，2022 年被判处刑罚，其被监禁时间超过 1 年，且并非监禁于 M 区，M 区法院对该案无管辖权。法院作出一审裁定，对罗某起诉的案件不予受理。罗某不服提起上诉，二审经审查后作出裁定，维持一审裁定。

实践判断

不予受理案件判断时，需要分为三步，第一步对不予受理与不予登记立案的情形进行分析。登记立案的前提是依法，只有依法应予受理的案件才能登记立案；违反宪法、法律的起诉则应当不予登记立案；不属于不予登记立案情形的案件，不符合立案条件时，则可以出具不予受理裁定书。第二步根据法律规定的立案条件，从原告、被告、诉讼请求、管辖等方面逐一进行审查判断，只有符合上述全部条件才可立案，不符合其中任何一个条件，经释明仍拒绝补正的情况下，则需裁定不予受理。第三步判断是否属于重复起诉或法律规定的其他应当不予受理的特殊情形。除起诉条件之外，现行法律中还有很多条文就不同情形的起诉规定应裁定不予受理，如法律规定在一定期限内不得起诉的案件，在不得起诉的期限内提起诉讼的，常见于判决不予离婚、调解和好的离婚案件，没有新情况、新理由，原告在 6 个月内又起诉的；反诉应由其他法院专属管辖或与本诉并无关联的；对督促程序、公示催告程序等以非讼程序处理的案件，提起第三人撤销之诉的；原告在二审或再审中撤回起诉后又重新起诉的。前述情形在立案审查阶段亦需重点审查判断。

总结延伸

不予受理案件实质系受诉法院无法进行审理的案件，或不符合起诉条件，或非法院民事受案范围，或非受诉法院管辖范围，纠其实质，受诉法院无法对该纠纷进行审理裁判并最终解决。故在不予受理案件的处理中，固然出具不予受理裁定书系可行途径之一，但不应作为首选途径。在立案审查工作实践中，就原告的起诉，经立案审查不符合法律规定的起诉条件时，应当视不同情形作不同处理。就不符合起诉条件的具体情形，向起诉人就案件的管辖、当事人主体资格、诉讼请求的提出进行适当的指引和释明。当事人对于法院之释明予以接受的，通过修改诉请、更换主体、向有管辖权的法院提出，使诉权得已被正确地行使和保护，则无须出具不予受理裁定书。在法院释明意见告知后，当事人仍坚持起诉的，则依据相关法律规定出具裁定书，当事人对裁决不服的，可以就该裁决结果提起上诉，在保障当事人的诉讼权利的同时，又能提高法院工作效率。

三、重复起诉的判断标准

理论解析

《民事诉讼法》第127条规定，人民法院对下列起诉，分别情形，予以处理：……（六）依照法律规定，在一定期限内不得起诉的案件，在不得起诉的期限内起诉的，不予受理；（七）判决不准离婚和调解和好的离婚案件，判决、调解维持收养关系的案件，没有新情况、新理由，原告在六个月内又起诉的，不予受理。《民事诉讼法解释》第247条规定，当事人就已经提起诉讼的事项在诉讼过程中或者裁判生效后再次起诉，同时符合下列条件的，构成重复起诉：（1）后诉与前诉的当事人相同；（2）后诉与前诉的诉讼标的相同；（3）后诉与前诉的诉讼请求相同，或者后诉的诉讼请求实质上否定前诉裁判结果。当事人重复起诉的，裁定不予受理；已经受理的，裁定驳回起诉，但法律、司法解释另有规定的除外。

前文讲到的起诉条件，严格意义上讲的是起诉的积极条件，在符合积极条件的同时，起诉还需要符合消极条件的要求才能够顺利完成。起诉的消极条件中最为重要的就是禁止重复起诉原则。在存在消极条件的情形下，在立案审查时判断是否重复起诉是立案审查的重点。

为什么在一般情况下对于生效裁判，当事人不能再起诉？在分析该问题前，可先思考以下几个问题：如果张某以民间借贷法律关系起诉李某，经法院判决败诉后，张某能否以不当得利法律关系再次起诉李某？李某能否向张某提起确认合同无效之诉？张某若认为该笔借款系夫妻共同借款，能否同时起诉李某及其配偶金某？若张某死亡后，张某的继承人小张能否再次以相同的法律关系提起诉讼？在思考的过程中不难发现，在立案审查时不可避免地需要对两诉是否重复起诉进行判断。

民事诉讼中"一事不再理原则"的制度设计，主要系出于维护法院裁判的既判效力、树立和坚持司法权威考虑。按照既判力规则的要求，不仅原则上禁止当事人就同一案件进行重复诉讼，而且禁止法院对已经作出生效裁判的同一案件进行重复而矛盾的审判。如果对人民法院做出的生效裁判可以无边际和不加限制地申诉、抗诉、申请再审，那么既会严重损害既判力规则，也违背了诉讼终局原则，同时也将会对司法权威产生巨大冲击。然而，对于那些确实缺乏公正的生效裁判，一味强求服从所谓的既判效力，也可能会适得其反，因此法院必须正确面对当事人对生效裁判提出的合法申诉，民事诉讼法也赋予了当事人一定的救济途径和发起程序。如《民事诉讼法》第127条第5项规定，对判决、裁定、调解书已经发生法律效力的案件，当事人又起诉的，告知原告申请再审，但人民法院准许撤诉的裁定除外。一般情况下，既判力包括裁判实质上的约束力和裁判形式上的约束力。在我国民事诉讼的司法实践中，打破既判实质的约束力主要有以下几种情形：一是当事人提起再审之诉时；二是当事人提起第三人撤销之诉时；三是上诉法院做出撤销原判发回重审的民事裁定时。而突破既判形式的约束力，主要是通过法院做出裁定的形式补正裁判文书中的笔误部分。（见表1-5）

表1-5 司法实践中打破既判力的具体情形

类型	具体情形
打破实质上的既判力	当事人申请再审
	当事人提起第三人撤销之诉
	上诉法院撤销原判发回重审
打破形式上的既判力	本院作出裁判文书的更正裁定

案例链接：被告A公司系一家国际型集团公司，被告C公司系A公司在国内的分公司。2015年1月，被告A公司、C公司做出董事会决议，决议的内容是解除被告C公司包括原告吴某在内的53位员工的工作岗位。原告认为该决议不存在，系伪造，两被告违反劳动法的程序及实体要求，导致原告的工作

岗位被剥夺，故原告于 2023 年 2 月向法院起诉 A 公司、C 公司，要求确认被告 A 公司通过被告 C 公司于 2015 年 1 月作出的关于裁员的董事会决议不成立。

经查明，吴某曾于 2020 年 7 月对 C 公司提起决议效力确认纠纷诉讼。该案件经法院审理认为，原告吴某并非 C 公司股东、董事、监事或者高级管理人员，且与 C 公司终结劳动关系已 3 年有余，法院的生效判决亦确定双方不存在恢复劳动关系的可能性。原告吴某与系争争议并无直接利害关系，亦无直接诉讼利益，非适格原告。2020 年 8 月，法院裁定驳回原告吴某的诉请。之后，吴某提起上诉，上级法院经审理裁定驳回上诉，维持原裁定。吴某向高级人民法院申请再审，高级人民法院经审理裁定驳回原告吴某的再审申请。

经法院审查，吴某 2023 年 2 月提起诉讼所针对的仍为 C 公司于 2015 年 1 月做出的董事会决议。就该决议，前案已经进行审理，并已作出生效裁定。根据《民事诉讼法解释》第 247 条第 2 款的规定，当事人重复起诉的，裁定不予受理。本案中，起诉人就同一事实再次提起诉讼，虽增加了 A 公司作为共同被起诉人之一，但本次诉讼争议双方实质上仍为吴某与 C 公司。本诉与前诉诉讼标的相同，诉讼请求虽在文字表述上略有不同，但本案中吴某本次诉请要求判令 2015 年 1 月作出之决议不成立，实质系否定前案裁判之结果。综上，吴某本次起诉显属重复起诉，应不予受理。

实践判断

在实务审查的过程中，对重复起诉的判断根据法律之规定从当事人、诉讼标的、诉讼请求三个方面展开。

（一）当事人相同

在判断重复起诉时，当事人如果完全相同，那么判断不存在任何异议。如果当事人相同，即使原、被告地位发生互换，前后两个诉讼的既判力可能会产生矛盾关系，也应当认定当事人具有同一性，属于重复起诉，应不予受理。原则上，重复起诉中当事人相同认定时，当事人即案件原、被告，但在实践中也不乏为避免构成重复起诉增加不必要的当事人等情形，故在认定当事人相同的时候，在特定情形下当事人的范畴应合理扩张至第三人。

此处的第三人不仅应当包括有独立请求权的第三人以及判决承担责任的

无独立请求权的第三人,还应包括以下几类。第一类,可以代主体进行诉讼并受判决约束之人,司法实践中主要存在以下几类:(1)继承开始时,有继承权之胎儿由其母亲代为诉讼;(2)宣告失踪的财产代管人;(3)破产案件中的破产管理人;(4)股东代表诉讼中的股东;(5)代位权诉讼的提起人;(6)代位析产诉讼的提起人;(7)代表人;(8)业委会;(9)著作权集体管理组织。第二类,诉讼继受人,诉讼前或诉讼进行中当事人权利义务关系的承受主体发生转移的情况,既包括概括继受也包括特定继受。概括继受情形下,主要情形是一方当事人死亡,需追加其继承人作为案件当事人,此时概括继受人受禁止重复起诉原则之规制。特定继受情形中,是否受禁止重复起诉原则之规制则因区分物权请求权与债权请求权而有所不同。诉讼标的系物权请求权或物权请求权与债权请求权竞合的情况下,受禁止重复起诉原则之规制;若诉讼标的单纯为债权请求权则不受此规制。第三类,请求标的物的持有人亦受禁止重复起诉原则之规制,但该持有人应当是物的占有人,不应是为自己的利益而占有标的物的人。

(二)诉讼标的相同

诉讼标的之含义在前文中已经详细阐述。重复起诉的判断中,需要分析前后两诉的诉讼标的而后进行比对,确定二者是否同一。简单而言,可以通过分析当事人的权利是否已经得到了程序上的充分保障来确定诉讼标的是否同一,也就是说,诉讼标的同一要求原因、事实与法律关系均同一。如甲主张某房屋归其所有,乙否认;甲起诉乙要求判决某房屋归甲所有,但乙另外提起诉讼要求确认房屋归乙所有。此时两个诉讼的诉讼标的不应认定为同一。因为即使甲的诉讼请求被驳回,也并不意味着房屋归乙所有,房屋亦有可能归第三人所有。

(三)诉讼请求相同

诉讼请求相同的判断,除显而易见的完全一致外,诉讼请求还可能出现代替、包含的情形,也应当认定为相同。给付之诉在一定情况下可以代替确认之诉,确认之诉不可代替给付之诉。此种情形下诉讼请求是否相同需结合前述诉讼标的同一综合进行判断。诉讼请求相同的判断还需要注意后诉诉讼请求实质否定前诉裁判结果或裁判理由之情形。如,乙承租甲名下的商铺用以开展教育培训。2020年5月，乙以受新冠疫情影响难以继续经营为由向法院起诉，要求解除租赁合同，并要求甲返还押金、租金等。法院经审理判决解除租赁合同、驳回乙的其他诉讼请求。后乙提起上诉，二审法院维持原判。前诉案件生效后，甲又向法院起诉，要求乙支付新冠疫情期间双方协商减免的1个月租金，理由是当时其同意减免系基于合同长期履行的考虑，现合同经法院判决解除，故要求乙支付租金。就双方商定减免1个月房租的事实在前诉判决中予以确认，且前诉一审、二审中甲均未提出相关抗辩意见。就甲提起的诉讼，首先，两诉当事人虽然诉讼地位不同，但是当事人主体相同；其次，两诉的法律关系相同，均为房屋租赁合同关系；最后，后诉的诉讼请求实质上否定了前诉的裁判结果，如果后诉判决支持甲，则将改变前诉判决租金部分，故最终法院认定甲构成重复起诉，并判决驳回甲的诉讼请求。

综上，判断立案审查阶段的两次起诉是否属于重复起诉应当结合当事人的具体诉讼请求及依据，以及行使处分权的具体情况进行综合分析。具体情况概述见表1-6。

表1-6 重复起诉的审查要点

当事人	法律关系	案件事实	诉讼请求	管辖法院	是否构成重复起诉
相同，或诉讼地位不同，或部分当事人有所涵盖	相同	相同	相同	相同	构成
完全不同	相同	相同	相同	相同	不构成
相同	不同	相同	相同	相同	不构成
相同	相同	不同	相同	相同	不构成
相同	相同	不同，但否定前诉裁判结果的	相同	相同	构成
相同	相同	相同	完全不同	相同	不构成
相同	相同	相同	有所包含	不同	构成
相同	相同	相同	相同	不同	构成

针对本章一开始引入的问题，结合上述情况进行分析，结果如下：

如果张某以民间借贷法律关系起诉李某，经法院生效判决败诉后，张某能否再以不当得利法律关系再次起诉李某？张某基于不同的法律关系提起诉讼，不构成重复起诉。

如果张某败诉后，李某能否向张某提起确认合同无效之诉？如果李某提起的诉讼实质上否定前诉的裁判结果，则构成重复起诉；若不否定，则不构成。

张某若认为该笔借款系夫妻共同借款，能否同时起诉李某及其配偶金某？虽然主体不尽相同，增加起诉了共同被告，但是主体有所涵盖，还是构成重复起诉。

若张某死亡后，张某的继承人小张能否再次以相同法律关系提起诉讼？不能，同样构成重复起诉。

总结延伸

在审判实践中，虽然重复起诉之情形判断主要存在于立案审查阶段，但实际上在审判的各个阶段都可能出现重复起诉之判断问题。

（一）原审原告在第二审程序中撤回起诉后重复起诉

《民事诉讼法解释》第336条规定，在第二审程序中，原审原告申请撤回起诉，经其他当事人同意，且不损害国家利益、社会公共利益、他人合法权益的，人民法院可以准许。准许撤诉的，应当一并裁定撤销一审裁判。原审原告在第二审程序中撤回起诉后重复起诉的，人民法院不予受理。例如，罗某在A医院医治后，因未得到理想治疗效果，故向P区人民法院提起诉讼。经P区人民法院审理，判决驳回罗某要求A医院赔偿的诉讼请求，罗某不服该判决，上诉至中级人民法院，中级人民法院受理该案。二审期间，罗某申请撤回原审起诉。中级人民法院做出裁定准许罗某撤回原审起诉，撤销P区人民法院作出的一审判决。裁定生效后，罗某又就该纠纷向P区人民法院提起相同的诉讼。罗某提起的后诉构成重复起诉。

（二）一审原告在再审审理程序中撤回起诉后重复起诉

《民事诉讼法解释》第408条规定，一审原告在再审审理程序中申请撤回起诉，经其他当事人同意，且不损害国家利益、社会公共利益、他人合法权益的，人民法院可以准许。裁定准许撤诉的，应当一并撤销原判决。一审原告在再审审理程序中撤回起诉后重复起诉的，人民法院不予受理。如，孙某与 A 公司因劳动争议产生纠纷，向 M 区人民法院提起诉讼，要求确认 A 公司作出的解除劳动合同无效，要求恢复孙某的工作岗位并恢复劳动关系。M 区人民法院经审理作出民事判决。后 M 区人民法院对该案提起再审，在再审期间，孙某申请撤诉，M 区人民法院遂作出民事裁定准许原审原告孙某撤回起诉并撤销上述民事判决书。半年后，孙某又向 M 区人民法院提起诉讼，要求 A 公司撤销解除合同的决定，恢复工作关系及编制，补发一切待遇及缴纳各种保险。孙某提起的后诉构成重复起诉。

（三）外国法院判决、裁定已经被我国人民法院承认，当事人就同一争议向人民法院起诉

《民事诉讼法解释》第 531 条第 2 款规定，外国法院判决、裁定已经被人民法院承认，当事人就同一争议向人民法院起诉的，人民法院不予受理。如，崔某和尹某都是 H 国公民。尹某向崔某借款 8000 万韩元，后崔某在 H 国地方法院起诉，H 国地方法院作出判决，判令尹某向崔某支付 6000 万韩元及相关利息。因尹某长期居留在中华人民共和国 S 市 M 区，且尹某的主要财产均在中华人民共和国，崔某依据中华人民共和国相关法律规定向中院申请承认并执行 H 国地方法院作出的判决。中院在审查后裁定对该 H 国法院判决予以承认和执行。后崔某向中华人民共和国 S 市 M 区人民法院又提起诉讼，请求尹某支付剩余 2000 万韩元及相关利息。崔某再次起诉构成重复起诉。

第二章
管辖与主管

第一节 专门管辖

专门人民法院，亦称专门法院，是我国人民法院组织体系中重要的组成部分，发挥着特殊的审判职能作用，也是人民法院专业化审判的重要体现。根据《人民法院组织法》的规定，人民法院分为最高人民法院、地方各级人民法院、专门人民法院。地方各级人民法院分为高级人民法院、中级人民法院和基层人民法院；专门人民法院主要包括军事法院和海事法院、知识产权法院、金融法院等。专门法院作为司法部门服务保障大局、服务国家治理和政策落实的有力工具，在各特定领域发挥着专项治理的重要作用。

从我国专门法院的发展历程来看，专门法院的设置更加注重对国家特定发展阶段，治理特定领域目标的服务保障功能。在新中国成立初期，主要是在借鉴"苏联模式"的基础上，我国以"保护社会主义财产，巩固铁路、水上运输纪律，打击破坏交通犯罪行为"为设置导向，分别设立了铁路运输、水上运输、林业、油田、农垦等领域的专门法院，跨行政区域管辖相关案件，上述领域专门法院的设立对打击相关刑事犯罪，服务国民经济建设，维护人民群众生命财产安全发挥了重要作用。

随着改革开放、社会主义市场经济快速发展，铁路运输、林区、垦区等法院的"专门性"开始弱化，大部分法院已经通过转型改制、加挂牌子、集中管辖等方式纳入地方法院管理体系，逐步退出"专门法院"的历史舞台。随着国家海洋强国战略、国家知识产权战略、维护金融安全、生态文明建设等国家决策的推行，海事法院、知识产权法院、金融法院等类型的专门法院应运而生。特别是党的十八大以来，我国专门法院建设取得重大成效，进一步完善了专门法院组织体系，形成了一定的制度优势和特点——先后在北京、上海、广州、海南自由贸易港设立了四家知识产权法院；在上海、北京、成渝地区双城经济圈设立三家金融法院，成渝金融法院也是全国首个跨省域管辖的法院；增设了全国第 11 家海事法院南京海事法院，管辖江苏沿海海域和长江水道通海水域的相关案件。

理论解析

（一）专门管辖与集中管辖

所谓集中管辖，即由上级法院将原归属于其他区域法院管辖的特定类型或涉及特定当事人的案件，集中指定由辖区内某法院管辖的情形，集中管辖通常出于提高审判效率、推动适法统一、突出专业审判、加强审判管理等目的，被指定集中管辖的案件类型有涉外商事、知识产权、行政诉讼、环境资源、涉少审判等案件。集中管辖的范畴可能包含专门管辖的内容。在我国，集中管辖的法院比较典型的有互联网法院、铁路运输法院等具有一定"专门性"的地方法院。

2017 年至 2018 年，最高人民法院先后在杭州、北京、广州设立了三家互联网法院，作为集中管辖特定类型互联网案件的基层法院。需要指出的是，关于互联网法院"专门性"的考虑，根据《人民法院组织法》第 15 条第 2 款的规定，专门法院须由全国人大常委会规定设立。因此专门法院须通过法定程序设立，而杭州、北京、广州三家互联网法院系根据原中央深改组审议通过的方案设立，并非由全国人大常委会决定设立。因此，虽然互联网法院管辖所在市的辖区内应当由基层法院受理的涉网类第一审民事案件，具有跨行政区划特征及受理事项的专门性，但仍属于集中管辖而非专门法院管辖。

铁路运输法院亦作为专门管辖转变为集中管辖的一种改革路径和有效尝试，铁路运输法院通过置换审判队伍、"腾笼换鸟"，逐步向跨行政区划法院转型。根据最高人民法院的批复，目前，西安、兰州、南昌、上海、广州等地铁路运输法院管辖跨行政区划的行政案件，如杭州、北京等地的铁路运输法院通过加挂牌子或撤销转设的方式转变为互联网法院等。[①] 截至2023年6月，全国现有中级人民法院级别的铁路运输法院24家，基层人民法院级别的铁路运输法院47家。

（二）专门法院及专门管辖

专门法院，是指法律明确规定授予其对某些专门性案件行使管辖权的法院。两大法系司法制度中均存在专门法院的设置，基于各国政治制度、司法理念、法律文化的差异，各国专门法院的设置与地方法院的关系以及具体诉讼制度均有所不同。例如，我国的金融法院、德国的劳动法院、美国的国际贸易法院等。专门管辖，严格意义上讲，并非一个规范的民事诉讼法学概念，在《民事诉讼法》中并无相关明确的规定，通常将专门法院与专门管辖的概念关联起来。但事实上从我国现有的专门法院来看，其管辖并非都具有专门性。

我国专门法院管辖与专门管辖的关系类型区分，大概有以下四种情形[②]：一是专门法院管辖等同于专门管辖，如海事法院管辖海商、海事案件；二是专门法院管辖大于专门管辖，例如军事法院，其除了管辖双方当事人均为军人或者军队单位、涉及机密级以上军事秘密的案件等专门案件以外，还管辖地方当事人向军事法院提起的涉军普通民事案件；三是专门管辖由专门法院、地方法院专门法庭共同行使，例如知识产权案件由知识产权法院，地方法院知识产权审判部门（团队）、最高人民法院知识产权审判部门管辖；四是专门法院不管辖专项案件，而集中管辖非专业性民事案件，例如金融法院。

我国主要的专门法院审级、体系以及发展历程分析如下。

[①] 参见何帆：《新时代专门人民法院的设立标准和设置模式》，载《中国应用法学》2022年第3期。

[②] 参见陈杭平：《民事诉讼管辖精义：原理与实务》，法律出版社2022年版，第7页。

1. 军事法院

我国军事法院相较其他专门法院,具有系统完备的组织体系、审级设置和上诉机制,其管理体制、职权架构、诉讼程序与其他专门法院存在较大差异,也是唯一写入宪法的专门法院。我国目前共有34个军事法院,分为三个审级,其中解放军军事法院1个(按高级人民法院级别设置),总直属和战区军事法院7个(按中级人民法院级别设置),基层军事法院26个。

关于军事法院管辖案件,《民事诉讼法解释》第11条规定,双方当事人均为军人或者军队单位的民事案件由军事法院管辖。此外,《最高人民法院关于军事法院管辖民事案件若干问题的规定》第1条规定,涉及机密级以上军事秘密的、军队设立选举委员会的选民资格、认定营区内无主财产等案件,由军事法院管辖。同时赋予地方当事人选择权,对于军人或者军队单位执行职务过程中造成他人损害的侵权责任纠纷案件;当事人一方为军人或者军队单位,侵权行为发生在营区内的侵权责任纠纷案件;当事人一方为军人的婚姻家庭纠纷案件;民事诉讼法规定的不动产所在地、港口所在地、被继承人死亡时住所地或者主要遗产所在地在营区内,且当事人一方为军人或者军队单位的案件;申请宣告军人失踪或者死亡的案件;申请认定军人无民事行为能力或者限制民事行为能力的案件,地方当事人向军事法院提起诉讼或者提出申请的,军事法院应当受理。

2. 海事法院

海事法院与所在地中级法院同级,仅管辖第一审海事海商案件。对海事法院裁判的上诉案件,由所在地高级人民法院审理。

1984年5月24日,最高人民法院、原交通部经请示中央政法委同意,联合印发《关于设立海事法院的通知》,组建上海、天津、青岛、大连、广州和武汉海事法院。1984年11月14日,第六届全国人大常委会第八次会议才通过《关于在沿海港口城市设立海事法院的决定》,确认了海事法院的设立事项。由于当时对在哪些沿海港口城市设立海事法院、需要设立多少海事法院,尚无统筹规划,因此《关于在沿海港口城市设立海事法院的决定》提出"根据需要"在沿海"一定的"港口城市设立海事法院,"海事法院的设置或者变更、撤销,由最高人民法院决定"。也正是基于上述授权,最高人民法院 2019 年设立南京海事法院时,并未像增设知识产权法院、金融法院那样,重新提请全国人大常委会专门作出决定,而是报经中央编办批准后,即印发同意设立的批复。

3. 知识产权法院

知识产权法院与所在地中级人民法院同级,管辖第一审、第二审知识产权案件。不仅受理由基层人民法院上诉的二审案件,而且受理一审知识产权案件。对于知识产权法院裁判的上诉案件,根据案件类型由所在地高级人民法院或最高人民法院知识产权法庭管辖。

2014 年 6 月,原中央深改组通过《关于设立知识产权法院的方案》;随后第十二届全国人民代表大会常务委员会第十次会议通过《关于在北京、上海、广州设立知识产权法院的决定》。2014 年年底,三家知识产权专门法院相继挂牌成立。最高人民法院随即印发《关于北京、上海、广州知识产权法院案件管辖的规定》(法释〔2014〕12 号,已被修改,现为法释〔2020〕19 号),确定知识产权法院的管辖范围和上诉机制。2020 年 12 月,第十三届全国人民代表大会常务委员会第二十四次会议通过《关于设立海南自由贸易港知识产权法院的决定》,增设了第四家知识产权法院。

4. 金融法院

金融法院与所在地中级人民法院同级,管辖第一审、第二审金融案件,可以受理基层人民法院的上诉案件,且受理一审金融案件。对于金融法院裁判的上诉案件,上诉法院为所在地高级人民法院。

2018 年 3 月 28 日,中央深改委第一次会议通过《关于设立上海金融法院的方案》;2020 年 12 月 30 日,中央深改委第十七次会议通过《关于设立北京金融法院的方案》;2022 年 2 月 28 日,第十三届全国人民代表大会常务委员会第三十三次会议通过了《全国人民代表大会常务委员会关于设立成渝金融法院的决定》。上海、北京、成渝金融法院先后成立。

我国主要专门法院审级情况如表 2-1 所示。

表2-1 专门法院审级情况梳理

法院类型	法院级别	审级	上诉法院	上诉模式
军事法院	基层 中院 高院	一审 二审	基层军事法院上诉至战区军事法院 战区军事法院上诉至军事法院 军事法院上诉至最高人民法院	专→专
海事法院	中院	仅一审	海事法院上诉至高级法院	专→地
知识产权法院	中院	一审 二审	基层法院上诉至知识产权法院或中级法院 知识产权法院上诉至高级法院或 最高人民法院知识产权法庭	地→专、地 专→地、最高
金融法院	中院	一审 二审	基层法院上诉至金融法院 金融法院上诉至高级法院	地→专 专→地
铁路法院	基层 中院	一审 二审	铁路基层法院上诉至铁路中级法院 铁路中级法院上诉至高级法院	地→地
互联网法院	基层	仅一审	互联网法院上诉至中级法院	地→地

案例链接：2022年11月16日晚，原告蔡某欲乘坐高铁从上海前往合肥。蔡某在上海虹桥火车站候车期间前往被告A公司经营的餐厅用餐。用餐完毕离开时，因餐厅出入门处采用透明玻璃门，且无安全警示标示，蔡某误以为无遮挡可自由出入，遂一头撞到透明玻璃门导致左眼严重受伤。事发后，原告蔡某第一时间与被告经营的餐厅的工作人员交涉，工作人员表示自身管理服从车站统一安排，没有过错。后原告拨打"12345"市民热线投诉，经"12345"干预，餐厅退回原告用餐支付的餐费18元，但拒绝其他赔偿。因原告急于赶火车，虽协商未果但不得已离开。后因原告左眼受伤前往多家医院治疗，导致视力严重受损，但A公司仍拒绝赔偿。被告A公司系餐厅经营管理方，被告B公司系车站内餐饮消费收款方，故原告蔡某将两公司诉至法院，要求赔偿医药等费用。

本案中，原告蔡某诉请事实清楚、被告明确，基础法律关系也较为清晰，基本符合立案受理条件。蔡某曾通过网上立案的方式向上海铁路运输法院提起立案申请，后被上海铁路运输法院以对本案没有管辖权为由予以驳回。原告蔡某又以本案诉请起诉至上海闵行法院。

经审查，本案系一起发生在上海铁路虹桥站候车区域的侵权纠纷，上海铁路虹桥站所属行政区域位于上海市闵行区。因此本案的审查重点在于判断本次纠纷是否属于铁路运输法院专门管辖范畴。根据《最高人民法院关于铁路运输法院案件管辖范围的若干规定》第3条，"下列涉及铁路运输、铁路安全、铁路财产的民事诉讼，由铁路运输法院管辖：（一）铁路旅客和行李、包裹运输合同纠纷；（二）铁路货物运输合同和铁路货物运输保险合同纠纷；（三）国际铁路联运合同和铁路运输企业作为经营人的多式联运合同纠纷；（四）代办托运、包装整理、仓储保管、接取送达等铁路运输延伸服务合同纠纷；（五）铁路运输企业在装卸作业、线路维修等方面发生的委外劳务、承包等合同纠纷；（六）与铁路及其附属设施的建设施工有关的合同纠纷；（七）铁路设备、设施的采购、安装、加工承揽、维护、服务等合同纠纷；（八）铁路行车事故及其他铁路运营事故造成的人身、财产损害赔偿纠纷；（九）违反铁路安全保护法律、法规，造成铁路线路、机车车辆、安全保障设施及其他财产损害的侵权纠纷；（十）因铁路建设及铁路运输引起的环境污染侵权纠纷；（十一）对铁路运输企业财产权属发生争议的纠纷"。本案中，蔡某提起的人身损害赔偿纠纷，系由于其就餐过程中与作为公共场所管理方的餐厅经营者产生的纠纷，并非由于铁路行车事故及其他铁路运营事故造成的人身、财产损害，由此可见本案不应由上海铁路运输法院专门管辖，而应由侵权行为地法院即上海闵行法院管辖。

实践判断

虽然在上述案例中探讨铁路运输法院的专门管辖似有些许过时，铁路运输法院的专门性审判职能已有所弱化，但有些省份的铁路运输法院尚未转型结束，有关铁路运输法院专门管辖的司法解释也尚未失效，故涉及铁路运输法院专门管辖的诉讼仍有发生。

在实践中，铁路运输法院兼顾专门法院的"专门性"和集中管辖的"地方性"，管辖案件类型相对较为复杂，甚至连代理律师也不甚清楚。就以上海铁路运输法院为例，除了受理发生在铁路运营区域内的各类刑事案件和涉及铁路运输、铁路经营的各类经济纠纷案件以外，还同时受理上海市高级人民法院指定的上海轨道交通运营区域内的民事、刑事、行政案件及上海高架交警支队管辖区域内发生的道路交通事故引起的人身、财产赔偿纠纷案件;①自 2016 年 7 月起,受理原静安、虹口、长宁、普陀的行政案件,进行跨行政区划案件的改革试点;②自 2017 年 5 月起,受理属于本市基层人民法院管辖的一审涉环境资源保护案件(应由上海海事法院、上海市金山区人民法院、上海市青浦区人民法院、上海市崇明区人民法院管辖的除外),原属于闵行、徐汇、黄浦、杨浦区人民法院管辖的一审涉食品药品安全的民商事案件以及企业破产案件(执行转破产案件除外),原属于闵行、徐汇、黄浦、杨浦区人民法院管辖的一审航空、公路、水路等货物运输合同纠纷、货运代理合同纠纷案件(应由上海海事法院管辖的除外)。

总结延伸

我国专门法院在设立标准上已从过去的服务保障特殊行业,转为服务国家战略、突出专业审判导向。从专门法院设立的优势来看,有效集中了各类资源,能够对人员调配、审判方式、程序设定、管理体制精准施策;然而我国目前专门法院设立还有尚待完善之处。

一是需尽快推动配套立法,完善专门法院的设置程序及其诉讼程序的立法。虽然在《人民法院组织法》中明确了专门法院的类型和地位,但仅仅依照全国人大常委会的决定规定其"设置、组织、职权和法官任免",在制度设计上还略显单薄。

二是专门性诉讼程序法还有所缺失,例如海事法院在案件审理程序方面,除《民事诉讼法》以外,还有《海事诉讼特别程序法》作为依据,然而知识产权、金融等领域尚无专门配套的诉讼程序法保障。

三是需健全遴选选任机制,扩宽专业化审判队伍,保障专业化审判能力。对于员额法官而言,若从地方法院遴选至专门法院,需结合专门法院法官的履职特点和审判实际需要,进一步完善遴选选任机制,确保具备专业审判能

---

① 参见《上海高级人民法院关于上海铁路运输两级法院受理指定管辖案件的请示的批复》。
② 参见《上海高级人民法院关于深入开展行政案件集中改革试点工作的实施方案》。

力。对于法官助理而言,若海事、金融等专门法院的法官助理遴选为初任法官后,需入额到基层法院担任法官,这在一定程度上会对专门化审判力量造成流失,因此相关遴选选任机制亟待完善。截至 2023 年 7 月,我国专门法院基本情况梳理可见表 2-2。

表 2-2 专门法院基本情况梳理

专门法院类型	法院名称	简称	法院代字	法院级别	上级法院	设立时间
海事	天津海事法院	天津海事法院	津 72	中级法院	天津市高级人民法院	1984.06
海事	大连海事法院	大连海事法院	辽 72	中级法院	辽宁省高级人民法院	1984.06
海事	上海海事法院	上海海事法院	沪 72	中级法院	上海市高级人民法院	1984.06
海事	宁波海事法院	宁波海事法院	浙 72	中级法院	浙江省高级人民法院	1992.12
海事	厦门海事法院	厦门海事法院	闽 72	中级法院	福建省高级人民法院	1990.03
海事	青岛海事法院	青岛海事法院	鲁 72	中级法院	山东省高级人民法院	1984.06
海事	武汉海事法院	武汉海事法院	鄂 72	中级法院	湖北省高级人民法院	1984.05
海事	广州海事法院	广州海事法院	粤 72	中级法院	广东省高级人民法院	1984.06
海事	北海海事法院	北海海事法院	桂 72	中级法院	广西壮族自治区高级人民法院	1999.08
海事	海口海事法院	海口海事法院	琼 72	中级法院	海南省高级人民法院	1990.03

续表

专门法院类型	法院名称	简称	法院代字	法院级别	上级法院	设立时间
海事	南京海事法院	南京海事法院	苏72	中级法院	江苏省高级人民法院	2019.09
知产	北京知识产权法院	北京知产法院	京73	中级法院	北京市高级人民法院	2014.11
知产	上海知识产权法院	上海知产法院	沪73	中级法院	上海市高级人民法院	2014.12
知产	广州知识产权法院	广州知产法院	粤73	中级法院	广东省高级人民法院	2014.12
知产	海南自由贸易港知识产权法院	海南自贸港知产法院	琼73	中级法院	海南省高级人民法院	2020.12
金融	北京金融法院	北京金融法院	京74	中级法院	北京市高级人民法院	2021.03
金融	上海金融法院	上海金融法院	沪74	中级法院	上海市高级人民法院	2018.08
金融	成渝金融法院	成渝金融法院	渝74	中级法院	重庆市高级人民法院	2022.03
军事	中国人民解放军军事法院	军事法院		高级法院	最高人民法院	
军事	中国人民解放军中部战区军事法院	中部战区军事法院		中级法院	军事法院	
军事	中国人民解放军郑州军事法院	郑州军事法院		基层法院	中部战区军事法院	
军事	中国人民解放军武汉军事法院	武汉军事法院		基层法院	中部战区军事法院	
军事	中国人民解放军北京军事法院	北京军事法院		基层法院	中部战区军事法院	

续表

专门法院类型	法院名称	简称	法院代字	法院级别	上级法院	设立时间
军事	中国人民解放军石家庄军事法院	石家庄军事法院		基层法院	中部战区军事法院	
军事	中国人民解放军西安军事法院	西安军事法院		基层法院	中部战区军事法院	
军事	中国人民解放军东部战区军事法院	东部战区军事法院		中级法院	军事法院	
军事	中国人民解放军合肥军事法院	合肥军事法院		基层法院	东部战区军事法院	
军事	中国人民解放军福州军事法院	福州军事法院		基层法院	东部战区军事法院	
军事	中国人民解放军上海军事法院	上海军事法院		基层法院	东部战区军事法院	
军事	中国人民解放军南京军事法院	南京军事法院		基层法院	东部战区军事法院	
军事	中国人民解放军杭州军事法院	杭州军事法院		基层法院	东部战区军事法院	
军事	中国人民解放军南部战区军事法院	南部战区军事法院		中级法院	军事法院	
军事	中国人民解放军南宁军事法院	南宁军事法院		基层法院	南部战区军事法院	
军事	中国人民解放军长沙军事法院	长沙军事法院		基层法院	南部战区军事法院	
军事	中国人民解放军海口军事法院	海口军事法院		基层法院	南部战区军事法院	

民事案件高频案由立案审查精要

续表

专门法院类型	法院名称	简称	法院代字	法院级别	上级法院	设立时间
军事	中国人民解放军驻香港部队军事法院	驻香港部队军事法院		基层法院	南部战区军事法院	
军事	中国人民解放军昆明军事法院	昆明军事法院		基层法院	南部战区军事法院	
军事	中国人民解放军广州军事法院	广州军事法院		基层法院	南部战区军事法院	
军事	中国人民解放军西部战区第一军事法院	西部战区第一军事法院		中级法院	军事法院	
军事	中国人民解放军成都军事法院	成都军事法院		基层法院	西部战区第一军事法院	
军事	中国人民解放军拉萨军事法院	拉萨军事法院		基层法院	西部战区第一军事法院	
军事	中国人民解放军西部战区第二军事法院	西部战区第二军事法院		中级法院	军事法院	
军事	中国人民解放军西宁军事法院	西宁军事法院		基层法院	西部战区第二军事法院	
军事	中国人民解放军兰州军事法院	兰州军事法院		基层法院	西部战区第二军事法院	
军事	中国人民解放军乌鲁木齐军事法院	乌鲁木齐军事法院		基层法院	西部战区第二军事法院	
军事	中国人民解放军总直属军事法院	总直属军事法院		中级法院	军事法院	
军事	中国人民解放军直属军事法院	直属军事法院		基层法院	总直属军事法院	

续表

专门法院类型	法院名称	简称	法院代字	法院级别	上级法院	设立时间
军事	中国人民解放军北部战区军事法院	北部战区军事法院		中级法院	军事法院	
军事	中国人民解放军呼和浩特军事法院	呼和浩特军事法院		基层法院	北部战区军事法院	
军事	中国人民解放军沈阳军事法院	沈阳军事法院		基层法院	北部战区军事法院	
军事	中国人民解放军哈尔滨军事法院	哈尔滨军事法院		基层法院	北部战区军事法院	
军事	中国人民解放军济南军事法院	济南军事法院		基层法院	北部战区军事法院	
以下互联网法院并非纳入专门法院范畴，仅作统一信息梳理						
互联网	北京互联网法院	北京互联网法院	京0491	基层法院	北京市第四中级人民法院	2018.09
互联网	杭州互联网法院	杭州互联网法院	浙0192	基层法院	浙江省杭州市中级人民法院	2017.08
互联网	广州互联网法院	广州互联网法院	粤0192	基层法院	广东省广州市中级人民法院	2018.09

第二节 级别管辖

级别管辖是我国特有的一种民事管辖制度，主要是指按照一定标准，划分各级人民法院之间受理第一审民事案件的分工和权限。级别管辖并不针对某个具体的法院,而是解决某一个民事案件由何级别法院管辖的问题。

随着我国民事诉讼制度的发展,民事诉讼级别管辖的确定标准也有所变化。在经济体制改革之前,确定法院级别管辖主要是依据参与诉讼主体的不同来区分,如,发生在普通个人之间的民事纠纷由基层人民法院管辖;具有一定政治身份或职务的人发生的民事纠纷由中级或高级人民法院管辖;企业、机关之间,或其与集体组织和个人之间的民事纠纷由中级或高级人民法院管辖。[①] 1982年《民事诉讼法(试行)》[已失效,现为《民事诉讼法》(2023修正)]颁行以后,级别管辖与当事人身份情况脱钩,确定级别管辖主要由法院进行判断,最高人民法院管辖的第一审民事案件有"认为应当由本院审理的案件"及"在全国有重大影响的案件",高级人民法院及中级人民法院管辖的第一审民事案件有"在本辖区有重大影响的案件"。20世纪90年代以后,案件诉讼标的额成为确定法院级别标准的主要依据之一。

📝 理论解析

目前民事诉讼在确定级别管辖时主要采用"四元标准说",分别是指案件类型、繁简程序、影响范围、诉讼标的额等四方面要素。(见表2-3)

表2-3 级别管辖中"四元标准说"的具体应用

要素	基层人民法院	中级人民法院	高级人民法院	最高人民法院
案件类型	小额诉讼程序、人身安全保护令、特别程序、督促程序等只能由基层法院管辖的	申请撤销或确认仲裁裁决、公益诉讼、申请确认外国判决等,海事纠纷、知识产权纠纷、金融纠纷等只能由中级人民法院(专门法院)管辖的		
繁简程序		重大涉外案件,包括案情复杂或一方当事人人数众多的		认为应当由该院审理的

---

① 参见常怡主编:《新中国民事诉讼法学研究综述:1949-1989》,长春出版社1991年版,第60页。

续表

要素	基层人民法院	中级人民法院	高级人民法院	最高人民法院
影响范围		在本辖区有重大影响的	在本辖区有重大影响的	在全国有重大影响的
诉讼标的额	1亿元或5亿元以下	50亿元以下	50亿元以上	

注：此表中诉讼标的额仅包括普通民事案件，具体情形详见表2-4。

诉讼标的额是划分级别管辖的重要因素，相较于其他因素而言，其具有容易识别、易于判断的优势，由于立案登记环节法院无须对起诉人诉请标的额的真实性进行审查，因此仅需确定起诉人的诉讼标的额即可。同时，诉讼标的额亦作为确定民事案件起诉人需预先缴纳诉讼费用的重要依据之一，在司法实践中，不排除起诉人为了故意规避级别管辖，在起诉时或诉讼中虚增诉讼标的额的情况。我国按诉讼标的额计算案件受理费，相当于当事人以自担成本的方式选择级别管辖法院并未不予准许。

我国各省市地区经济发展的不同，司法资源及诉讼能力的差异，造成各地级别管辖所对应的案件类型、诉讼标的额亦有所不同。近年来，最高人民法院关于高级人民法院、中级人民法院、基层人民法院审理第一审民事案件的标准又有所调整，现依据相关司法解释规定，[1] 梳理可见表2-4。

表2-4 各级法院受理第一审民事案件诉讼标的额标准

案件类型	基层人民法院	中级人民法院	高级人民法院
普通民事案件	5亿元以下（当事人住所地均在或均不在受理法院所处省级行政辖区的情况） 1亿元以下（当事人一方住所地不在受理法院所处省级行政辖区的情况）	5亿元至50亿元（当事人住所地均在或均不在受理法院所处省级行政辖区的情况） 1亿元至50亿元（当事人一方住所地不在受理法院所处省级行政辖区的情况）	50亿元以上

---

[1] 参见《最高人民法院关于调整中级人民法院管辖第一审民事案件标准的通知》（法发〔2021〕27号）、《最高人民法院关于调整高级人民法院和中级人民法院管辖第一审民事案件标准的通知》（法发〔2019〕14号）、《最高人民法院关于涉外民商事案件管辖若干问题的规定》（法释〔2022〕18号）、《最高人民法院关于第一审知识产权民事、行政案件管辖的若干规定》（法释〔2022〕13号）、《最高人民法院关于印发基层人民法院管辖第一审知识产权民事、行政案件标准的通知》（法〔2022〕109号）。

续表

案件类型	基层人民法院	中级人民法院	高级人民法院
涉外民事案件	4000万元以下（北京、天津、上海、江苏、浙江、福建、山东、广东、重庆）；2000万元以下（河北、山西、内蒙古、辽宁、吉林、黑龙江、安徽、江西、河南、湖北、湖南、广西、海南、四川、贵州、云南、西藏、陕西、甘肃、青海、宁夏、新疆）	4000万元至50亿元（北京、天津、上海、江苏、浙江、福建、山东、广东、重庆）；2000万元至50亿元（河北、山西、内蒙古、辽宁、吉林、黑龙江、安徽、江西、河南、湖北、湖南、广西、海南、四川、贵州、云南、西藏、陕西、甘肃、青海、宁夏、新疆）	50亿元以上
军事法院管辖案件	1亿元以下	1亿元至50亿元	50亿元以上
涉海商海事案件		50亿元以下	50亿元以上
涉知识产权案件	不受诉讼标的额限制（北京、上海）；1000万元以下（广州、深圳、佛山、东莞、中山、珠海、惠州、肇庆、江门）；500万元以下（广东省上述地区以外的其他区域、天津、江苏、浙江、河南、湖北、海南、重庆）；100万元以下（河北、山西、内蒙古、辽宁、吉林、黑龙江、安徽、福建、江西、山东、湖南、广西、四川、贵州、云南、西藏、陕西、甘肃、青海、宁夏、新疆、新疆建设兵团）（除知识产权法院、中级人民法院管辖的案由）	发明专利、实用新型专利、植物新品种、集成电路布图设计、技术秘密、计算机软件的权属、侵权纠纷以及垄断纠纷；外观设计专利的权属、侵权纠纷以及涉驰名商标认定；上述规定之外的第一审知识产权案件诉讼标的额在最高人民法院确定的数额以上的案件	

案例链接：原告金某与被告上海A实业有限公司（以下简称A公司）、江苏B投资有限公司（以下简称B公司）、上海C汽车销售服务有限公司

（以下简称 C 公司），第三人徐州 D 汽车销售服务有限公司（以下简称 D 公司）债权人撤销权纠纷一案，上海市闵行区人民法院于 2021 年 9 月 27 日立案受理。

原告金某诉称，原告于 2019 年 5 月起诉 A 公司，经上海市第一中级人民法院做出终审判决：A 公司应于判决生效之日起 10 日内归还原告金某借款本金 4325 万元及相应借款利息。被告 A 公司系 B 公司股东，占股 99%；被告 B 公司原持有第三人 D 公司 100% 股权。第三人 D 公司系位于徐州市云龙区某块商服用地的产权人。被告 A 公司在明知原告债权成立在先且已经提起诉讼的情况下，仍授意被告 B 公司与 C 公司签订股权转让协议，在第三人名下有巨大价值的商服用地的情况下，仍约定被告 B 公司将持有第三人 100% 股权作价 20 万元以所谓现金方式转让给被告 C 公司，致使其财产缩水，明显损害了原告的求偿权。故起诉至法院，要求撤销被告 B 公司、C 公司签订的股权转让协议，被告 C 公司持有第三人 D 公司的 100% 股权恢复登记至被告 B 公司名下。各被告在提交答辩状期间未对管辖权提出异议。

合议庭经审查认为，根据民事诉讼法及其司法解释关于级别管辖问题的规定，人民法院应依据案件的影响、性质、复杂程度和诉讼标的额大小等确定案件的级别管辖。依照《最高人民法院关于调整高级人民法院和中级人民法院管辖第一审民商事案件标准的通知》的规定，确定一审民商事案件级别管辖法院的标准是诉讼标的额，原告金某向法院起诉要求撤销 B 公司、C 公司签署的股权转让协议。系争股权转让协议指向的股权对应的财产以第三人资产为计算标准，故实际涉及财产争议数额应为 1.2 亿元，不应作为非财产案件确定级别管辖。现原告金某为上海市居民，被告为外省市公司，上海市闵行区人民法院对本案无管辖权，应由上海市第一中级人民法院管辖。据此，依照民事诉讼法的相关规定，裁定本案移送至上海市第一中级人民法院处理。

上海市第一中级人民法院经审查认为，本案原告金某以其债权受侵害为由要求撤销被告 B 公司、C 公司签订的股权转让协议，被告 C 公司持有第三人 D 公司的 100% 股权恢复登记至被告 B 公司名下，因此本案系财产案件，争议标的为上述股权转让协议项下被转让的股权。第三人 D 公司系股权转让的目标公司，其注册资本为 50 万元，股权转让协议约定的转让价格亦为

50万元，应以此确定本案的诉讼标的额。原告金某诉称第三人名下拥有一块价值1.2亿元左右的商业用地，该商业用地的价值在一定程度上可能影响第三人的股权价值，但不能将该商业用地直接认定为股权转让协议项下的争议财产，进而以此确定本案的诉讼标的额。上海市闵行区人民法院依法对本案享有管辖权，其将本案移送本院处理不当，依法予以纠正。依照《最高人民法院关于审理民事级别管辖异议案件若干问题的规定》第8条的规定，裁定撤销上海市闵行区人民法院的民事裁定，本案由上海市闵行区人民法院继续审理。

实践判断

以上述案件为例，级别管辖主要涉及两个争议焦点：一是如何确定诉讼标的额并作为划分级别管辖的依据；二是级别管辖移送错误的，程序上应该如何处理。上述案件中受移送的上海市第一中级人民法院认为，案涉股权转让协议约定的转让价格为50万元，应以此确定本案的诉讼标的额，不能因为原告诉称第三人名下拥有一块价值1.2亿元左右的商业用地，而将该商业用地直接认定为股权转让协议项下的争议财产，进而以此确定本案的诉讼标的额，因此上述案件的诉讼标的额并未达到该院级别管辖标准。

（一）诉讼标的额确定标准

上述案件系撤销之诉，原告主要的诉讼请求包括撤销被告B公司、C公司间签订的股权转让协议。相较而言，给付之诉具有较为明确的诉请金额，可以此作为诉讼标的额，而确认之诉与形成之诉的诉讼标的额如何确定容易产生争议。以诉讼请求包含解除合同为例，各地法院收取案件受理费及确定级别管辖的标准并不统一。目前司法实践中主要存在两种观点：一种观点认为，当事人仅以解除合同为诉讼标的，不涉及争议金额或者价款的，应当以件收取受理费；另一种观点认为，无论是要求解除合同的诉讼请求，还是要求继续履行合同的诉讼请求，均应视为对合同内容中相关财产的处分，属于财产性诉求，应以合同金额确定案件标的额。主流观点认为，确认合同效力、继续履行合同或者变更、解除、撤销合同等均视为财产性诉讼请求，当事人请求确认部分合同条款的效力、继续履行部分合同义务或者变更、撤销部分合同条款的，应以诉讼请求及合同标的额作为诉讼标的额，并据此确定级别管辖。若当事人请求确认、解除、撤销的是人身关系（如婚姻关系、收养关系），则根据此类案件类型特点，一般由基层法院管辖。当然，需要指出的是，在2021年以来四级法院审级职能定位改革的背景下，数量更多的第一审民事案件下沉至基层法院受理，为避免当事人至基层法院仅起诉确认合同效力，案件审结后再至中级法院起诉大标的额索赔的情况，在立案登记审查的过程中，应尽可能引导当事人在确认之诉、形成之诉的同时一并提出给付之诉的相关诉请，以便以给付之诉标的额确定级别管辖。

（二）级别管辖移送错误，程序上如何处理

依照《最高人民法院关于审理民事级别管辖异议案件若干问题的规定》第8条的规定，对于将案件移送至上级人民法院管辖的裁定，当事人未提出上诉，但受移送的上级人民法院认为确有错误的，可以依职权裁定撤销。上述案件中，上级法院经审查做出裁定——撤销移送裁定，指令下级法院继续审理。可见级别管辖移送错误的处理与地域管辖错误的处理有所不同：受移送法院若认为地域管辖移送错误，应当报请共同上级法院指定管辖，而不得再行移送；受移送法院若认为级别管辖移送错误，可以依职权裁定撤销。前者主要是为了规避地域管辖中同级法院互相推诿的问题，而后者主要体现了上级法院对下级法院及时有效的审判监督，积极维护级别管辖的诉讼秩序。（见表2-5）

表2-5 地域管辖与级别管辖移送错误处理情况对比

类型	管辖权异议提出时间	管辖权异议审查处理	移送管辖的处理	受移送法院认为移送有误的处理
地域管辖	提交答辩状期间	管辖异议成立的，裁定移送；不成立的，裁定驳回	答辩期间届满后未应诉答辩，在一审开庭前，发现案件不属于本院管辖的，裁定移送	报请上级法院指定管辖，不得再自行移送
级别管辖	提交答辩状期间；提交答辩状期间届满后，原告增加诉讼请求金额致使案件标的额超过受诉法院级别管辖标准的	管辖异议成立的，裁定移送；不成立的，裁定驳回	未提出管辖权异议，受诉法院发现没有级别管辖权的，裁定移送	依职权裁定撤销（移送上级法院管辖的裁定）

📝 总结延伸

2021 年 8 月，第十三届全国人民代表大会常务委员会第三十次会议通过《全国人民代表大会常务委员会关于授权最高人民法院组织开展四级法院审级职能定位改革试点工作的决定》。2021 年 9 月，最高人民法院印发《关于完善四级法院审级职能定位改革试点的实施办法》，四级法院审级职能定位改革试点于 2021 年 10 月 1 日正式启动。随后，最高人民法院在本院和北京、天津、辽宁、上海、江苏、浙江、山东、河南、广东、四川、重庆、陕西 12 个省、直辖市的人民法院组织开展四级法院审级职能定位改革试点工作，试点期限为期两年。目标主要是推动四级法院审级职能逐步优化，案件结构和分布日趋合理，司法职权配置更加科学，矛盾纠纷化解质效有效提升，促使基层人民法院重在准确查明事实、实质化解纠纷；中级人民法院重在二审有效终审、精准定分止争；高级人民法院重在再审依法纠错、统一裁判尺度；最高人民法院监督指导全国审判工作、确保法律正确统一适用。改革试点的具体内容主要包括以下四点：一是完善民事、行政案件级别管辖制度；二是完善案件管辖权转移和提级审理机制；三是完善民事、行政再审申请程序和标准；四是完善最高人民法院审判权力运行机制等。

四级法院审级职能定位改革试点以来，从基层人民法院立案审查的角度来看，受理民事案件诉讼标的额进一步提高。同时，民事案件级别管辖标准调整后，推动审判重心继续下沉，矛盾纠纷在基层实现公正高效实质性化解。根据第十三届全国人民代表大会常务委员会第三十六次会议上的《最高人民法院关于四级法院审级职能定位改革试点情况的中期报告》中所列举的数据，"民事、行政级别管辖标准调整后，各试点法院受理'下沉'的民事、行政一审案件数量增幅有限，审判质量保持稳中向好。试点基层人民法院共受理'下沉'的民事案件 9570 件，仅占同期全部新收一审民事案件的 0.15%，一审民事案件上诉率、二审改发率分别为 8.73%、1.25%，较试点前同比分别下降 0.2、0.04 个百分点"。

从上海市闵行区人民法院的受理案件情况来看，自 2021 年 10 月 1 日至 2023 年 6 月 30 日该院受理"下沉"民事案件 39 件，其中当事人住所地均在或者均不在上海市、标的额 1 亿元以上 5 亿元以下的民事案件 14 件，当事人一方住所地不在上海市、标的额 5000 万元以上 1 亿元以下的民事案件 25 件；受理数量位居前位的案由分别是建设工程合同纠纷，民间借贷纠纷，建设工程施工合同、买卖合同纠纷等。

通过完善民事案件级别管辖标准，基本实现大部分一审民事案件主要由基层人民法院审理、少量一审民事案件由中级人民法院审理的态势。同时，科学确定金融法院、知识产权法院、海事法院等专门法院一审民事案件的级别管辖标准，确保其充分发挥服务保障党和国家重大战略的功能。在"案件放下去"实现审判重心"下沉"的同时，又能"案件提上来"充分发挥较高层级法院熟悉辖区审判情况、抗外部干预能力强等优势，实现绝大多数案件在基层、中级人民法院公正高效审结，事实、法律争议在两审之内实质性解决。2023 年 9 月 28 日，四级审级职能定位改革正式结束。经过两年时间的试点，案件提级管辖机制有效激活，形成了一批具有裁判示范效应的典型案例，成效较为明显。然而，部分案件上诉率高、申诉率高的现象还未获得实质性改善，主要根源性问题在于诉源治理推进力度不够，一审二审质效未能充分彰显，不宜单纯通过调整案件一审、再审管辖机制来解决，因此对于《民事诉讼法》第 210 条未进行修改。

第三节 地域管辖

地域管辖是以人民法院的辖区及案件的隶属关系确定诉讼管辖，即确定同级人民法院之间在各自的管辖区域之内受理第一审民事案件的分工和权限。[1] 在全国 3,000 多家基层人民法院、300 多家中级人民法院、30 多家高级人民法院之间，都可能会发生特定的第一审民事案件究竟由哪个区域的法院

---

[1] 参见江伟、肖建国主编：《民事诉讼法》（第 8 版），中国人民大学出版社 2018 年版，第 99 页。

管辖的问题。因此，地域管辖从其功能作用的重要性和内容的丰富程度来看，构成了民事诉讼管辖制度中最主要的部分。通常地域管辖可划分为四类：一般地域管辖、特殊地域管辖、专属管辖与协议管辖。鉴于专属管辖与协议管辖在后续章节会有详细的论述，本节的地域管辖主要梳理阐述一般地域管辖与特殊地域管辖的相关内容。一般地域管辖，就其性质而言是属人管辖，是以当事人所在地与法院辖区的关系确定管辖法院；而特殊地域管辖，从性质上来讲是对事或物的管辖，其连接点的选择主要是诉讼标的要素。

理论解析

（一）一般地域管辖

一般地域管辖，是指以当事人住所地与法院辖区的关系来确定管辖法院，即当事人身处哪家法院辖区，案件就由哪家法院管辖，也就是传统观念中的"原告就被告"原则。具体而言，原告提起诉讼原则上要到被告住所地法院起诉，被告只需在本地法院应诉即可。该项制度的设计初衷在于可在一定程度上抑制原告滥用诉权，一方面使被告避免不当起诉的侵扰，另一方面也有利于被告住所地法院传唤被告参与诉讼、对诉讼标的物进行保全和勘验、案件事实的查明和审理等。根据《民事诉讼法》第22条第1款、第2款的规定，对公民提起的民事诉讼，由被告住所地人民法院管辖；被告住所地与经常居住地不一致的，由经常居住地人民法院管辖。对法人或者其他组织提起的民事诉讼，由被告住所地人民法院管辖。这也是一般地域管辖的基本法律依据。（见表2-6）

表2-6　不同主体"住所地"的具体情况

不同住所地	情形
公民住所地	公民的户籍所在地；公民的户籍迁出后尚未落户，有经常居住地的，由经常居住地人民法院管辖；没有经常居住地的，由原户籍所在地法院管辖
公民经常居住地	公民离开住所地至起诉时已连续居住1年以上的地方，但公民住院就医的地方除外
法人或其他组织的住所地	主要办事机构所在地；若主要办事机构所在地不能确定，其注册地或者登记地为住所地

(二) 一般地域管辖的例外规定

在某些情况下,机械地由被告住所地法院管辖,不但会给原告行使诉权带来诸多不便,而且不便于受诉法院行使审判权。因此,在一般地域管辖的基础上还引入了"原告住所地"这一连接点,也称为一般地域管辖的例外情况。在这种规则的指引下,民事纠纷可由原告住所地作为管辖地。《民事诉讼法》第 23 条规定了"被告就原告"的四种情况,相关司法解释补充规定了类似的情形,来重新分配诉讼成本与诉讼风险在原告、被告之间的比例,从而对处于特殊情况下的原告予以倾斜性保护,主要情形可见表 2-7。

表 2-7 地域管辖中"原告就被告"的例外情形

情形	管辖法院
户籍被注销时	被告被注销户籍,由原告所在地法院管辖
	双方都被注销户籍,由被告居住地法院管辖
人身不自由(被采取强制性教育措施或被监禁)	被告被采取强制性教育措施或被监禁,由原告所在地法院管辖
	原告、被告双方都被采取强制性教育措施或被监禁,由被告原住所地法院管辖
	被告被采取强制性教育措施或被监禁 1 年以上,由被采取强制性教育措施或被监禁地法院管辖
被告不在中国境内居住、下落不明或被宣告失踪	提起身份关系的诉讼(如离婚、收养、赡养纠纷等),由原告所在地法院管辖
	提起其他关系类型的诉讼,由被告所在地法院管辖
追索抚养费、扶养费、赡养费	只有一个被告或几个被告均在一个辖区,由被告所在地法院管辖
	几个被告不在同一辖区,原告所在地和被告所在地法院均具有管辖权
离开住所的离婚案件	被告离开住所地超过 1 年的,原告所在地与被告所在地法院均有管辖权
	双方都离开住所地超过 1 年的,由被告经常居住地法院管辖;没有经常居住地的,由起诉时被告居住地法院管辖

(三) 特殊地域管辖

与一般地域管辖相对应，民事诉讼法不仅建立了被告住所地与法院辖区之间的联系，还以诉讼标的、诉讼标的物或法律事实与法院辖区之间的联系来确定管辖权，此为特殊地域管辖。一般情况下，特殊地域管辖就是在一般地域管辖法院即被告住所地法院之外，增加诉讼标的所在地或者法律事实所在地法院等新的管辖法院。因此，特殊地域管辖相较于一般地域管辖而言，各类纠纷管辖一般为共同管辖，案件类型比较特殊，与法院辖区的连接也更加多元化，给予了当事人更多的诉讼选择权。在实践中，特殊地域管辖与一般地域管辖是兼容的关系，在法律适用上并无先后之分，即特殊地域管辖并不排除一般地域管辖的适用。《民事诉讼法》第 24 条至 33 条都可以视为有关特殊地域管辖的规定，涵盖一般合同纠纷，保险合同纠纷，票据纠纷，公司设立、确认股东资格、分配利润、解散等纠纷，运输合同纠纷，侵权纠纷，交通事故损害赔偿纠纷与海事、海商纠纷八大类。《民事诉讼法》第 24 条规定，因合同纠纷提起的诉讼，由被告住所地或合同履行地法院管辖。这意味着在坚持"原告就被告"原则的同时，还引入了合同履行地这一连接点来确定管辖法院。与此类似，《民事诉讼法》第 29 条规定，因侵权行为提起的诉讼，由侵权行为地或被告住所地人民法院管辖。这使得原告在被告住所地之外，还获得了向侵权行为地起诉这一选项。严格来说，只有这些条文中规定的除"被告住所地"以外的管辖选项，才属于特殊地域管辖的范畴。①

《民事诉讼法》及其司法解释中关于特殊地域管辖的规定繁多复杂，主要可分为两大类，即合同与侵权。在这两大类案件中，"合同履行地"与"侵权行为地"如何确定，是适用特殊地域管辖的关键，也是立案审查环节的重点与难点。关于合同履行地的判断，将在本节实践判断中做详细论述，此处仅根据法律和相关司法解释，对涉及合同类案件的特殊地域管辖之规定进行简单的整理与归纳。②（见表 2-8）

---

① 参见王亚新：《民事诉讼管辖：原理、结构及程序的动态》，载《当代法学》2016 年第 2 期。
② 为便于论述以及保持内容的完整性，将票据纠纷等有关特殊地域管辖的规定也置于此项下进行归纳与总结，其管辖连接点也称为"合同履行地"。

表 2-8 合同类纠纷中特殊地域管辖规定的情形

合同类纠纷	履行地	备注
财产租赁合同 融资租赁合同	租赁物使用地	
以信息网络方式订立的合同	通过信息网络交付标的物：买受人住所地	
	通过其他方式交付标的物：收货地	
即时结清的合同	交易行为地	
保险合同	保险标的物所在地	保险标的物为运输工具或运输中的货物：运输工具登记注册地、运输目的地、保险事故发生地
		人身保险合同：被保险人住所地
运输合同	运输始发地或目的地	
其他合同	约定了履行地点的：从约定	
	争议标的为给付货币：接收货币一方	
	交付不动产：不动产所在地	
	其他标的：履行义务一方所在地	
公司诉讼	因公司设立、确认股东资格、分配利润、解散、股东名册记载、请求变更公司登记、股东知情权、公司决议、公司合并、分立、增资减资等纠纷提起的诉讼：公司住所地	无"被告住所地"的按一般地域管辖规定
票据	票据支付地	汇票、本票、支票等票据上载明的付款地；未载明时付款人的住所地

侵权行为地，包括侵权行为实施地和侵权结果发生地；侵权结果地又可分为侵权直接结果地和间接结果地。而确定管辖的侵权结果地仅限于直接结果地，即侵权行为致使受害人权利受到侵害的损害事实发生地。此外，法律和司法解释关于产品质量纠纷、信息网络侵权纠纷等侵权纠纷有特殊规定的，

应适用特殊规定。(见表2-9)

表2-9 侵权类纠纷中关于"侵权行为地"的情形

侵权类纠纷	行为地	备注
因铁路、公路、水上和航空等交通事故请求损害赔偿的诉讼	事故发生地、车辆及船舶最先到达地、航空器最先降落地	铁路行车事故及其他铁路运营事故造成的人身、财产损害赔偿纠纷,由铁路运输法院管辖
因产品质量、服务质量不合格造成财产、人身损害提起的诉讼	产品制造地、销售地、服务提供地、人身或财产损害发生地	
因信息网络侵权提起的诉讼	实施被诉侵权行为的计算机等信息设备所在地、被侵权人住所地	
因侵犯名誉权提起的诉讼	受侵权的公民、法人和其他组织的住所地,可以被认定为侵权结果发生地	

案例链接:位于S区的甲公司与位于H区的乙公司签订了《供应链服务合同》,约定由乙公司向甲公司提供开通供应商账户服务,如果无法与平台直签或商品无法上架,乙公司将全额退款。在该服务合同中双方未约定管辖法院。后甲公司向乙公司微信转账,支付了2万元的平台服务费,但乙公司却迟迟无法提供供应链服务。故甲公司向其所在地S区的法院提起诉讼,请求解除双方合同,并请求乙公司返还其平台服务费2万元。S区法院审查后认为,本案原告为服务合同中接受服务的一方,则无论其诉讼请求是返还服务费还是承担违约责任,争议标的均为"履行义务",应以履行义务一方即提供服务一方住所地为合同履行地。故告知甲公司应向乙公司住所地H区的法院提起诉讼。

本案中,原告甲公司的诉请是要求乙公司返还已经支付的服务费2万元。从原告诉请的表现形式上看,争议标的为给付货币,但是还原到涉案服务合同中,甲公司的合同权利是接受服务,合同义务是支付钱款。因此,甲公司的诉请虽然表现为货币，但其实质是要求乙公司履行义务，即其诉请中的货币是由合同责任转化来的，甲公司并非接收货币一方，故其住所地 S 区不能认定为合同履行地。

📝 实践判断

对于合同履行地的正确理解，是适用合同类案件特殊地域管辖的关键。首先，合同履行地的确定，应以合同约定的履行地点为优先判断标准。《民事诉讼法解释》第 18 条第 1 款规定，合同约定履行地点的，以约定的履行地点为合同履行地，此处的"约定履行地点"是指当事人书面、明确约定的履行地点，合同中必须明确载明"履行地"字样，即约定履行地点仅指合同书中载明"合同履行地"的情形，合同中对交货地、付款地等某项合同义务履行地的约定，不作为确定合同履行地的依据。如张某与 S 公司签订了特许经营合同，双方约定"授权经营区域为 H 区"，该内容并非明确、无歧义的关于合同履行地的约定，不能据此认定法律意义上的合同履行地。其次，即使合同尚未实际履行，只要双方明确约定了履行地，仍可以由该履行地的法院管辖。只有在约定的履行地点与双方当事人住所地都未发生重合的情况下，才由被告住所地法院管辖。

在合同对履行地点没有约定或约定不明时，又如何确定合同履行地呢？根据《民事诉讼法解释》第 18 条第 2 款的规定，诉讼标的是指诉讼请求所指向的合同义务内容，不能将争议标的完全等同于诉讼请求，诉讼请求内容为给付货币也不意味着诉讼标的为给付货币，应根据原告诉请并结合其在合同中履行的义务加以确定。具体而言，在适用该条款时，首先，应确定原告诉请的类型，是货币、不动产还是其他义务；其次，需将原告的诉请与其在合同中的实体权利义务进行对照；最后，当原告诉请与合同中其所享有的权利一致时，才可依据诉请类型导入对应的合同履行地，即"争议标的为给付货币的，接收货币一方所在地为合同履行地；交付不动产的，不动产所在地为合同履行地；其他标的，履行义务一方所在地为合同履行地"等。需要注意的是，该规则仅适用于合同纠纷中的给付之诉，确认之诉、形成之诉、侵权之诉、不当得利之诉、无因管理之诉等不属于该条款的适用范围。例如，甲为买方，乙为卖方，双方订立了买卖合同，对合同履行地无明确约定。因甲方未支付货款，乙方向法院提起诉讼，此时乙方的诉请与其在合同中享有的权利——接收货款相一致，因此乙方可视为接收货币一方。若乙方提交的货物不符合合同要求，甲方向法院起诉主张违约金，这种情况下，甲方的诉讼请求与其在买卖合同中的权利即收到货物不一致，故甲方所在地不能被认定为合同履行地。以上属于确定合同履行地的一般规定，法律与司法解释有特别规定的，应适用特别规定，如财产租赁合同、融资租赁合同以租赁物使用地为合同履行地。

📝 总结延伸

民事诉讼中法定管辖主要分为三类：一般地域管辖，特殊地域管辖与专属管辖。如何审查判断这三种管辖规则间的内在联系？具体分析如下：

从设定目的上看，特殊地域管辖与专属管辖的设立，是为了弥补一般地域管辖在功能上的缺失。如果遵循普通地域管辖的适用规则，确定与当事人所在地有辖区隶属关系的法院为唯一有管辖权的法院，那么司法实践中则不免发生既不能便利当事人进行诉讼活动，又不能方便法院审判的情况，因此需要设置以诉讼标的诸要素为管辖法院连接点的特殊地域管辖与专属管辖。

从性质上看，一般地域管辖为属人管辖，以法院辖区与当事人的隶属关系为标准来确定管辖；特殊地域管辖和专属管辖都属于对物或事的管辖，以诉讼标的物所在地等作为确定管辖法院的连接点。

从适用上看，就一般地域管辖和特殊地域管辖的关系而言，特殊地域管辖规定只是在一般地域管辖的被告住所地基础上增加了诉讼标的或者法律事实的管辖连接点。依诉讼标的诸要素所确定的法院拥有管辖权，被告住所地法院也拥有管辖权，两者之间是一种选择适用的关系，即向何法院起诉，取决于原告的意愿。专属管辖是由法律强制规定某类案件只能由特定的法院进行管辖，具有较强的排他性，排除了一般地域管辖、特殊地域管辖以及协议管辖的适用，与其他管辖是相互排斥的关系。

第四节 专属管辖

专属管辖是指对某些特殊案件，民事诉讼法明确规定只能由特定人民法院管辖，其他人民法院无权管辖，当事人也不能以协议方式予以变更的管辖方式。依据《民事诉讼法》第34条的规定，下列案件由规定的人民法院专属管辖：（1）因不动产纠纷提起的诉讼，由不动产所在地人民法院管辖；（2）因港口作业中发生纠纷提起的诉讼，由港口所在地人民法院管辖；（3）因继承遗产纠纷提起的诉讼，由被继承人死亡时住所地或者主要遗产所在地人民法院管辖。

理论解析

专属管辖往往是基于社会公共利益目的而规定的，因其设置的目的性，法律赋予了专属管辖排他效力、排除效力、限制效力和职权审查效力。

（一）排他效力

排他性是相对于法院而言的，是针对法院所产生的效力。法律规定某类案件专属于某一或者某些法院管辖，那么只有法律规定的法院才有权受理和裁判这类案件，其他法院均无权管辖这类案件。

（二）排除效力

排除当事人以协议选择管辖法院的权利。专属管辖的案件既然只能专属于法律规定的法院管辖，当然也不允许当事人以协议约定的方式改变专属管辖。但排除效力并不意味着一概排除协议管辖，当案件因法律规定专属两个法院管辖，例如，继承遗产的案件，专属于被继承人死亡时住所地或主要遗产所在地法院管辖，当事人可以以协议方式选择管辖法院，只是当事人协议管辖的选择范围受到限制。

（三）限制效力

专属管辖的效力表现在对牵连管辖的限制上。牵连管辖的实质是对于某案件没有管辖权的法院基于牵连关系取得了原本不属于自己管辖的案件的管辖权。牵连管辖适用的主要情形是原告增加诉讼请求或被告提出反诉。如果原告增加的诉讼请求或被告提出的反诉是属于专属管辖的案件，受诉法院便不能基于牵连管辖取得该案件的管辖权。

（四）职权审查效力

有管辖权是起诉的要件之一。法院只有在对受理的案件有管辖权时，才能够对案件作出实体判决。对于一般地域管辖和特殊地域管辖，一般等到被告提出管辖权的抗辩时，法院才应予以关注，要求原告举证证明管辖权存在的依据，而对是否有专属管辖权，人民法院应主动予以审查。

案例链接：原告程某向 M 区人民法院起诉被告天津市 A 有限公司（以下简称 A 公司）与东莞市 B 有限公司（以下简称 B 公司），程某称 A 公司与 B 公司签订的《建设工程施工劳务分包合同》约定，将 A 公司承包的房屋改造净化装修项目转包给 B 公司施工。2020 年 11 月 4 日，B 公司将 A 公司欠付的工程款债权及相应权利转让给程某，并通知了 A 公司。后因 A 公司未履行还款义务，程某向项目所在地 M 区人民法院提起诉讼，请求判令 A 公司支付工程款。A 公司辩称，B 公司施工项目存在质量问题，A 公司与 B 公司未达成书面确认结算协议，B 公司无权向 A 公司主张工程款。故本案不适用专属管辖规定，应当由 A 公司住所地法院审理。

M 区人民法院审理认为，本案为债权转让合同纠纷，并非建设工程施工合同纠纷，不适用专属管辖规定。当事人未约定合同履行地，且程某作为接受货币一方亦不在 M 区，本案应当由 A 公司住所地法院管辖。2021 年 2 月 23 日，M 区人民法院作出裁定，将本案移送至 A 公司住所地 T 区人民法院处理。T 区人民法院认为移送不当，遂层报高级人民法院。

高级人民法院审理认为，本案管辖争议的焦点问题是按照合同纠纷还是不动产纠纷确定管辖。《民事诉讼法解释》对按照不动产纠纷确定管辖的合同纠纷类型进行了规定。本案中，程某起诉请求 A 公司履行债务的依据，是程某受让的 B 公司基于建设工程施工形成的对 A 公司的债权。从 A 公司的答辩看，当事人对案涉工程质量、工程款数额有争议，案件受理后的审理，既涉及质量鉴定、造价评估等工程问题，也涉及 A 公司与 B 公司签订的《建设工程施工劳务分包合同》签订、履行的问题，而不是单纯的给付一定数额的工程欠款的问题，故本案应当按照不动产纠纷确定管辖。案涉工程位于 M 区，因此 M 区人民法院是本案的管辖法院。

实践判断

上述案例就是典型的不动产纠纷专属管辖案件。在司法实践中，基层人民法院关于专属管辖问题，遇到的纠纷多为涉及不动产和继承的纠纷。（见表 2-10）

表 2-10 涉及不动产和继承的纠纷专属管辖的情形

类型		情形
不动产纠纷	不动产的权利确认、分割、相邻关系等引起的物权纠纷	不动产所在地的法院管辖。不动产已登记的，以不动产登记簿记载的所在地为不动产所在地；不动产未登记的，以不动产实际所在地为不动产所在地
	农村土地承包经营合同纠纷	
	房屋租赁合同纠纷	
	建设工程施工合同纠纷	
	政策性房屋买卖合同纠纷	
继承遗产纠纷		被继承人死亡时住所地或者主要遗产所在人民法院管辖

（一）不动产纠纷管辖

对不动产案件进行专属管辖，主要是考虑到不动产的现场勘验、权属调查、实际分割、变更登记等，由不动产所在地法院审理最为便利，相较其他法院进行审判更为节省司法资源。《民事诉讼法解释》第 28 条第 1 款规定，不动产纠纷是指因不动产的权利确认、分割、相邻关系等引起的物权纠纷。物权包括所有权、用益物权、担保物权。如果纠纷围绕不动产登记、物权确权、用益物权行使、担保物权实现、占有保护等展开，且基于不动产物权提出确认权利存在，对涉诉不动产承担停止侵害、排除妨害、消除危险、返还财产、恢复原状、修理、重作、更换、赔偿损失等诉讼请求，属于不动产物权纠纷的范畴。①《民事诉讼法解释》第 28 条第 2 款规定，农村土地承包经营合同纠纷、房屋租赁合同纠纷、建设工程施工合同纠纷、政策性房屋买卖合同纠纷，按照不动产纠纷确定管辖。这几类涉及不动产的合同纠纷具有一定的特殊性，如农村土地承包经营合同纠纷、房屋租赁合同纠纷、政策性房屋买卖合同纠纷，除争议合同的成立、履行等之外，一般还与当地的农村土地承包经营政策或者房地产宏观调控政策有关联，由不动产所在地法院专属管辖，便于统一裁判尺度，也有利于法院配合当地政府处理这些类型的案件引起的群体性纠纷。建设工程施工合同纠纷大多涉及建筑物工程造价评估、质量鉴定、留置权优先受偿、执行拍卖等，由建筑物所在地法院专属管辖，有利于案件审理与执行。

在上述四类不动产纠纷中，基层人民法院受理的房屋租赁合同纠纷以及建设工程施工合同纠纷数量较多。关于房屋租赁合同纠纷，相对较难判断的是如何确定涉及商铺、铺位租赁合同纠纷的管辖法院。例如，王某与李某针对某大楼内一个铺位的租赁签订了租赁合同，约定了管辖法院，现双方发生纠纷，如何确定管辖法院。此类案件的管辖，应根据合同内容所指向的主要目的来确定案由。区分的总原则是，合同的目的是以房屋本身的使用空间对外出租的，案由可确定为房屋租赁合同，至于这一房屋空间是否具有产证不作为判断的标准；以柜台、店铺经营权等为出租目的，附带房屋空间的出租合同，以租赁合同确定案由。铺位租赁中如果是仅租赁独立空间中的一个柜台进行经营活动，则有别于对整个所租赁的房屋独立空间的利用，故不宜认定为房屋租赁合同纠纷，不适用专属管辖。如果合同双方书面约定过管辖法院，则从约定；无约定的，按照一般法定管辖原则确定管辖法院。

需要说明的是，关于建设工程施工合同纠纷，《民事诉讼法解释》第 28 条第 2 款规定的"建设工程施工合同纠纷"不限于《民事案件案由规定》第 115 条的"建设工程合同纠纷"项下的第 3 个案由"建设工程施工合同纠

---

① 参见高星阁：《不动产纠纷专属管辖之冲突及解决——以〈民事诉讼法解释〉第 28 条为背景》，载《中国不动产法研究》2018 年第 1 期。

纷",还包括该项下的与建设工程施工相关的6个案件类型：建设工程价款优先受偿权纠纷；建设工程分包合同纠纷；建设工程监理合同纠纷；装饰装修合同纠纷；铁路修建合同纠纷；农村建房施工合同纠纷。

（二）遗产继承纠纷管辖

继承纠纷，是继承人之间以及继承人和其他当事人（被继承人的债权人等）之间，就被继承人的遗产分配而产生的争议。《民事诉讼法》第34条第3款规定，因继承遗产纠纷提起的诉讼，属于专属管辖，由被继承人死亡时住所地或者主要遗产所在地人民法院管辖。继承纠纷一般而言具有以下特点：继承纠纷的当事人往往存在亲属关系，社会关系相对比较紧密；继承纠纷处理的是被继承人的遗产；与其他民事纠纷相比，继承纠纷审理的内容往往较为复杂，既涉及相关财产的归属、被继承人的债务等问题，又涉及当事人之间、当事人与被继承人之间的亲属身份关系问题，既涉及程序问题，又涉及实体问题。基于继承纠纷的上述特点，由被继承人死亡时住所地或者主要遗产所在地人民法院专属管辖，便于双方当事人实质解决纠纷，也便于法院查明事实。

在立案审查过程中，遗产继承纠纷专属管辖的适用应注意以下三方面问题。

1. 关于被继承人死亡时住所地的审查。遗产继承纠纷中，被继承人生前的经常居住地能否作为遗产继承纠纷确定管辖的依据？《民事诉讼法解释》第3条规定，公民的住所地是指公民的户籍所在地，故被继承人死亡时的住所地应是指被继承人死亡时的户籍所在地。因此，遗产继承纠纷应由被继承人死亡时的户籍所在地或主要遗产所在地人民法院管辖，被继承人生前的经常居住地一般不能作为确定管辖的依据。

2. 被继承人死亡时主要遗产所在地的审查。被继承人主要遗产所在地在起诉时一般难以客观确定，如果当事人有初步证据证明被继承人有遗产在受诉法院辖区，受诉法院即可立案受理。立案受理后，若发现被继承人主要遗产在其他地点，且当事人所主张的遗产主要系他地遗产，受诉法院可根据当事人管辖权异议或者依职权裁定移送有管辖权的人民法院审理。

3. 管辖冲突的处理。同一当事人或不同当事人分别向被继承人死亡时住所地或者主要遗产所在地法院提起继承诉讼的，由先立案的法院管辖，后立案的法院发现有关法院先立案的情况后，应当在 7 日内裁定将案件移送先立案的法院审理。当事人在继承案件审结后，就其他遗产向其他有管辖权的法院提起诉讼的，不属于管辖冲突，新立案法院应当审理，不得以前案由其他法院审理为由裁定移送。

总结延伸

民事诉讼中的专属管辖制度主要是基于公益目的而设置，为了保证它的专属性，《民事诉讼法》第 34 条对专属管辖予以了明确规定，然而从司法实践来看，目前专属管辖制度还存在尚待完善之处。

（一）可适当拓宽专属管辖的范围

《民事诉讼法》确定的专属管辖案件，目前主要包括三类案件，一部分从案件性质来看适宜确定为专属管辖的案件尚未包括在内，如环境侵权案件，因此有必要适当扩大专属管辖案件的范围。对于环境侵权案件，一方面受害人人数众多，另一方面涉及对污染行为的形态、严重程度的调查，对过错、因果关系这些事项的判断。此类案件由损害结果发生地法院专属管辖，并将所有受害人的诉讼合并进行审理，有利于法院在调查证据之后作出统一裁判。

（二）进一步强化专属管辖的效力

《民事诉讼法》在设定协议管辖制度时明确禁止当事人违反专属管辖的规定选择一审法院，因此从立案到审理的每个阶段，均需强化专属管辖的效力。立案审查时应当加强对专属管辖类案件的审查力度，对于违反专属管辖递交起诉材料的起诉人，首次应当向其详细告知相关管辖规定及具有管辖权的法院，如起诉人坚持递交起诉材料，立案受理后应当裁定移送至有管辖权的人民法院。如案件立案受理，审理过程中未发现案件纠纷系专属管辖类案件，起诉人向上级人民法院提起上诉，人民法院依照第二审程序审理案件，认为第一审人民法院受理案件违反专属管辖规定，应当裁定撤销原裁判并移送至有管辖权的人民法院。

第五节 协议管辖

协议管辖，又称约定管辖、合意管辖，指当事人在纠纷发生前或者纠纷发生后，以协议的方式约定诉讼的第一审管辖法院。协议管辖是一项适应近现代商品经济、社会发展需要的制度。我国1982年《民事诉讼法（试行）》（已失效）并未规定协议管辖制度。1991年《民事诉讼法》第25条、第244条首次确立了协议管辖制度。1992年《关于适用〈中华人民共和国民事诉讼法〉若干问题的意见》（已失效）第24条明确规定，合同的双方当事人选择管辖的协议不明确或者选择《民事诉讼法》第25条规定的人民法院中的两个以上人民法院管辖的，选择管辖的协议无效。2007年修正的《民事诉讼法》在协议管辖上延续了1991年《民事诉讼法》的规定。2012年修正的《民事诉讼法》将协议管辖范围统一界定为合同纠纷或者其他财产权益纠纷，将协议管辖连接点从仅限于被告住所地等五个连接点，扩大到只要与争议有实际联系的地点的人民法院均可选择。2015年《民事诉讼法解释》第30条、第531条对协议管辖作了进一步修正和明确，改变了之前的司法解释关于协议管辖不能选择两个以上人民法院的规定。2017年与2021年、2023年修正后的《民事诉讼法》均延续了2012年《民事诉讼法》关于协议管辖的规定，2020年与2022年修正后的《民事诉讼法解释》均延续了2015年《民事诉讼法解释》的规定。

协议管辖制度在我国经历了从无到有，其适用范围也不断扩大，从合同纠纷扩大到包括其他财产权益纠纷，协议选择的人民法院范围从固定的仅包含五个连接点的人民法院，扩大为与争议有实际联系的地点的人民法院，协议选择的人民法院数量从仅限于一个扩大为可以选择两个以上连接点的人民法院。总体来看，这些变化体现了对协议管辖从限制到放宽的发展历程，其背后也实质彰显了我国民事诉讼制度不断趋向于尽可能地尊重当事人意思自治的理念与原则。

📝 理论解析

《民事诉讼法》第 35 条对协议管辖进行了规定，合同或者其他财产权益纠纷的当事人可以书面协议选择被告住所地、合同履行地、合同签订地、原告住所地、标的物所在地等与争议有实际联系的地点的人民法院管辖，但不得违反《民事诉讼法》对级别管辖和专属管辖的规定。从法条本意理解，协议管辖是对法定管辖的变通与补充，协议管辖制度尊重当事人在诉讼过程中的意愿，体现了当事人的意思自治和程序选择权。但这并不意味着任何案件都可以采用协议管辖，或者可以任意地进行协议约定管辖。协议管辖的一般适用条件有以下五点。

（一）协议管辖的范围仅限于因合同纠纷或其他财产权益纠纷提起的诉讼

随着社会的发展，协议管辖范围逐步扩大。《民事诉讼法》第 35 条对协议管辖范围有明确规定，目前涉及财产权的纠纷一般都能适用协议管辖制度，而对与人身关系有着密切联系的纠纷则多采取法定管辖，比如婚姻家庭、继承等纠纷，人身关系与特定地域存在着紧密联系，离开了与人身有紧密联系的特定地域可能会不利于诉讼进行。

（二）协议管辖选择的人民法院，是与争议有实际联系地点的人民法院

协议管辖约定的人民法院不能选择与案件毫无关联的人民法院，必须是与争议有实际联系地点的人民法院，如被告住所地、合同履行地、合同签订地、原告住所地、标的物所在地。在实践中，除了上述地点外，还包括侵犯物权或者知识产权等财产权益的行为发生地等。如果协议约定了两个以上与争议有实际联系的人民法院，原告可以向其中一个人民法院提起诉讼。

（三）协议管辖只适用于一审民事案件，不适用于二审和再审民事案件

协议管辖只适用于一审法院，一审法院确定后，实际上二审法院也就确定了。如何上诉，二审法院如何确定属于职务管辖的范畴，如果允许当事人对此进行协议管辖，会对诉讼制度产生不利影响，造成诉讼审级混乱。

（四）协议管辖不能违反级别管辖和专属管辖的规定

级别管辖作为法律规定的一项制度，不为当事人之间的协议所改变。审级制度的设立旨在建立合理的体系救济当事人权益，同时合理分配各级人民法院案件受理类型及数量，四级审级定位改革也推动了四级法院不同职能定位更加明确。如果当事人能够任意将应由基层人民法院审理的一审案件，约定由中级人民法院管辖，将破坏法律规定的审级制度。专属管辖，是指法律规定的将一些特殊类型的案件交由特定的法院管辖，从而排除其他法院行使管辖权的制度。专属管辖不仅排斥了其他类型的法定管辖，同时也排斥了协议管辖。例如，当事人约定不动产纠纷由非不动产所在地人民法院管辖的约定当属无效。

（五）双方当事人必须达成一致的书面管辖协议

管辖协议作为确定管辖的重要依据，《民事诉讼法》第 35 条规定，书面明确订立管辖约定，是协议管辖成立的要件。书面管辖协议，就是书面合同中的协议管辖条款或者诉讼前以书面形式达成的选择管辖的协议。随着经济社会的发展、科学技术的进步，管辖协议书面形式的要求逐渐作灵活、扩大的解释。书面协议既可以采取合同书的形式（包括书面合同中的协议管辖条款），也可以采取信件和数据电文（包括电报、电传、传真、电子数据交换和电子邮件）等可以有形地表现当事人双方协议选择管辖法院意思表示的形式。

案例链接：原告汪某向 A 区法院起诉被告俞某，称被告俞某于 2017 年向其借款 5 万元，约定借期 6 个月，现被告并未按约归还欠款及利息，已构成违约。同时原告汪某起诉被告颜某，认为俞某、颜某系夫妻关系，案涉借款属于夫妻共同债务，被告颜某应当承担共同还款责任。就此笔借款汪某、俞某双方曾签订《借款协议》，协议中约定：如双方因本借款协议发生纠纷，该纠纷由 A 区法院管辖。故原告汪某诉至 A 区法院，请求法院判令二被告返还借款本金 5 万元。

本案中，原告汪某诉请事实清楚、被告明确，基础法律关系也较为清晰，基本符合立案受理条件。汪某向 A 区法院提起立案申请后，A 区法院受理此案。案件审理中，A区法院查明，案涉《借款协议》中约定发生纠纷后由A区法院管辖，但原、被告住所地均不在A区法院辖区，原告汪某在A区法院向其释明后，未能举证本案与A区有其他管辖连接点。A区法院认为，因其所在辖区与此案所涉纠纷并无实际联系，故案涉《借款协议》中管辖约定应为无效，涉案纠纷A区法院并无管辖权。因合同提起的纠纷，由被告住所地或者合同履行地人民法院管辖，本案为民间借贷纠纷，故应由被告俞某、颜某住所地或者合同履行地即原告住所地人民法院管辖。

根据《民事诉讼法》第35条的规定，当事人协议选择管辖的范围除被告住所地、合同履行地、合同签订地、原告住所地以及标的物所在地的法院外，也可以选择其他法院管辖，但必须是与案件争议有实际联系的地点的法院，包括原告经常居住地、被告经常居住地、侵权行为地或者代表机构住所地法院。若当事人协议选择了与争议没有实际联系的地点的法院管辖，因超出规定范围，应当认定其约定无效。具体到本案，A区既非当事人住所地，又非合同履行地、合同签订地、标的物所在地、原告经常居住地、被告经常居住地，当事人亦不能证明该地点与此案争议有其他实际联系，A区与本案争议没有实际联系，故本案当事人协议管辖约定应属无效，A区法院对本案不具有管辖权。《民事诉讼法》第24条规定，因合同纠纷提起的诉讼，由被告住所地或者合同履行地人民法院管辖。本案为民间借贷纠纷，故应由被告俞某、颜某住所地或者合同履行地即原告住所地人民法院管辖。被告俞某住所地在B区，被告颜某住所地在C区，原告汪某经常居住地在D区，故B区法院、C区法院、D区法院对本案均有管辖权。

实践判断

《民事诉讼法解释》第30条第1款规定，根据管辖协议，起诉时能够确定管辖法院的，从其约定；不能确定的，依照民事诉讼法的相关规定确定管辖。对于司法实践中诸多形式的协议管辖，如何判断效力，下面予以阐述分析。

（一）管辖协议中约定"向各自所在地法院"起诉

从协议管辖制度的概念和立法本意可知，合同当事人之间在书面合同中的协议管辖条款或者在诉讼前以书面形式达成的选择管辖协议中约定"由原告住所地的人民法院管辖",只要不违反民事诉讼法关于级别管辖和专属管辖的规定,便应当认定其具有法律效力。进而,本着对当事人意思自治和契约自由精神的尊重,即使当事人在协议管辖条款中有关管辖地法院的文字表述不够精准、明确,但只要通过探寻当事人的真实意思表示,能够具体地确定纠纷解决所指向的管辖法院的,就不应当简单地认定当事人关于合同纠纷地域管辖法院的约定不明。① 最高人民法院公报刊登案例亦认为双方可向各自住所地人民法院起诉的约定,实质是选择原告住所地人民法院管辖,约定有效。此种情况下,如果当事人已分别向各自所在地法院提起诉讼,则应由先立案的法院管辖;若立案时间难以分清先后,则应由两地法院协商解决;协商不成的,由共同上级法院指定管辖。

(二) 管辖协议中约定"由守约方(被违约方)所在地法院"管辖

当事人在订立管辖协议时,往往很容易达成一项共识,即如果谁不遵守合约,那么违约方只能到守约的一方所在地人民法院进行起诉,以作惩罚,于是在合同中约定,一方违约的,纠纷由守约方所在地法院管辖。此种管辖协议是否有效需要明确以下问题:一是在实践中,是否存在合同双方在交易过程中均有违约行为的可能性,如果双方都有违约行为存在,那么"守约方(被违约方)所在地人民法院"是否具有明确性及特定性;二是如何认定违约行为。违约行为须经过法院的实体审理后才能予以确认,在立案阶段,未经审理无法得出当事人是否违约的结论。对守约方的约定不明确,导致无法在起诉前确定哪一方为守约方,对当事人违约的认定属于实体审理范畴,无法在管辖权异议审理阶段予以确定。故"由守约方(被违约方)所在地法院"管辖的约定属于约定不明,不符合《民事诉讼法》第35条的规定,应认定约定无效。此时应依据《民事诉讼法》第24条的规定由被告住所地或合同履行地法院管辖。

(三) 管辖协议中地域管辖和级别管辖交叉

民事诉讼法对协议管辖不得违反有关级别管辖有明确规定,但当事人合

---

① 参见最高人民法院民事裁定书,(2020)最高法知民辖终166号。

意确定的协议管辖条款,同时存在约定有效的地域管辖和"超标的"级别管辖,可结合级别管辖标准确定具体管辖法院。民事诉讼管辖法院的确定,首先,考虑地域管辖,包括是否属于专属管辖或者专门管辖的情形,是否存在协议管辖的情形,法律是否对管辖法院有特殊规定等;其次,考虑级别管辖,实践中,存在当事人在管辖协议中既约定了地域管辖,也约定了级别管辖的情况。对此,考虑到当事人在纠纷发生前无法预见争议的诉讼标的额和是否具有重大影响,出于保护当事人的正当预期,如果当事人约定的地域管辖符合法律和司法解释的规定,即便超过协议约定管辖法院的级别标准,也应当认定双方选择的地域管辖是有效的,可以结合级别管辖标准确定具体的管辖法院。[1] 对于案件超出当事人协议约定的法院的管辖范围的,协议管辖条款是否还有效的问题,如果当事人约定了某一地域范围内的具体管辖法院,纠纷发生后超出该院级别管辖范围,该约定表明双方当事人愿意在该法院所在地进行诉讼,地域管辖是明确的。出于保护当事人的正当预期,应当认定双方选择的地域管辖是有效的,可以结合级别管辖标准确定具体的管辖法院。[2]

总结延伸

以上述案件中协议约定管辖条款的效力作为切入点,分析与案件争议有实际联系的地点,主要存在以下两种情况。

(一)选择的管辖法院与争议无实际联系的,应当认定约定管辖无效

如上述案例所述,当事人选择的管辖法院与争议无实际联系的,应当认定约定管辖无效。实践中,如果当事人要将"与争议无实际联系"的地点的法院约定为管辖法院,当事人一般会创设连接点,使其形式上能够满足"与争议有实际联系"这一前提条件。比如,在合同中约定"发生争议可提请本协议签订地人民法院提起诉讼",并在合同的首部、尾部或管辖条款中明确

---

[1] 参见最高人民法院民事裁定书,(2016)最高法民辖终22号。
[2] 参见最高人民法院民事裁定书,(2020)最高法知民辖终280号。

合同签订地。

（二）创设管辖法院与争议之间的连接点，以约定管辖是否会破坏诉讼秩序为标准判断效力

《民事诉讼法》第 35 条对与争议有实际联系的地点进行了基本罗列，但实践中存在在合同中创设连接点约定管辖法院的情形，如：在合同中约定"发生争议可提请本协议签订地人民法院提起诉讼"，其合同内载明的签订地与案涉争议无实际联系，非原告住所地、被告住所地、合同履行地等地点；又比如，合同系从项目地签章后交与另一方公司签章的情形，即实际的合同签订地与约定的合同签订地不一致。以上两种情况的约定，均系合同双方的真实意思表示，未违反法律关于级别管辖和专属管辖的规定。合同双方作为民事主体，约定实际合同签订地之外的地点作为合同签订地，进而作为协议管辖的连接点，系自行决定如何行使诉讼权利的行为。此类案件合同主体相对固定，产生的纠纷进入法院诉讼后表现为个案或者一定数量的类案，不会破坏正常的民事诉讼管辖秩序，此种管辖约定有效。[①]

司法实践中也存在大量互联网借贷引发的合同纠纷，此类案件的合同通过互联网方式签订，出借方主体特定、借款方主体不特定，存在着面广量大的情形。在互联网借贷合同纠纷中，其借款协议一般载明签署地、实际履行地，并约定发生争议后，由协议签署地或实际履行地人民法院管辖，存在大量出借人、借款人住所地均不在约定管辖地的情况。根据案件材料亦无法证明双方于约定地点签订并履行案涉借款协议，约定管辖地与争议没有实际联系。此种情形下，虽然纠纷双方在合同中明确约定管辖条款，但在无证据材料可以证明约定地与本案争议有实际联系的情况下，若就此认定管辖法院，势必造成大量案件通过协议管辖进入约定法院，破坏正常的民事诉讼管辖秩序的情况，故此种情况下协议管辖条款无效。[②]

对比上述情况可以发现，选择的管辖法院与争议无实际联系的，应当认定约定管辖无效。如果双方当事人创设管辖法院与争议之间的连接点，如约

[①] 参见最高人民法院民事裁定书，（2022）最高法民辖 55 号。
[②] 参见最高人民法院民事裁定书，（2022）最高法民辖 27 号。

定合同签订地,即使双方约定的合同签订地可能与争议纠纷无实际联系,在不会破坏诉讼秩序的前提下,仍需尊重当事人的意思自治,认可协议管辖条款的效力。(见表2-11)

表2-11 判断管辖协议不同效力的情形

具体情形		管辖效力
选择的管辖法院与争议无实际联系的		无效
创设连接点(如合同签订地)的协议管辖条款	一般情况	有效
	破坏正常的民事诉讼管辖秩序(如面广量大的互联网借贷纠纷)	无效

第六节

移送管辖与指定管辖

《民事诉讼法》第37条规定,人民法院发现受理的案件不属于本院管辖的,应当移送有管辖权的人民法院,受移送的人民法院应当受理。受移送的人民法院认为受移送的案件依照规定不属于本院管辖的,应当报请上级人民法院指定管辖,不得再自行移送。移送管辖是对管辖错误的纠正措施,是指人民法院在受理民事案件后,发现自己对案件无管辖权,依法将案件移送给有管辖权的法院审理的制度。所谓管辖错误,既包括级别管辖错误,也包括地域管辖错误。因此,移送管辖既包括同级法院之间的移送,也包括不同级法院之间的移送。

《民事诉讼法》第38条规定,有管辖权的人民法院由于特殊原因,不能行使管辖权的,由上级人民法院指定管辖。人民法院之间因管辖权发生争议,由争议双方协商解决;协商解决不了的,报请它们的共同上级人民法院指定管辖。《民事诉讼法》第37条规定,受移送的人民法院认为受移送的案件依照规定不属于本院管辖的,应当报请上级人民法院指定管辖,不得再自行移送。以上是《民事诉讼法》关于指定管辖的规定。由此可知，所谓指定管辖，是指当出现法律规定的情形时，上级人民法院指定其辖区内的下级人民法院对某一具体民事案件行使管辖权的制度。

📝 理论解析

民事诉讼法及相关司法解释对于移送管辖及指定管辖均予以较为清晰明确的规定。具体而言，移送管辖需要符合以下条件。

（一）法院已经受理案件

移送管辖的前提是案件已经受理。如果受理之前发现案件不归本院管辖，则应当告知起诉人向有管辖权的法院起诉；如果起诉人坚持向本院起诉，则应当裁定不予受理。在立案前发现其他有管辖权的人民法院已先立案的，不得重复立案。

（二）移送的法院对案件无管辖权

立案后发现其他有管辖权的人民法院已先立案的，应当裁定将案件移送给先立案的人民法院；如果受理法院对案件有管辖权，则不得移送；两个以上人民法院都有管辖权的诉讼，先立案的人民法院不得将案件移送给另一个有管辖权的人民法院。

（三）只能向有管辖权的法院移送

受理案件的法院不得任意移送，只能向有管辖权的法院移送，不得向无管辖权的法院移送。受移送的法院有无管辖权，只能依据移送法院作出移送裁定时的审查意见判断，此意见可能正确，也可能错误。

（四）移送管辖只能进行一次

移送管辖的裁定对受移送的法院具有约束力，受移送的法院应当受理。受移送的人民法院认为受移送的案件依照规定不属于本院管辖的，不得将案件退回原法院，也不得再自行移送给其他有管辖权的人民法院，而应当报请上级人民法院指定管辖，即移送管辖只能进行一次。这是为了防止法院之间就管辖权问题进行推诿和扯皮，导致诉讼程序空转，影响当事人诉权。

除了上述适用移送管辖的普遍情形外，以下特殊情形也适用移送管辖：（1）当事人双方不服劳动争议仲裁委员会作出的同一仲裁裁决，就同一仲裁裁决分别向有管辖权的人民法院起诉的，后受理的人民法院应当将案件移送给先受理的人民法院；（2）当事人基于同一法律关系或同一法律事实而发生纠纷，以不同诉讼请求分别向有管辖权的不同法院起诉的，后立案的法院在得知有关法院先立案的情况后，应当裁定将案件移送至先立案的法院合并审理。

指定管辖适用于以下三种情形：（1）在移送管辖中，受移送的人民法院认为受移送的案件依照规定不属于本院管辖的，应当报请上级人民法院指定管辖。（2）有管辖权的人民法院由于特殊原因，不能行使管辖权的，由上级人民法院指定管辖。（3）人民法院之间因管辖权发生争议，由争议双方协商解决；协商解决不了的，报请它们的共同上级人民法院指定管辖。

关于报请上级法院指定管辖，具体有以下情形：发生管辖权争议的两个人民法院因协商不成报请它们的共同上级人民法院指定管辖时，双方为同属一个地、市辖区的基层人民法院的，由该地、市的中级人民法院指定管辖；同属一个省、自治区、直辖市的两个人民法院的，由该省、自治区、直辖市的高级人民法院及时指定管辖；双方为跨省、自治区、直辖市的人民法院，高级人民法院协商不成的，由最高人民法院及时指定管辖。报请上级人民法院指定管辖时，应当逐级进行。

案例链接：①原告陈某向新疆维吾尔自治区乌鲁木齐市头屯河区人民法院（以下简称头屯河区法院）提起诉请，起诉被告徐某民间借贷纠纷，诉讼请求为：要求被告徐某归还欠款及利息。

2009年，头屯河区法院立案后作出民事调解书，确认原被告双方达成的调解协议。2013年，头屯河区法院作出民事裁定，决定对2009年作出的民事调解书进行再审，经再审，2014年头屯河区法院作出民事裁定，终结再审程序。2017年乌鲁木齐市中级人民法院作出民事裁定，决定对该案提审，提审后，乌鲁木齐市中级人民法院于2018年作出民事裁定书，撤销头屯河区法

---

① 参见最高人民法院民事裁定书，（2020）最高法民辖43号。

院2009年作出的民事调解书，发回头屯河区法院重审。

2018年，头屯河区法院作出民事裁定书，该裁定书认为，原被告双方2008年8月29日签订的《借款合同》第7条约定，本合同在履行过程中如发生争议，由原告所在地人民法院管辖。因原告陈某住所地位于北京市海淀区某号，属于北京市海淀区人民法院管辖范围，故依职权移送至该院处理。

北京市高级人民法院审查后认为，海淀区人民法院对本案没有管辖权，头屯河区法院移送错误，理由如下：《民事诉讼法解释》第35条规定，当事人在答辩期间届满后未应诉答辩，人民法院在一审开庭前，发现案件不属于本院管辖的，应当裁定移送有管辖权的人民法院。《民事诉讼法解释》第38条规定，有管辖权的人民法院受理案件后，不得以行政区域变更为由，将案件移送给变更后有管辖权的人民法院。判决后的上诉案件和依审判监督程序提审的案件，由原审人民法院的上级人民法院进行审判；上级人民法院指令再审、发回重审的案件，由原审人民法院再审或者重审。《民事诉讼法解释》第39条第2款规定，人民法院发回重审或者按第一审程序再审的案件，当事人提出管辖异议的，人民法院不予审查。根据前述法条规定，案件在人民法院开庭审理后即已处于管辖确定的状态，不得移送管辖；发回重审的案件应由原审人民法院重审，不能就管辖问题进行处理。本案已于2009年经头屯河区法院调解出具了调解书，目前处于乌鲁木齐市中级人民法院发回重审的程序中，头屯河区法院移送管辖违反了前述法条规定。综上，头屯河区法院将案件移送海淀区人民法院，于法无据。北京市高级人民法院与新疆维吾尔自治区高级人民法院协商未果，报请最高人民法院指定管辖。

最高人民法院审理后认为，根据本案原告的诉讼请求和涉案案件的基本内容，本案属于民间借贷纠纷。《民事诉讼法》第130条规定，人民法院受理案件后，当事人对管辖权有异议的，应当在提交答辩状期间提出。人民法院对当事人提出的异议，应当审查。异议成立的，裁定将案件移送有管辖权的人民法院；异议不成立的，裁定驳回。当事人未提出管辖异议，并应诉答辩的，视为受诉人民法院有管辖权，但违反级别管辖和专属管辖规定的除外。而《民事诉讼法解释》第35条规定，当事人在答辩期间届满后未应诉答辩，人民法院在一审开庭前，发现案件不属于本院管辖的，应当裁定移送有管辖权的人民法院。从上述规定来看，受案人民法院发现案件不属于本院管辖的，有权将案件移送有管辖权的法院。同时为了保护诉讼当事人的合法诉讼权利，避免因为法院对于管辖权的认识存在分歧而损害当事人的利益，减少当事人的诉累，如果当事人没有提出管辖权异议，且已经应诉答辩，则视为当事人接受管辖，如果法院认为自己没有管辖权，则应该在被告应诉前移送相关案件至有管辖权的人民法院。如果被告已经应诉答辩，即使法院认为自己没有管辖权，也不宜再行移送。综合本案诉讼阶段，在重审期间，即使头屯河区法院认为自己没有管辖权，也不能将案件移送北京市海淀区人民法院，其裁定移送管辖不当。故最高人民法院裁定本案由头屯河区人民法院审理。

实践判断

上述案例就是典型的移送管辖与指定管辖同时适用的案件。司法实践中，移送管辖一般分为两类，一类为无管辖权法院向有管辖权法院的移送，另一类为有管辖权法院向有管辖权法院的移送。

（一）无管辖权法院向有管辖权法院的移送

人民法院受理民事案件后，在案件处理的各阶段均可能发现对案件并无管辖权的情况，而在不同阶段有不同的处理方式。

1. 立案审查阶段

在原告向人民法院提起诉讼时，如人民法院对案件并无管辖权时，应当告知原告向有管辖权的人民法院提起诉讼。经人民法院告知后，当事人仍然坚持起诉的，应当裁定不予受理。

2. 立案受理后

人民法院在立案后发现无管辖权的，则应移送至有管辖权的人民法院。受移送的人民法院认为本院无管辖权的，应当报请其上级人民法院指定管辖，不得自行移送。

3. 答辩期间

当事人在答辩期内提出管辖权异议，经人民法院审查异议成立的，应当移送至有管辖权的法院。当事人在答辩期届满后未应诉答辩，但人民法院在一审开庭前发现无管辖权的，应当移送至有管辖权的人民法院。当事人在答辩期内未提出管辖权异议并应诉答辩的，除违反级别管辖和专属管辖的情况外，视为受诉法院有管辖权，此后不得再移送。此处"应诉答辩"的判断，依据《民事诉讼法解释》第 223 条第 2 款中的规定，当事人未提出管辖异议，就案件实体内容进行答辩、陈述或者反诉的，可以认定为民事诉讼法第 130 条第 2 款规定的应诉答辩。

4. 审理过程中

人民法院已就相关案件进入实体审理后发现其并无管辖的，根据上述答辩期间的移送判断规则，如当事人并未提出管辖权异议，且已应诉答辩，则根据《民事诉讼法》第 130 条第 2 款的规定，视为受诉人民法院有管辖权，即此种情况下，该人民法院已拥有了管辖权，应当继续审理案件，但违反级别管辖和专属管辖规定的除外。因此，在当事人应诉答辩，人民法院已开始对案件实体进行审理后，仅在违反级别管辖和专属管辖的情况下，才会发生移送。

（1）违反专属管辖

在违反专属管辖规则的情况下，根据诉讼程序阶段的不同，分为两种情况：一审程序中发现违反专属管辖的，应当移送有管辖权的人民法院；二审程序中发现违反专属管辖的，《民事诉讼法解释》第 329 条中规定，人民法院依照第二审程序审理案件，认为第一审人民法院受理案件违反专属管辖规定的，应当裁定撤销原裁判并移送有管辖权的人民法院。

（2）违反级别管辖

在违反级别管辖规则的情况下，一审程序中发现违反级别管辖的，当事人未依法提出管辖权异议，但受诉人民法院发现其没有级别管辖权的，应当将案件移送有管辖权的人民法院审理。[1] 因此一审程序审理过程中发现违反级别管辖的，应当移送有管辖权的人民法院。（见表 2-12）

---

[1] 参见《最高人民法院关于审理民事级别管辖异议案件若干问题的规定》（2020 修正）第 6 条。

表 2-12　答辩期间管辖权异议处理情形

类型		情形
答辩期间提出管辖权异议		人民法院审查异议成立，移送有管辖权的人民法院
答辩期间未提出管辖权异议	亦未应诉答辩	人民法院一审开庭后发现无管辖权，仍应当移送有管辖权的人民法院
	应诉答辩	发现违反级别管辖、专属管辖，应当移送有管辖权的人民法院
		未违反级别管辖、专属管辖，视为受诉法院有管辖权

（二）有管辖权法院向有管辖权法院的移送

《民事诉讼法解释》第 36 条规定，两个以上人民法院都有管辖权的诉讼，先立案的人民法院不得将案件移送给另一个有管辖权的人民法院。人民法院在立案前发现其他有管辖权的人民法院已先立案的，不得重复立案；立案后发现其他有管辖权的人民法院已先立案的，裁定将案件移送给先立案的人民法院。该条规定主要确定的规则是，对同一民事诉讼案件，两个以上人民法院均有管辖权的，由先立案的人民法院管辖审理，因此当两个以上有管辖权的人民法院都立案时，应当向最先立案的人民法院移送。《民事诉讼法解释》第 36 条规定主要系针对同一民事诉讼案件的管辖及移送判断，而所谓"同一民事诉讼"，可参考《民事诉讼法解释》第 247 条规定的构成重复起诉的条件。

总结延伸

移送管辖和指定管辖作为管辖制度的组成部分，是人民法院内部就管辖事宜的处理方式之一。这两种制度的设立不仅是管辖规则适用过程中的一种纠错机制，更是从保护当事人诉权角度出发，方便了当事人避免因管辖规则的适用错误而产生额外的个人诉讼成本，提高了司法效率，节约了司法资源。然而，从司法实践角度来看，我国现阶段移送管辖制度仍有尚待完善之处。

（一）需规范移送管辖制度，完善移送管辖审查审批

各级法院应细化移送管辖的程序性规定，确保移送管辖制度的正确落实。

以上海市闵行区人民法院为例，对移送管辖案件的移送自行制定相应的实施细则加以规范，如：（1）对依职权移送的移送案件，裁定文书需随案移送；（2）规定移送管辖的时间限制；（3）规定管辖权异议的裁定应送达双方当事人并保留送达凭证；（4）规定移送案件诉讼费与起诉人及受移送法院如何衔接。针对移送管辖案件设立规范的审查复核手续，完成相应审查复核手续后，方可进行移送。同时，作为受移送的法院，对于移送来院的案件，立案庭要认真审查，对不符合移送管辖条件的，要及时向上级法院上报，保障移送管辖的准确性与严肃性。

（二）需规范当事人的异议申请权，避免滥用管辖权异议

目前，对当事人的管辖异议权，我国基本没有限制性的规定，只要在法定期限内提出，法院就须进行审查并作出裁定。部分当事人滥用管辖权异议权，将法律对当事人权益的保护转化为自己的工具，利用法律规定拖延时间。针对滥用管辖权异议拖延诉讼进程的情况，可以推进管辖权异议案件审理程序改革。比如将管辖权异议案件归入民商事速裁案件范围，快速裁断，简化审理程序；对恶意滥用管辖权异议的行为予以惩戒，制定相应的处罚标准；适时出台司法解释，加强对管辖权异议的规范和制约。在最大程度保障合理权益的同时，杜绝滥用管辖权异议权的情况。

第三章
诉讼参加人

第一节 当事人的主体资格

在任一特定的诉讼程序中，必须在程序开始时就首先确定谁是当事人，进而审查该当事人是否具有当事人能力，并在肯定当事人能力后判断其是否为适格当事人。"当事人的确定""当事人能力""当事人适格"是三项重要的当事人概念，需依次进行审查。首先，关于当事人的确定，在尚未进入实体审理的程序开始阶段，当事人只能是形式当事人。形式当事人依原告的主张而确定，原告在起诉状中列明谁是原告、谁是被告，谁就是当事人，故本节对当事人的确定不再予以赘述。其次，在当事人确定后需审查其是否具有当事人能力。当事人能力是指成为民事诉讼当事人应具备的一般资格，与特定案件的内容及性质无关。最后，审查该当事人是否适格。当事人适格是指在具体的诉讼中，对于作为诉讼标的的民事权利或法律关系有实施诉讼的权能，能够以自己的名义起诉或应诉的资格。

一、当事人能力

理论解析

民事案件当事人是民事诉讼程序得以运行的必备要素，没有当事人的参与，民事诉讼程序也就无法启动，当事人对诉讼程序的发生、变更和消灭有着重大的影响。《民事诉讼法》第51条第1款规定，公民、法人和其他组织可以作为民事诉讼的当事人。

（一）公民

公民作为民事主体，在与他人发生争议时，可以自己的名义起诉或应诉，成为原告或被告。公民是具有一个国家国籍的，并且能够在法律上享有相应权利并能承担相应义务的人，《民事诉讼法》第51条第1款所说的公民并不只代表我国公民，任何国家的公民都可以在我国成为诉讼当事人。立案过程中需审查的材料一般为身份证、户口簿或护照等。

公民作为诉讼当事人的情形，还包括：（1）以经营者身份作为当事人。公民成为个体工商户的，应以营业执照上登记的经营者为当事人；有字号的，以营业执照上登记的字号为当事人，但应同时注明该字号经营者的基本信息。（2）以劳务接受者身份作为当事人。提供劳务的一方因劳务造成他人损害，受害人提起诉讼的，以接受劳务一方为被告。（3）以行为人的身份作为当事人。法人或者其他组织应登记而未登记，行为人即以该法人或其他组织的名义进行民事活动的；行为人没有代理权、超越代理权或者代理权终止后以被代理人名义进行民事活动的，但相对人有理由相信行为人有代理权的除外；法人或者其他组织依法终止后，行为人仍以其名义进行民事活动的，皆以行为人为当事人。（4）以死者的近亲属身份作为当事人。对侵害死者遗体、遗骨以及姓名、肖像、名称、荣誉、隐私等行为提起诉讼的，死者的近亲属为当事人。

（二）法人

法人是在法律上人格化的、依法具有民事权利能力和民事行为能力并独立享有民事权利、承担民事义务的社会组织。法人也是民事主体，在与他人发生争议后，可以自己的名义起诉或应诉，成为当事人。在立案审查的过程中，法人起诉需提交公司营业执照复印件、法定代表人身份证明书，法定代表人代表法人参加诉讼的，需提交法定代表人身份证复印件。

法人作为诉讼当事人的情形，还包括：（1）法人非依法设立的分支机构，或者虽依法设立但没有领取营业执照的分支机构，以设立该分支机构的法人为当事人。(2) 法人的工作人员或法人接受的被劳务派遣的人员执行工作任务造成他人损害的，该法人为当事人。(3) 企业法人合并的，因合并前的民事活动发生的纠纷，以合并后的企业法人为当事人。(4) 企业法人解散的，依法清算并注销前，以该企业法人为当事人。

法定代表人的确定。法人的法定代表人以依法登记的为准，但法律另有规定的除外。依法不需要办理登记的法人，以其正职负责人为法定代表人；没有正职负责人的，以其主持工作的副职负责人为法定代表人。法定代表人已经变更，但未完成登记，变更后的法定代表人要求代表法人参加诉讼的，人民法院可以准许。其他组织以其主要负责人为法定代表人。

（三）其他组织

其他组织是不具有法人资格，有其自己的名称、组织机构、场所以及独立的财产，并且依法进行了登记，能够以自己的名义从事民事活动的组织。当该组织的财产不足以清偿债务时，其出资人或者设立人一般要承担无限责任。

其他组织包括以下几类：(1) 依法登记领取营业执照的个人独资企业。个人独资企业不具有法人资格是因为个人独资企业是以个人财产出资设立的，企业全部财产归个人所有，个人独资企业投资者对企业债务负无限责任。(2) 依法登记领取营业执照的合伙企业。合伙企业包括普通合伙企业和有限合伙企业，而且根据法律规定，合伙企业名称中的组织形式后应当标明"普通合伙"、"特殊普通合伙"或者"有限合伙"字样，并置于括号内。"普通合伙"企业由普通合伙人组成，合伙人对合伙企业债务承担无限连带责任；"有限合伙"企业由普通合伙人和有限合伙人组成，普通合伙人对合伙企业债务承担无限连带责任，有限合伙人以其认缴的出资额为限对合伙企业债务承担责任。(3) 依法登记领取我国营业执照的中外合作经营企业、外资企业。(4) 依法成立的社会团体的分支机构、代表机构。(5) 依法设立并领取营业执照的法人的分支机构。例如，作协分会、法学会专业委员会等。(6) 依法设立并领取营业执照的商业银行、政策性银行和非银行金融机构的分支机构。例如，银行的分行、支行等。(7) 经依法登记领取营业执照的乡镇企业、街道企业。(8) 其他符合规定条件的组织。

案例链接：A 物业公司与 B 小区的开发商签订 B 小区前期物业管理委托合同，合同约定由 A 物业公司从 2015 年 7 月 20 日起对 B 小区进行物业管理，同时还约定 A 物业公司应向业主收取每户 2000 元的装修保证金，装修过程中未违反小区管理规约和相关装修规定的，装修结束 6 个月后全额退还。A 物业公司按此约定向该小区 321 户业主收取装修保证金共计 642,000 元。A 物业公司对 B 小区实际管理至 2019 年 10 月，但 A 物业公司未按约定将收取的装修保证金退还业主。2019 年 7 月 5 日至 10 月 28 日，B 小区业主召开首次业主大会，选举成立业主委员会，并向所在社区居委会申请备案，该社区居委会于 2019 年 10 月 29 日签署予以备案的意见。2019 年 12 月 13 日，B 小区向法院起诉，要求 A 物业公司移交装修保证金 642,000 元。

一审法院经审理认为，法律规定业主可以设立业主大会，选举成立业主委员会。原告提供的业主大会备案申请表，证明 B 小区业主于 2019 年 7 月 5 日至 2019 年 10 月 28 日召开首次业主大会，选举成立了业主委员会，即原告，并向所在社区居委会申请备案，该社区居委会于 2019 年 10 月 29 日签署予以备案的意见。所以，B 小区业主委员会的设立，符合法律规定。原告符合其他组织的条件，可以自己的名义进行诉讼，诉讼主体合法。

二审法院经审理认为，根据《物业管理条例》第 16 条第 1 款的规定，业主委员会应当自选举产生之日起 30 日内，向物业所在地的区、县人民政府房地产行政主管部门和街道办事处、乡镇人民政府备案。根据上述规定，B 小区的业主委员会应当自选举产生后向物业所在地房地产行政主管部门和该物业所在地的乡镇人民政府备案。但本案 B 小区业主委员会提供的证据仅能证明其向所在社区居委会申请备案，并由该社区居委会予以备案，未能提供向物业所在地房地产行政主管部门的备案材料和物业所在地的乡镇人民政府的备案材料，不能认定其已经合法成立。因此 B 小区业主委员会以其名义提起本案诉讼，不符合我国《民事诉讼法》第 51 条的规定，B 小区业主委员会并非本案的适格当事人。

实践判断

在立案审查实践中会碰到难以判断是否具有民事主体资格的组织，以下是对该类组织的民事主体资格进行的探讨。

（一）机关内部的事业单位是否具备民事主体资格

《事业单位登记管理暂行条例》第3条规定，事业单位经县级以上各级人民政府及其有关主管部门批准成立后，应当依照本条例的规定登记或者备案。事业单位应当具备法人条件。作为机关内部的事业单位是否具备民事主体资格，应根据其是否进行了事业单位法人登记而定，若其已按照《事业单位登记管理暂行条例》进行了事业单位法人登记，则性质上属于事业单位法人，具有相应的民事主体资格，对外独立承担民事责任。对于仅经过机关内部人事管理部门决定或经编制管理部门批准在机关内部设立的事业单位性质的机构，未办理事业单位法人登记的，按照机关内设机构处理，应认定其不具备独立的民事主体资格，其行为后果由设立该机构的机关单位承担。

（二）大学内设学院是否具备民事主体资格

大学作为非营利法人中的事业单位法人，可以独立对外进行民事活动，独立承担民事责任，而学院作为大学的内设机构，一般不具备独立的民事权利能力和民事行为能力，自然也不具备法人资格。但这并非否认学院一定无法对外订立合同，根据《民法典》第74条，法人可以依法设立分支机构。法律、行政法规规定分支机构应当登记的，依照其规定。分支机构以自己的名义从事民事活动，产生的民事责任由法人承担；也可以先以该分支机构管理的财产承担，不足以承担的，由法人承担。学院作为大学的内设机构，也可以参照此条进行适用，但在实践中若一定要与内设学院订立合同，为规避风险，应当获得大学的书面授权。

（三）企业被吊销营业执照后是否具备民事主体资格

关于企业被吊销执照后是否具备民事主体资格的问题，《最高人民法院关于企业法人营业执照被吊销后，其民事诉讼地位如何确定的复函》（法经〔2000〕24号函）针对该问题进行了明确。吊销企业法人营业执照，是原工商行政管理机关对违法的企业法人作出的一种行政处罚。企业法人被吊销营业执照后，应当依法进行清算，清算程序结束并办理工商注销登记后，该企业法人才归于消灭。因此，企业法人被吊销营业执照后至被注销登记前，该企业法人仍应视为存续，可以自己的名义进行诉讼活动。

(四）建筑企业的项目部是否具备民事主体资格

在建设工程施工合同纠纷案件中，经常涉及建筑施工单位项目部在诉讼中的主体资格及民事责任承担的问题，各地在实务操作中，做法不一。实际上，由于各建筑施工单位赋予项目部的职权不同，有必要对其项目部进行审查区分，方能对其主体资格作出认定。

项目部是工程施工单位为完成某一具体项目的施工而特定成立的，它随工程的接收而成立，随工程的完工而完成使命被解散或者撤销，其最基本的特点是临时成立，不具备独立的法人资格，而是施工单位的分支机构或职能部门。根据《民事诉讼法解释》第 52 条的规定，法人依法设立并领取营业执照的分支机构，属于《民事诉讼法》第 51 条规定的其他组织，是可以作为诉讼主体参加诉讼的。所以，在审判实践中，建筑企业的项目部是否具有主体资格，最根本的是要看其是否属于领取营业执照的分支机构。

如果项目部领取了营业执照，则应认定其为分支机构，可以作为民事诉讼的当事人，即项目部可以作为独立的诉讼主体以原告、被告或第三人的身份参加诉讼。以项目部为被告时，由于项目部经营管理的财产在将来执行时或许不足以承担民事责任，因此对于原告将项目部所属企业法人列为共同被告参加诉讼的，也应予准许。如果项目部没有领取营业执照，但是在其所属企业法人的工商登记材料中登记为分支机构，则应认定其为分支机构，但由于其没有领取营业执照，故应以其所属企业法人为当事人参加诉讼。如果项目部既没有领取营业执照，在其所属企业法人的工商登记材料中也没有登记为分支机构，则应认定其为职能部门，以其所属企业法人为当事人参加诉讼。

总结延伸

在一般民事案件中，通过《民法典》《民事诉讼法》《民事诉讼法解释》等相关规定，可以明确判断公民、法人的当事人能力，但《民事诉讼法解释》未对"其他组织"穷尽列举。对于"其他组织"的审查判断，通常认为应当具有如下法律特征。

1. **不具有法人资格。**这是"其他组织"最本质的特征，也是其与法人组织的本质区别。

2. 依法设立，具有合法性。在实体上，该组织的设立有法可依；在程序上，该组织的设立须经过核准或审批登记手续。其外在标志便是它所获得的营业执照或社会团体登记证等。根据《民事诉讼法解释》第52条、第53条的规定理解，没有依法登记或核准审批的"其他组织"不是适格当事人，其诉讼主体应当由其设立主体担当。

3. 具有社团性。"组织"以人（自然人）为其构成要素，体现为自然人的有机组合，具有社团性质。

4. 具有一定的稳定性。成员相对稳定，其设立、变更、终止均经过法定手续，结构相对稳定并具有公示性。

5. 有自己的名称、组织机构和场所，拥有一定的财产和经费。名称经过核准登记，具有标识性、公示性；有一定的机构和工作场所开展活动；有开展活动的物质基础，拥有一定的财产。

6. 具有诉讼主体资格。对非法人团体赋予诉讼主体资格，现在基本成为各国法律通例。如德国《民事诉讼法》第50条规定，无权利能力的社团得为被告，在诉讼中的地位等同于有权利能力社团。日本《民事诉讼法》第46条规定，非法人的社团或财团，没有代表人或管理人时，得以其名义起诉或应诉。我国其他相关法律也有类似规定，如《行政诉讼法》第2条、《仲裁法》第2条、《国家赔偿法》第2条等均将"其他组织"作为与公民和法人等同的诉讼主体，赋予其诉讼当事人资格。

二、当事人适格

理论解析

当事人适格，又称为正当当事人，主要是指对于具体的诉讼，有作为本案当事人起诉或者应诉的资格。当事人适格与诉讼权利能力不同，诉讼权利能力是作为抽象的诉讼当事人的资格，它通常与具体的诉讼无关，取决于有无民事权利能力，而当事人适格是作为具体的诉讼当事人的资格，是针对具体的诉讼而言的。因此在立案审查时判断当事人适格与否，只能将当事人与具体的诉讼联系起来，看当事人与特定的诉讼标的有无直接联系。

判断当事人适格与否一般应当以是否是所争议的民事法律关系，即本案诉讼标的的主体作为依据。根据此标准，一般情况下只要当事人是民事法律关系或民事权利的主体，以该民事法律关系或民事权利为诉讼标的进行诉讼就是适格的当事人。但是在某些例外情形下，虽然当事人并非民事法律关系或民事权利的主体，也可以作为适格的当事人。这种例外的情形，主要有以下两种：(1) 根据当事人的意思或法律的规定享有的。依法对他人的民事法律关系或民事权利享有管理权的个人或组织，如遗产管理人、遗嘱执行人、著作权集体管理组织等。当受其管理的民事法律关系或民事权利发生争议时，这些个人或组织就可以以自己的名义提起诉讼或应诉。常见情形可见表 3-1。(2) 在确认之诉中，对诉讼标的有确认利益的个人或组织。在确认之诉中，该当事人虽非诉讼标的主体，但是对此具有法律上的利害关系，如在恶意串通订立合同，造成第三人利益受损的情形下，第三人可以向合同订立双方当事人提起否认合同效力之诉。

表 3-1　非民事法律关系主体作适格当事人的具体情形

种类	具体情况
法定情形	为了保护死者的人格权、著作权等权益，死者的近亲属享有诉讼实施权
	因他人侵权而死亡的公民，其继承人享有诉讼实施权
	公民死亡后，遗产管理人、遗嘱执行人享有诉讼实施权
	股东代表诉讼中的股东享有诉讼实施权
	作为民事公益诉讼原告的法定机关和有关组织享有诉讼实施权
	破产管理人享有诉讼实施权
	失踪人的财产代管人享有诉讼实施权
意定情形	当事人推选诉讼代表人的，诉讼代表人为任意诉讼担当人
	被授权行使著作权或者与著作权有关的权利的著作权集体管理组织成为任意诉讼担当人
	基于全体合伙人的授权，合伙负责人或合伙企业执行人成为任意诉讼担当人
	被许可使用人成为任意诉讼担当人
	业主委员会成为任意诉讼担当人

案例链接：2022 年 8 月，张某驾驶的小型客车，与前方同车道行驶的李某驾驶的轿车发生追尾碰撞，无人员受伤，两车不同程度受损，造成道路交通事故。经公安局交通警察大队认定，李某无责任，张某负事故全部责任。李某系机动车驾驶员培训学校的教练，其驾驶的车辆系该驾校车辆。事故发生后，双方对于赔偿款项协商未果，李某向法院提起诉讼，要求赔偿车辆受损产生的经济损失。法院经审查认为，原告李某驾驶的轿车登记所有人为机动车驾驶员培训学校，而李某为该学校教练，原告李某并非涉案车辆登记所有人，不是本案的适格主体，故依法驳回了李某的起诉。

实践判断

在立案审查过程中，当事人是否为适格当事人，应当根据当事人起诉时具体的主张来判断。在司法实践中，往往把当事人适格与实际的民事权利义务主体等同，这种观点是错误的。对于当事人是否适格，应当以原告起诉时所主张的基础法律关系判断，并非以法院调查结果为准，即从形式上认定作为诉讼标的的法律关系应当在何特定当事人之间解决才具有法律上的意义，与该法律关系本身是否实际存在是两回事。若当事人不适格，则无须再就本案诉讼标的进行判断。因此，切不可把当事人适格与真正的权利义务主体等同起来，即当事人适格与胜诉无必然的联系，当事人不适格，肯定败诉，但当事人适格，未必胜诉。例如，张某认为李某侵权，提起诉讼要求李某予以赔偿，后法院认为侵权人为王某而不是李某，在这种情况下虽然真正的权利义务主体为张某和王某，但由于张某主张李某为侵权人，在双方争议的法律关系中张某和李某分别为权利义务主体，均为适格的原告和被告，但由于张某对李某的诉讼请求无理由，因此应当判决驳回，而非当事人不适格。如果张某以王某侵权为由起诉要求李某赔偿，而李某和王某之间不存在任何关系，那么此种情况应当为当事人不适格。

当然，在特定情况下，人民法院调查的结果也可以作为判断当事人是否适格的依据。例如，原告以清算组的名义提起诉讼，但在审查中，法院发现原告并非真正的清算组，此时法院应以原告不适格为由驳回起诉。

总结延伸

当事人主体资格的审查,先后以当事人的确定→当事人的能力→当事人适格三步走的顺序予以确定。需要说明的是,对于被告主体资格的审查,在根据原告提交的诉状确定被告,并对被告的当事人能力进行审查后,对被告是否适格的审查应以形式审查为主。以知识产权侵权诉讼为例,适格的被告通常是指被诉侵权产品的制造者、使用者、销售者等主体。原告将特定主体列为被告的原因就在于原告主张该主体实施了相应的侵权行为,因此对被告是否有诉讼实施权进行审查。只要原告提出的证据能够证明被告有制造、销售或使用被诉侵权产品的可能性,被告是否实施侵权行为构成事实上的争议点,就已经符合被告适格的要求。

第二节 诉讼代理人

诉讼代理人,是指依照法律规定或受当事人委托,代理当事人进行民事诉讼活动的人,也是民事诉讼活动中重要的参与人之一。诉讼代理人主要可以分为法定诉讼代理人和委托诉讼代理人。

理论解析

(一)法定代理人

在民事诉讼活动中,无诉讼行为能力人必须由其监护人担任法定代理人代理诉讼。无诉讼行为能力人包括无民事行为能力人和限制民事行为能力人,如不满18周岁的未成年人(16周岁以上的未成年人以自己的劳动收入为主要生活来源的除外)、不能完全辨认自己行为的成年人等。无诉讼行为能力人的监护人按表3-2的顺序确认。

表 3-2　无诉讼行为能力人的监护人顺序

无诉讼行为能力人	监护人顺序
未成年人	父母
	祖父母、外祖父母
	兄、姐
	其他愿意担任监护人的个人或者组织，但是须经未成年人住所地的居民委员会、村民委员会或者民政部门同意
无民事行为能力或限制民事行为能力的成年人	配偶
	父母、子女
	其他近亲属
	其他愿意担任监护人的个人或者组织，但是须经被监护人住所地的居民委员会、村民委员会或者民政部门同意

（二）委托诉讼代理人

民事诉讼中的公民代理指的是律师或法律工作者以外的符合法定条件的自然人，接受当事人委托参与民事诉讼的行为。根据《民事诉讼法》第61条第2款关于公民代理的规定，公民代理的主体包括三种：（1）当事人近亲属；（2）单位内工作人员；（3）当事人所在社区、单位以及有关社会团体推荐的代理。

1. 当事人近亲属代理

近亲属代理是自然人为当事人时较为常见的代理情形。根据《民事诉讼法解释》第85条、第88条第3项的规定，与当事人有夫妻、直系血亲、三代以内旁系血亲、近姻亲关系以及其他有抚养、赡养关系的亲属，可以当事人近亲属的名义作为诉讼代理人；当事人的近亲属应当提交身份证件和与委托人存在近亲属关系的证明材料。在立案审查过程中，有不少当事人超出近亲属范围进行委托，或者无法出示近亲属关系的证明材料，认为只要有授权委托书便可以成为诉讼代理人，然而实际上无论是民事诉讼的立案还是庭审等民事诉讼的各个阶段，均需对公民代理资格进行严格审查。以下是对民事诉讼中当事人近亲属的范围进行的列举（见表3-3）：

表 3-3 民事诉讼主体近亲属概念的具体内涵

关系	范围
夫妻	丈夫、妻子
直系血亲	父母、子女、祖父母、外祖父母、孙子女、外孙子女
三代以内旁系血亲	兄弟姐妹、伯叔姑姨舅、堂兄弟姐妹、侄子女、外甥子女等
近姻亲	配偶的父母、配偶的兄弟姐妹及其配偶、子女配偶的父母、三代以内旁系血亲的配偶
其他有抚养、赡养关系的亲属	

就近亲属关系的举证而言，除直系亲属关系较为容易证明之外，其他近亲属关系的举证，司法实践中法院能够采纳的此类证据一般为村委会或居委会提供的相关证明、公安部门提供的相关户籍材料或者公证证明的近亲属关系等。

2. 单位工作人员代理

根据《民事诉讼法解释》第 88 条第 4 项的规定，当事人的工作人员作为诉讼代理人的，应当提交身份证件和与当事人有合法劳动人事关系的证明材料。司法解释并未规定该证明材料应举证到何种程度。根据《第八次全国法院民事商事审判工作会议（民事部分）纪要》第 36 条的规定，以当事人的工作人员身份参加诉讼活动，应当按照《民事诉讼法解释》第 86 条的规定，至少应当提交以下证据之一加以证明：（1）缴纳社保记录凭证；（2）领取工资凭证；（3）其他能够证明其为当事人工作人员身份的证据。在立案审查过程中一般要求提供劳动合同、社保或工资发放证明等材料以证明其与单位之间存在人事关系，仅提供单位盖章的工作人员身份证明的一般不予认可。

在工作人员代理单位当事人的业务中，还应当注意一种情况：代理关联公司诉讼案件的问题。有的诉讼代理人其身份系当事人关联公司的工作人员，其提供与关联公司之间的人事关系证明材料，同时又提供了关联公司与当事人之间存在法律上关联关系的证据。此种举证方式形式上虽然可以证明当事人与诉讼代理人所属的关联公司属于同一股权关系的控制下，但并不能证明诉讼代理人与当事人之间存在人事关系。依据公司法人资格各自独立的基本理念，上述证据并不能作为证明诉讼代理人具有当事人代理资格的有效证据。司法实践中，诉讼代理人提供上述证据用以证明其合法代理资格的，法院不予支持。

3. 当事人所在社区、单位以及有关社会团体推荐的代理

根据《民事诉讼法解释》第 87 条第 4 项的规定，有关社会团体推荐公民担任诉讼代理人的，被推荐的公民应当是该社会团体的负责人或者与该社会团体有合法劳动人事关系的工作人员。专利代理人经中华全国专利代理师协会推荐，可以在专利纠纷案件中担任诉讼代理人。社会团体应当符合《社会团体登记管理条例》第 2 条的规定，社会团体是指中国公民自愿组成，为实现会员共同意愿，按照其章程开展活动的非营利性社会组织。国家机关以外的组织可以作为单位会员加入社会团体。实践中经常存在诉讼代理人所提供的证明材料中所谓的社会团体并不符合上述规定的要求，从而导致代理人并不具有代理资格的情况。

案例链接：2015 年，A 设备工程有限公司（以下简称 A 公司）与 B 建筑工程有限公司（以下简称 B 公司）产生建筑设备租赁合同纠纷，A 公司遂向法院提起诉讼，并委托李某作为诉讼代理人，A 公司提交了其委托诉讼代理人李某与 C 设备租赁有限公司（以下简称 C 公司）签订的劳动合同，且在盖有 D 设备工程有限公司、A 公司及 C 公司公章的授权书中载明，A 公司及 C 公司均为 D 设备工程有限公司的控股子公司。

经审查，根据《民事诉讼法解释》第 88 条的规定，诉讼代理人除根据《民事诉讼法》第 62 条规定提交授权委托书外，还应当按照下列规定向人民法院提交相关材料：当事人的工作人员应当提交身份证件和与当事人有合法劳动人事关系的证明材料。但根据《公司法》第 13 条第 1 款的规定，公司可以设立子公司，子公司具有法人资格，依法独立承担民事责任。A 公司与 C 公司均为独立法人，李某与 C 公司存在劳动关系并不能视为与 A 公司亦存在劳动关系，故 A 公司诉讼代理人的委托资质存在瑕疵。

📝 实践判断

诉讼代理不符合法律规定的，系诉讼代理人未能取得代理资格的情况，此种行为属于违反民事诉讼程序的行为，将导致名义代理人在民事诉讼中实施的代理行为无效。该诉讼代理人在诉讼过程中签署的其他各类法律文件也相应地不具有法律效力。

原告属于该类情况，已经起诉的，法院可以据此驳回当事人的起诉。司法实践中很多法院在立案审查阶段即开始审查诉讼代理人的资格是否合法的问题。庭审阶段，原告所委托的代理人不符合上述规定，将导致原告存在被认定为视同撤回起诉的风险；对于被告而言，其委托的公民代理人不符合法定要求，而己方又未亲自出庭，则存在法院对案件进行缺席审理的风险。对于已经做出判决的案件，发现上述情况的，法院依然可以以程序违法为由将案件发回重审。

在一般民事案件中，委托诉讼代理人进行诉讼需提供起诉状，原告、被告身份证明，证据材料及委托材料，委托材料中除法定代理人无须提交授权委托书外，其余均须提交由委托人亲笔签名的授权委托书。此外，按照受托人身份不同，需要提供的材料可见表3-4。

表3-4 民事诉讼授权委托需提交的材料

诉讼代理人种类	所需材料
法定代理人	（1）监护人资格相关证明材料 （2）监护人身份材料复印件
委托律师	（1）律师事务所公函 （2）律师证复印件
委托基层法律服务工作者	（1）法律服务工作者执业证 （2）基层法律服务所出具的介绍信 （3）当事人一方位于本辖区的证明材料
委托近亲属	（1）近亲属关系的证明材料 （2）代理人身份证明

续表

诉讼代理人种类	所需材料
委托单位工作人员	(1) 受托人缴纳社保记录凭证、领取工资凭证、劳动合同复印件等其他能够证明其为当事人工作人员身份的证据材料 (2) 代理人身份证明
委托当事人所在社区、单位或社会团体推荐的公民	(1) 所在社区、单位的推荐材料 (2) 当事人属于该社区、单位的证明材料 (3) 代理人身份证明

总结延伸

在涉外民事案件中,当事人特别是外国籍人委托诉讼代理人参与诉讼的情况更为普遍,对于涉外民商事案件委托代理情况的审查也更为复杂,需按照主体及授权委托方式的不同,对相关材料进行公证、认证。需要提交的主体资格审查的文件材料可见表3-5;认证材料及认证方式可见表3-6。

表3-5 涉外民事诉讼中授权委托需审查的主体资格文件

具体身份	所需材料
外国自然人	护照
港、澳、台居民	港、澳、台居民身份证,台湾居民来往大陆通行证,港澳居民来往内地通行证
外国企业或其他组织	(1) 商业登记证、注册证书、周年申报表 (2) 原告代表人身份证明书原件 (3) 代表人身份证复印件 (4) 同意起诉及指定相关人员代表该企业或其他组织参加诉讼的证明文件(包括股东会决议、董事会决议、合伙人协议或者负责人意见)

表 3-6　涉外民事诉讼中授权委托材料认证情况梳理

类型	具体情形	主体资格证明材料	授权委托书
境外公证+认证	在内地无住所的香港当事人	须经我国司法部委托的香港律师公证,同时应当由中国法律服务(香港)有限公司加盖转递专用章	同主体资格证明材料
	在内地无住所的澳门当事人	须经我国司法部派驻澳门的中国公证员公证,同时应当由中国法律服务(澳门)有限公司加盖转递专用章	同主体资格证明材料
	在大陆无住所的台湾地区当事人	须经台湾地区公证机构公证,由财团法人海峡交流基金会寄送公证书副本,由中国公证协会或省、自治区、直辖市公证协会出具正副本相符核验证明	同主体资格证明材料
	非《取消外国公文书认证要求的公约》(以下简称《公约》)缔约国的当事人	须经所在国公证机关公证,并经中华人民共和国驻该国使领馆认证,或者履行中华人民共和国与该所在国订立的有关条约中规定的证明手续;需要办理公证、认证手续	同主体资格证明材料
		外国当事人所在国与中华人民共和国没有建立外交关系的,可以经该国公证机关公证,经与中华人民共和国有外交关系的第三国驻该国使领馆认证,再转由中华人民共和国驻该第三国的使领馆认证	同主体资格证明材料
	侨居在国外的中国公民从国外寄交或者托交的授权委托书	无须公证、认证	必须经中国驻该国的使领馆证明;没有使领馆的,由与中国有外交关系的第三国驻该国的使领馆证明,再转由中国驻该第三国的使领馆证明,或者由当地的爱国华侨团体证明

续表

类型	具体情形	主体资格证明材料	授权委托书
海牙认证	《公约》缔约国国家的自然人、企业或其他组织	须各国海牙认证主管机构认证	同主体资格证明材料
境内公证	自然人、企业或其他组织	同上述情况，须公证、认证	自然人、企业或其他组织的"代表人"可以在我国境内签署授权委托书并经我国公证机构进行公证
面签见证	外国自然人或涉港、澳、台自然人	无须办理公证、认证或其他证明手续，应核对其身份证明文件及入境信息	提供护照、出入境证明等用以证明自己身份的证件后，在法官的见证下签署授权委托书即可
面签见证	外国企业或者组织	须公证、认证	其"代表人"在法官的见证下签署授权委托书即可
线上视频见证	外国自然人	无须公证、认证，通过"人民法院在线服务平台"人工审核完成身份认证	在法官视频见证下，当事人、受委托律师签署有关委托代理文件，无须再办理公证、认证
线上视频见证	外国企业或者组织	须公证、认证	同上述情况
线上视频见证	侨居在国外的中国公民	无须公证、认证，通过"人民法院在线服务平台"人脸识别或人工审核完成身份认证	同上述情况

《公约》缔约国国家（地区）名单详见表3-7。

表3-7 《取消外国公文书认证要求的公约》缔约国名单（截至2023年10月23日）

不同的洲	缔约国国家或地区
亚洲（22个）	中国、亚美尼亚、阿塞拜疆、巴林、文莱、格鲁吉亚、印度、印尼、以色列、日本、哈萨克斯坦、吉尔吉斯斯坦、蒙古国、阿曼、巴基斯坦、菲律宾、韩国、沙特、新加坡、塔吉克斯坦、土耳其、乌兹别克斯坦
非洲（16个）	博茨瓦纳、布隆迪、佛得角、斯威士兰、莱索托、利比里亚、马拉维、毛里求斯、摩洛哥、纳米比亚、卢旺达、圣多美和普林西比、塞内加尔、塞舌尔、南非、突尼斯
欧洲（44个）	阿尔巴尼亚、安道尔、奥地利、白俄罗斯、比利时、波黑、保加利亚、克罗地亚、塞浦路斯、捷克、丹麦、爱沙尼亚、芬兰、法国、德国、希腊、匈牙利、冰岛、爱尔兰、意大利、拉脱维亚、列支敦士登、立陶宛、卢森堡、马耳他、摩纳哥、黑山、荷兰、北马其顿、挪威、波兰、葡萄牙、摩尔多瓦、罗马尼亚、俄罗斯、圣马力诺、塞尔维亚、斯洛伐克、斯洛文尼亚、西班牙、瑞典、瑞士、乌克兰、英国
北美洲（21个）	安提瓜和巴布达、巴哈马、巴巴多斯、伯利兹、加拿大、哥斯达黎加、多米尼克、多米尼加、萨尔瓦多、格林纳达、危地马拉、洪都拉斯、牙买加、墨西哥、尼加拉瓜、巴拿马、圣基茨和尼维斯、圣卢西亚、圣文森特和格林纳丁斯、特立尼达和多巴哥、美国
南美洲（12个）	阿根廷、玻利维亚、巴西、智利、哥伦比亚、厄瓜多尔、圭亚那、巴拉圭、秘鲁、苏里南、乌拉圭、委内瑞拉
大洋洲（10个）	澳大利亚、库克群岛、斐济、马绍尔群岛、新西兰、纽埃、帕劳、萨摩亚、汤加、瓦努阿图

注：1. 2024年1月11日，《公约》将对加拿大生效，中加之间将于当日开始适用《公约》。2024年6月5日，《公约》将对卢旺达生效，中卢之间将于当日开始适用《公约》。
2. 中国与其不承认具有主权国家地位的《公约》成员间不适用《公约》。
3. 中国与印度之间不适用《公约》。

线上视频见证由法官在线发起，法官、跨境诉讼当事人和受委托律师三方同时视频在线。跨境诉讼当事人应当使用我国通用语言或者配备翻译人员，法官应当确认受委托律师和其所在律师事务所以及委托行为是否确为跨境诉讼当事人的真实意思表示。在法官视频见证下，跨境诉讼当事人、受委托律师签署有关委托代理文件，无须再办理公证、认证、转递等手续；线上视频见证后，受委托律师可以代为开展网上立案、网上交费等事项。

此外，针对域外证据，根据2020年5月1日施行的《最高人民法院关于民事诉讼证据的若干规定》第16条的规定，若当事人提供的公文书证是在我国领域外形成，则该证据应当经所在国公证机关证明，或者履行中华人民共和国与该所在国订立的有关条约中规定的证明手续。如果是在我国领域外形成的涉及身份关系的证据，除经所在国公证机关证明外还需要经我国驻该国使领馆认证，或者履行中华人民共和国与该所在国订立的有关条约中规定的证明手续。当事人向人民法院提供的证据是在我国香港、澳门、台湾地区形成的，也应当履行相关的证明手续。2023年11月7日，《公约》对我国生效后，《公约》缔约国之间相互取消使领馆认证环节。文书出具主管机关签发的附加证明书（Apostille）替代领事认证，原需领事认证的文件均可通过适用"有关条约规定的认证手续"而通过办理海牙认证获得我国的认可效力。而非《公约》缔约国之间，对于域外形成的证据可以分为三种情况，具体可见表3-8。

表3-8 域外证据证明情况梳理

域外证据类型	公证	认证
域外形成的公文书证	√	×
域外形成的涉及身份关系的证据	√	√
除以上两种证据以外的其他域外证据	×	×

下 篇

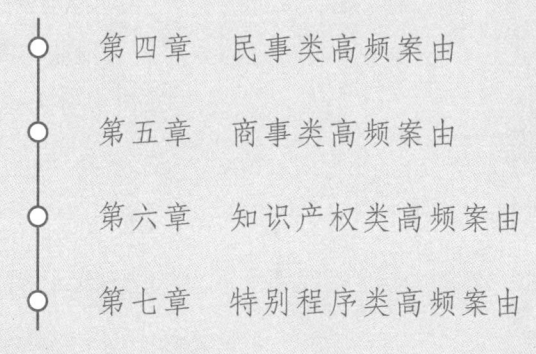

- 第四章　民事类高频案由
- 第五章　商事类高频案由
- 第六章　知识产权类高频案由
- 第七章　特别程序类高频案由

第四章
民事类高频案由

第一节 高频案由分析

针对近五年[①]来上海市闵行区人民法院受理的传统民事纠纷案件进行统计分析，其中合同纠纷案件占比最大，约占传统民事纠纷案件总数的60%；婚姻家庭、继承纠纷案件和侵权责任纠纷案件，均约占比13%；劳动合同纠纷案件约占传统民事案件总数的7%；物权纠纷案件约占比4%；人格权纠纷案件约占近五年传统民事案件总受理量的3%。

在人格权纠纷案件中，生命权、身体权、健康权纠纷约占比70.5%，为最高频案由；其次为姓名权、名誉权、肖像权、隐私权纠纷，约占人格权纠纷的27.9%，其余为非高频案由，约占1.6%。

在婚姻家庭、继承纠纷案件中，离婚纠纷约占婚姻家庭、继承纠纷案件总量的43.0%，为最高频案由；继承纠纷约占比25.8%；分家析产纠纷约占比9.7%；抚养纠纷约占比6.2%；离婚后财产纠纷约占比5.6%，其余为非高频案由，约占9.7%。

在物权纠纷案件中，相邻关系纠纷约占物权纠纷案件总量的25.5%，为最高频案由；共有纠纷约占比24.3%；排除妨害纠纷约占比17.2%；物权确

[①] 相关案件数据的统计期间为2019年1月至2023年7月。

认纠纷约占比16.3%；业主知情权、业主撤销权纠纷约占比6.5%；返还原物纠纷约占比3.8%，其余为非高频案由，约占6.4%。

在合同纠纷案件中，物业服务合同纠纷约占比43.0%，为最高频案由；租赁合同纠纷约占比18.1%，其主要由房屋租赁合同纠纷与车辆租赁合同纠纷组成，两者分别占比12.2%和5.3%；民间借贷纠纷约占15.6%；服务合同约占比7.4%；建设工程合同纠纷约占4.1%；房屋买卖合同纠纷约占比3.1%；劳务合同纠纷约占1.0%；中介合同纠纷约占比0.9%；不当得利纠纷约占比0.8%；确认合同效力纠纷约占比0.5%；民间委托理财合同纠纷占比0.2%；缔约过失责任纠纷约占比0.1%，其余为非高频案由，约占5.2%。

在侵权责任纠纷案件中，机动车交通事故责任纠纷占比最大，约占侵权案件总数的75.8%，为最高频案由；财产损害赔偿纠纷约占比10.3%；非机动车交通事故责任纠纷约占比6.4%；提供劳务者受害责任纠纷约占比3.7%；医疗损害责任纠纷约占1.5%；违反安全保障义务责任纠纷约占比0.9%；产品责任纠纷约占比0.4%；教育机构责任纠纷约占比0.2%，其余为非高频案由，约占0.8%。

第二节 人格权纠纷

一、生命权、身体权、健康权纠纷

案由释义

生命权、身体权、健康权纠纷是指他人实施侵害生命权、身体权、健康权的行为而引起的纠纷。

生命权是指自然人享有的以维护生命安全和生命尊严为内容的人格权，生命权是人的最高的人格利益，具有至高无上的人格价值。

身体权是指自然人享有的以身体完整和行动自由受法律保护为内容的权

利,身体权的客体是自然人的身体,身体权的内容包括身体完整性不受侵犯和行动自由不受侵犯。

健康权是指自然人享有的以身心健康受法律保护为内容的权利。健康权的客体是自然人的健康,健康是指一个人在身体和心理等方面都处于良好的状态,相应地包括身体健康和心理健康,但不包括一个人在社会适应方面的良好状态以及道德健康等。

管辖规定

《民事诉讼法》第29条规定,因侵权行为提起的诉讼,由侵权行为地或者被告住所地人民法院管辖。《民事诉讼法解释》第24条规定,《民事诉讼法》第29条规定的侵权行为地,包括侵权行为实施地、侵权结果发生地。《民事诉讼法》第30条规定,因铁路、公路、水上和航空事故请求损害赔偿提起的诉讼,由事故发生地或者车辆、船舶最先到达地、航空器最先降落地或者被告住所地人民法院管辖。根据《最高人民法院关于铁路运输法院案件管辖范围的若干规定》第3、4条的规定,因铁路行车事故及其他铁路运营事故造成的人身损害赔偿纠纷,由铁路运输法院管辖。

实践点击

(一)当侵权人是无民事行为能力人、限制民事行为能力人时,应将谁列为起诉时的被告?

针对无民事行为能力人、限制民事行为能力人对他人实施侵权行为并造成损害的,对于如何在起诉时列明被告存在两种不同做法:一是将侵权人列为被告,将其监护人列为法定代理人参与诉讼,这主要是基于《民事诉讼法》第60条的规定,无诉讼行为能力人由他的监护人作为法定代理人代为诉讼;二是将侵权人与其监护人列为共同被告,这是基于《民法典》第1188条第1款有关监护人责任的规定,即无民事行为能力人、限制民事行为能力人造成他人损害的,由监护人承担侵权责任。在司法实践中倾向于采用第二种做法,主要是因为侵权人虽为无民事行为能力人、限制民事行为能力人,但其依法享有民事诉讼权利并承担相应的民事诉讼义务,且监护人本身就对被监护人存在监督、教育、管理等法定义务，依据《民法典》第1188条第1款的规定，由监护人承担侵权责任，如果不将监护人列为共同被告，则会出现责任承担主体与履行判决义务的主体不一致的情况。

案例链接：某日，张某在人行道行走时，与同方向骑自行车的13周岁的李某相撞并受伤，事后双方就医药费等赔偿费用产生争议，张某遂将李某起诉至法院。本案中，李某为未成年人，系限制民事行为能力人，但其享有基本的民事诉讼权利，可以作为被告参与诉讼活动，但同时应将其监护人列为共同被告。

（二）被侵权人死亡时，其近亲属是否可以作为原告提起诉讼？

根据《民法典》第1181条的规定，被侵权人死亡的，其近亲属有权请求侵权人承担侵权责任。被侵权人死亡的，支付被侵权人医药费、丧葬费等合理费用的人有权请求侵权人赔偿费用，但是侵权人已经支付该费用的除外。被侵权人死亡时，其民事权利一并消亡，自然也无法作为诉讼主体主张权利，其近亲属享有独立的损害赔偿请求权，即由其近亲属作为原告请求侵权人承担责任，如有部分近亲属不愿意共同参加诉讼，也必须通过递交书面申请的方式明确表示愿意放弃自己的诉讼权利才可。同时，如被侵权人的部分近亲属提起诉讼，法院经审查后应当追加其他近亲属作为共同原告参与诉讼。

需注意的是，法律意义上的近亲属是指与侵权人有直接血缘关系或婚姻关系的人，如配偶、父母、子女、祖父母（孙子女）、外祖父母（外孙子女），法律拟制的直系血亲也在这一范围内，如养父母与养子女、养祖父母与养孙子女。

近亲属享有的赔偿请求权的顺位根据请求赔偿的客体的内容予以确定。

1. 诉讼请求包含死亡赔偿金的，应当按照法定继承顺序，由其第一顺位继承人，即配偶、父母、子女共同继承；没有第一顺序继承人的，由第二继承顺序的继承人继承。被继承人的子女先于被继承人死亡的，由被继承人子女的晚辈直系血亲代位继承。

2. 诉讼请求包括办理丧葬事宜支出的费用的，实际支出费用的近亲属依前述继承顺序享有赔偿请求权。近亲属以外的第三人支出有关费用的，按照无因管理的规定处理，第三人不享有损害赔偿请求权。

3. 诉讼请求包括精神损害抚慰金的，根据《最高人民法院关于确定民事侵权精神损害赔偿责任若干问题的解释》的相关规定，确定损害赔偿请求权人。

案例链接： 李某下工后至租住的旅馆休息，因未注意楼梯距离不小心踩空摔落至一楼撞伤后脑，送医后因抢救无效死亡。李某的配偶孙某、父母、子女、兄弟6人遂将旅馆的所有人成某起诉至法院，要求成某给付丧葬费、死亡赔偿金等50余万元。本案中，李某的配偶孙某、父母、子女作为近亲属，有权作为原告提起诉讼，在第一顺位继承人都存在的情况下，其兄弟虽然也是近亲属，但并不享有对李某死亡赔偿金与丧葬支出费用的赔偿请求权，其不可作为原告一并提起诉讼。

（三）生命权、身体权与健康权如何区分？

司法实践中，当事人在选择以本案由起诉时，不应直接将本案由全部引用，而是需根据侵害的具体人格权来确定相应案由，这就需要对本案由不同人格权的侵害类型有明确的认识。立案审查时可从以下几个方面予以区分。

1. 保护的客体不同。生命权的客体是权利人的生命，是人享有一切其他权利、作为权利主体的基础，自然人的民事权利从出生时起到死亡时止，在生命权遭受侵害的情形下，相关损害不可恢复；身体权的客体是权利人的身体器官、身体组织保有完整性，没有损坏或残缺，其主要以保护人的肢体、器官、组织的完整性为目标；健康权的客体是权利人的机体生理机能的正常运作，主要以保护人的身体健康与心理健康为目标。

2. 损害后果不同。侵犯自然人的身体导致自然人死亡的，就是侵犯了自然人的生命权，而生命权受到侵害是不可恢复的，这与身体权、健康权有显著区别；身体权受到侵害的客观表现形式主要为对人的外在形态造成了破坏，比如身体表面的伤口。张某与李某因争吵引发斗殴，在厮打过程中，张某一脚踹向李某，导致李某左脚踝骨轻微骨裂，李某可以以身体权受到侵害为由将张某诉至法院请求赔偿；健康权受到侵害的表现形式主要是造成了权利人身体机能障碍或者精神上的严重创伤，实践中往往以侵权人的侵权行为导致被侵权人的某项身体机能产生障碍甚至无法正常运行的情形为主，比如侵权行为导致被侵权人失明或高位截瘫等。

3. 权利主张的主体不同。自然人的生命权受到侵害，其民事诉讼权利义务因死亡而止，即被侵权人作为直接受害人不能主张自己的权利，而是由间接受害人即被侵权人的近亲属要求侵权人承担侵权责任；当身体权和健康权受到侵害时，应当由被侵权人作为原告向法院提起诉讼，即使被侵权人因为侵害行为而成为无民事行为能力人、限制民事行为能力人，其监护人也只是可以作为其代理人代理原告向法院提起诉讼，而不是直接作为原告起诉。

案例链接：

案例一：李某以周转生意为由曾向张某借款10万元，但经张某数次讨要仍迟迟未还款。张某于某日发现李某在微信朋友圈晒出自己在度假的照片，其忍无可忍，于是待李某返家时将李某堵在门口讨要欠款，李某拒不还款并声称自己已无偿还能力，二人发生斗殴，厮打过程中，张某将李某面部打伤。事后二人就赔偿等事宜无法达成一致，李某遂以身体权受到侵害为由将张某诉至法院。

案例二：朱某驾驶摩托车与朋友王某、陈某聚餐，席间三人喝了一斤白酒与一箱啤酒。饭后，朱某驾驶摩托车离开，当晚发生交通事故，致自身受伤。交警部门认定其未取得机动车驾驶证并醉酒，是事故发生的直接原因。朱某受伤后送医，其伤情诊断为创伤性硬脑膜下血肿、脑疝、多发性大脑挫裂伤等，后进行右侧额颞部大脑病损切除术，送医后救治费用已达12万元，朱某遂以健康权受到侵害为由将王某、陈某诉至法院。

请求权基础规范指引

处理生命权、身体权、健康权纠纷的法律依据主要是《民法典》第1002条至第1011条、第1164条至第1187条，《最高人民法院关于审理人身损害赔偿案件适用法律若干问题的解释》，《最高人民法院关于确定民事侵权精神损害赔偿责任若干问题的解释》的相关规定。

二、姓名权、名誉权、肖像权、隐私权纠纷

案由释义

姓名权、名誉权、肖像权、隐私权纠纷分属于人格权纠纷大类，人格权

是民事主体依法所固有的、以人格利益为内容的、为维护其独立人格所必备的权利。《民法典》第990条第1款规定，人格权是民事主体享有的生命权、身体权、健康权、姓名权、名称权、肖像权、名誉权、荣誉权、隐私权等权利。

姓名权纠纷是指自然人的姓名被以非法干涉、盗用、假冒等方式侵害而引起的纠纷。

名誉权纠纷是指侵害他人的名誉权而引起的纠纷，《民法典》第1024条第1款规定，民事主体享有名誉权，任何组织或个人不得以侮辱、诽谤等方式侵害他人的名誉权。

肖像权纠纷是指以丑化、污损或者利用信息技术手段伪造等方式侵害他人肖像权，或者未经许可而制作、公开、使用他人肖像等引起的纠纷。

隐私权纠纷是指因侵害他人的隐私权、个人信息权益而引起的民事诉讼。

管辖规定

因姓名权、名誉权、肖像权、隐私权纠纷提起的诉讼，多为侵权之诉。《民事诉讼法》第29条规定，因侵权行为提起的诉讼，由侵权行为地或者被告住所地人民法院管辖。根据《民事诉讼法解释》第24条的规定，侵权行为地包括侵权行为实施地、侵权结果发生地。如果是通过信息网络实施的侵犯名誉权纠纷，《民事诉讼法解释》第25条规定，信息网络侵权行为实施地包括被诉侵权行为的计算机等信息设备所在地，侵权结果发生地包括被侵权人住所地。

实践点击

（一）姓名权纠纷与名称权纠纷如何区分？

姓名权与名称权虽都属于"名字"范围内的纠纷，但存在较大差别，在立案审查中可从以下几个角度进行区分。

1. 权利主体不同。姓名权的行使主体是自然人，自然人有依法决定、使用、变更或者许可他人使用自己的姓名的权利；名称权的行使主体是法人、个体工商户、合伙组织等，其享有依法决定、使用和变更自己名称的权利。

2. 权利性质不同。姓名权经登记无专用性，婴儿诞生后由其父母或近亲属取名而获得；名称权经核准登记后即在规定的范围内享有专用权，且一般法人、个体工商户、合伙组织只允许使用一个名称，在登记机关辖区内不得与已登记注册的同行业企业名称相同或相似。

3. 使用限定不同。自然人的姓名权不得转让，但企业法人、个体工商户、合伙组织的名称可以依法转让。名称权的转让必须依法定程序展开，由转让方与受让方签订书面的转让协议，提交原登记机关核准。

案例链接：陈某与戴某系同村邻居，戴某因建房需要与原告陈某签订相邻关系的协议书，戴某在未经陈某同意的情况下，在相邻协议书上擅自伪造陈某的签名，并经村干部签名、村委会盖章认可，获得了政府部门的审批手续。后陈某经了解得知了相关情况，并向所在镇政府调取了该相邻协议书，该协议书显示其签名非陈某所签。本案中，戴某将由其书写了陈某姓名的相邻协议书向有关行政部门递交的行为，构成盗用他人姓名，侵害了陈某的姓名权，陈某可以以姓名权受到侵害为由诉至法院。

（二）法人和非法人组织可以以名誉权受到侵害为由向法院请求精神损害赔偿吗？

根据《最高人民法院关于确定民事侵权精神损害赔偿责任若干问题的解释》第4条的规定，法人或者非法人组织以名誉权、荣誉权、名称权遭受侵害为由，向人民法院起诉请求精神损害赔偿的，人民法院不予支持。自然人、法人和非法人组织都享有名誉权，但存在一定区别。对自然人的名誉主要围绕其个人素质，如品德、才能等因素，是人格尊严的体现，精神损害赔偿的前提往往是自然人的权利在受到侵害时，其肉体和精神产生了较大的痛苦，再者精神损害赔偿制度着重在对人权和人格尊严的保护，而法人和非法人组织在名誉权受到侵害时主张的往往是实际受到的财产损失，与财产性利益关系更为密切，并无提出精神损害赔偿的基础。所以，法人或非法人组织以名誉权受到侵害提出精神损害赔偿的，法院不予支持。

案例链接：王某是A公司的员工，在上班过程中突发脑梗，经送医虽得到及时处理，但王某仍落下病根生活无法自理，A 公司给予王某共 40 万元的赔偿。因王某家人对赔偿数目不满意，便在 A 公司大门口处扯横幅，并在网络上捏造事实，散播 A 公司恶意压榨并职场霸凌员工导致员工半身不遂的假消息，对 A 公司造成了极为不良的社会影响。此时，A 公司可以名誉权受到损害为由将王某家人诉至法院请求其承担停止侵害等民事责任，但 A 公司如以名誉权遭受侵害为由，向法院起诉请求精神损害赔偿，则人民法院不予支持。

（三）侵权人在网络平台上发布侵害他人人身权益的信息，当事人是否可以直接起诉网络服务提供者要求提供侵权人的个人信息？

可以。《最高人民法院关于审理利用信息网络侵害人身权益民事纠纷案件适用法律若干问题的规定》第 2、3 条规定，原告依据《民法典》第 1195 条、第 1197 条的规定起诉网络用户或者网络服务提供者的，人民法院应予受理。原告仅起诉网络用户，网络用户请求追加涉嫌侵权的网络服务提供者为共同被告或者第三人的，人民法院应予准许。原告仅起诉网络服务提供者，网络服务提供者请求追加可以确定的网络用户为共同被告或者第三人的，人民法院应予准许。原告起诉网络服务提供者，网络服务提供者以涉嫌侵权的信息系网络用户发布为由抗辩的，人民法院可以根据原告的请求及案件的具体情况，责令网络服务提供者向人民法院提供能够确定涉嫌侵权的网络用户的姓名（名称）、联系方式、网络地址等信息。原告根据网络服务提供者提供的信息请求追加网络用户为被告的，人民法院应予准许。

案例链接：严某于某日发现某博主在网上发布涉及严某个人隐私的文章，因无法确定具体侵权人，遂将平台公司起诉至法院要求公司提供该博主的个人信息。法院经审理认为，原告提供的博文内容侵犯了原告的人格权益，原告有权知晓该博主的个人信息以主张权利，平台公司应当在技术能力范围内向原告披露该博主的个人信息，以维护其保护自身合法权益的信息知情权，原告的诉讼请求应予支持。

（四）侵权人未以营利为目的制作、使用、公开他人肖像的，受害人可否以肖像权受到侵害为由向法院起诉？

可以。根据《民法典》第1019条规定，任何组织或者个人不得以丑化、污损或者利用信息技术手段伪造等方式侵害他人的肖像权。未经肖像权人同意，不得制作、使用、公开肖像权人的肖像，但是法律另有规定的除外。与《民法通则》（已失效）不同，《民法典》不再将"以营利为目的"作为肖像权受到侵害的必要条件，任何自然人的肖像在未经自己许可的前提下被擅自使用、制作和公开的，都可以以肖像权受到侵害为由向法院提起诉讼。

案例链接： 赵某与武某是同小区邻居，由于疫情期间团购蔬菜的问题二人发生了激烈争吵，事后赵某将武某的个人照片未作打码处理发至小区的业主群，引发居民议论。赵某未经武某许可擅自将其未打码的个人照片散布在微信群的行为显然侵害了武某的肖像权，对武某的个人形象与社会评价造成了不良影响，武某可以以肖像权纠纷为由将赵某诉至法院要求赵某承担停止侵害等侵权责任。

📝 请求权基础规范指引

处理姓名权和名称权纠纷的法律依据主要是《民法典》第1012条至1017条、第110条、第185条、第1056条、第1164条至第1187条，《最高人民法院关于确定民事侵权精神损害赔偿责任若干问题的解释》的相关规定。

处理名誉权纠纷的法律依据主要是《民法典》第1024条至第1030条、第1164条至1187条的相关规定。

处理肖像权纠纷的法律依据主要是《民法典》第1018条至第1023条、第110条、第1164条至第1187条，《最高人民法院关于确定民事侵权精神损害赔偿责任若干问题的解释》的相关规定。

处理隐私权纠纷的法律依据主要是《民法典》第1032条至第1033条、第1164条至第1187条，《最高人民法院关于确定民事侵权精神损害赔偿责任若干问题的解释》的相关规定。

第三节
婚姻家庭、继承纠纷

一、离婚纠纷

案由释义

离婚是指夫妻双方依照法定条件和程序解除婚姻关系的法律行为。根据《民法典》的规定，离婚主要包括两种：一是夫妻双方协议离婚，即夫妻双方向婚姻登记机关申请离婚登记；二是诉讼离婚，即夫妻双方中任何一方向法院提起离婚诉讼，法院调解离婚或判决准予离婚的情形。

管辖规定

根据《民事诉讼法》第22条第1款的规定，离婚案件通常由被告住所地人民法院管辖，被告住所地与经常居住地不一致的，由经常居住地人民法院管辖。此外，对于一般离婚案件，《民事诉讼法解释》第12条规定，夫妻一方离开住所地超过1年，另一方起诉离婚的案件，可以由原告住所地人民法院管辖。夫妻双方离开住所地超过1年，一方起诉离婚的案件，由被告经常居住地人民法院管辖；没有经常居住地的，由原告起诉时被告经常居住地人民法院管辖。

对于特殊情形，《民事诉讼法》第23条规定，下列民事诉讼，由原告住所地人民法院管辖；原告住所地与经常居住地不一致的，由原告经常居住地人民法院管辖：（1）对不在中华人民共和国领域内居住的人提起的有关身份关系的诉讼；（2）对下落不明或者宣告失踪的人提起有关身份关系的诉讼；（3）对被采取强制性教育措施的人提起的诉讼；（4）对被监禁的人提起的诉讼。《民事诉讼法解释》第8条规定，双方当事人都被监禁或者被采取强制性教育措施的，由被告原住所地人民法院管辖。被告被监禁或者被采取强制性教育措施 1 年以上的，由被告被监禁地或者被采取强制性教育措施地人民法院管辖。

对于军婚，《民事诉讼法解释》第 11 条规定，双方当事人均为军人或者军队单位的民事案件由军事法院管辖。《最高人民法院关于军事法院管辖民事案件若干问题的规定》第 2 条规定，"下列民事案件，地方当事人向军事法院提起诉讼或者提出申请的，军事法院应当受理：……（三）当事人一方为军人的婚姻家庭纠纷案件"。婚姻家庭纠纷案件中当事人一方为军人的管辖均适用上述规定。

对于涉外婚姻，《民事诉讼法解释》第 13 条规定，在国内结婚并定居国外的华侨，定居国法院以离婚诉讼须由婚姻缔结地法院管辖为由不予受理，当事人向人民法院提起离婚诉讼的，由婚姻缔结地或者一方在国内的最后居住地人民法院管辖。第 15 条规定，中国公民一方居住在国外，一方居住在国内的，不论哪一方向人民法院提起离婚诉讼，国内一方住所地人民法院都有权管辖。国外一方在居住国法院起诉，国内一方向人民法院起诉的，受诉人民法院有权管辖。第 16 条规定，中国公民双方在国外但未定居，一方向人民法院起诉离婚的，应由原告或者被告住所地人民法院管辖。

实践点击

离婚必须要符合法律规定的条件和程序，否则不发生离婚的法律效力。夫妻双方离婚，只有合法有效的婚姻关系存在，才具备起诉的条件；对于不存在合法有效的婚姻关系的情况，如同居关系，发生纠纷起诉到法院的，应当适用同居关系纠纷。此外，离婚纠纷往往涉及夫妻财产分割和子女抚养问题，实践中仍应归入"离婚纠纷"案由项下。

（一）精神病人如何提起离婚诉讼？

作为民事法律关系主体，精神病患者同样有主张离婚的权利，因此，其可以作为原告提起离婚诉讼。如果该当事人被确定为无民事行为能力或者限制民事行为能力，应由其法定代理人代为参加诉讼。

案例链接： 原告卢某与被告贾某经人介绍恋爱，次年登记结婚。在婚姻存续期间，卢某确诊精神分裂症并长期在精神病医院进行康复治疗，患病期间卢某一直由其胞姐照顾、治疗至今，被告从未探望过原告亦从未履行过扶养义务，故原告诉至法院请求解除其与贾某的婚姻关系。该案中原告卢某作为民事诉讼权利主体，具有提起离婚诉讼的权利，但因其长期患有精神分裂症，不具有完全的民事行为能力，故应向法院申请确定其胞姐为其监护人，并由其监护人代理卢某向贾某提起离婚诉讼。

（二）涉外离婚纠纷如何确定地域管辖法院？

实践中，涉外婚姻错综复杂，如变更国籍、海外定居、短期出境等情况不一而足，而现行离婚地域管辖规则并未对不同情形作出详细规定，因此有必要进行梳理以明确不同涉外因素下的离婚纠纷的地域管辖问题。

1. 当事人双方为中国公民时，应当优先审查是否符合表4-1所列情形，以确定管辖法院。

表4-1 涉外离婚诉讼地域管辖的特别规定

国籍	婚姻缔结地	居住地	定居情况	管辖法院	法律依据
双方均为中国国籍	在国内结婚	不受影响	双方定居国外	（前提：定居国不受理）婚姻缔结地或一方国内最后居住地法院	《民事诉讼法解释》第13条
	在国外结婚	不受影响	双方定居国外	（前提：定居国不受理）一方原住所地或一方国内最后居住地法院	《民事诉讼法解释》第14条
	不受影响	一方居住在国外，另一方居住在国内	不受影响	国内一方住所地法院	《民事诉讼法解释》第15条
	不受影响	双方均在国外	双方均未定居国外	原告或被告原住所地法院	《民事诉讼法解释》第16条

2. 当事人双方为中国公民但不符合上述特别规定的情形，或者至少一方

当事人加入外国国籍时，应当适用以下离婚地域管辖的一般规定。

根据《民事诉讼法》第 5 条及第 270 条，《民事诉讼法》的管辖规定平等地适用于外国人和中国公民，因此涉外婚姻若不符合上述特别规定的情形，则应当根据《民事诉讼法》第 22 条、第 23 条以及《民事诉讼法解释》第 12 条的一般规定进行适用，具体情形见表 4-2。

表 4-2 涉外离婚诉讼地域管辖的一般规定

原告			被告			管辖法院	法律依据
住所地	经常居住地	离开住所地超过 1 年	住所地	经常居住地	离开住所地超过 1 年		
不受影响			√	×	×	被告住所地	《民事诉讼法》第 22 条
不受影响			√	√	×	被告经常居住地	
√	×	×	不在中国领域内居住	不在中国领域内居住	×	原告住所地	《民事诉讼法》第 23 条
√	√	×	不在中国领域内居住	不在中国领域内居住	×	原告经常居住地	
√	×	×	√	/	√	原告住所地	《民事诉讼法解释》第 12 条
√	不受影响	√	√	√	√	被告经常居住地	
√	不受影响	√	√	×	√	起诉时被告居住地	

（三）无民事行为能力人的配偶有虐待、遗弃等严重损害无民事行为能力一方的人身权利或财产权益行为的，如何提起民事诉讼？

根据《最高人民法院关于适用〈中华人民共和国民法典〉婚姻家庭编的解释（一）》第 62 条的规定，无民事行为能力人的配偶有《民法典》第 36

条第 1 款规定行为，其他有监护资格的人可以要求撤销其监护资格，并依法指定新的监护人；变更后的监护人代理无民事行为能力一方提起离婚诉讼的，人民法院应予受理。因此，无民事行为能力人的配偶有虐待、遗弃等严重损害无民事行为能力一方的人身权利或财产权益行为的，其他有监护资格的人可以依照特别程序要求变更监护关系；变更后的监护人代理无民事行为能力一方提起离婚诉讼的，人民法院应当受理。

案例链接： 原告庞某与被告高某离婚案中，庞某系全身瘫痪，生活不能自理的无民事行为能力人，且患五级伤残精神疾病，配偶高某经法院宣告为其指定监护人，现庞某母亲代理庞某起诉至法院要求解除庞某与高某的婚姻关系。庞某母亲诉称高某在二人的婚姻存续期间对瘫痪在床的庞某动辄打骂，经常不让其吃饭，也不带患病的庞某定期治疗，故要求解除庞某与高某的婚姻关系。该案中，法院经审查后认为，原告庞某为无民事行为能力人，其法定代理人为配偶高某，然高某在二人婚姻存续期间存在虐待庞某人身权利的行为，庞母现若要代理其女儿解除与高某的婚姻关系，需依据《最高人民法院关于适用〈中华人民共和国民法典〉婚姻家庭编的解释（一）》第 62 条的规定，向法院申请变更高某的监护人身份，法院指定其为庞某的监护人后再代理其女儿庞某向高某提起离婚诉讼。

请求权基础规范指引

处理离婚纠纷的法律依据主要是《民法典》第 1076 条至第 1092 条，《民事诉讼法解释》第 12 条至第 17 条、第 145 条、第 147 条、第 148 条、第 217 条、第 234 条、第 380 条、第 542 条，《最高人民法院关于适用〈中华人民共和国民法典〉婚姻家庭编的解释（一）》的相关规定。

二、继承纠纷

案由释义

所谓继承纠纷，是继承人之间以及继承人和其他当事人（被继承人的债权人等）之间，就被继承人的遗产分配而产生的争议。

（一）法定继承纠纷

法定继承是指依据法律明确规定的继承人范围、顺序和遗产分配原则，将遗产分配给合法的继承人的继承方式。值得注意的是，《民法典》沿用了《民法总则》（已失效）对胎儿利益保护的规定。因此，在实践中确定继承人范围、顺序时，应注意保护胎儿的继承权。根据《民法典》第1123、1154条的相关规定，法定继承必须在下列情况下适用：（1）被继承人生前未立有遗嘱；（2）遗嘱继承人放弃继承或受遗赠人放弃受遗赠；（3）遗嘱继承人丧失继承权或者受遗赠人丧失受遗赠权；（4）遗嘱继承人、受遗赠人先于遗嘱人死亡或者终止；（5）遗嘱无效或遗嘱部分无效所涉及的遗产；（6）遗嘱未处分的遗产。

1. 代位继承纠纷。代位继承是指被继承人的子女先于被继承人死亡的，由被继承人的子女的晚辈直系血亲代替继承被继承人的子女应继承的遗产。代位继承发生的条件包括：（1）被继承人的子女先于被继承人死亡；（2）先死亡的被代位人必须是被继承人的子女或兄弟姐妹，其他继承人如被继承人的配偶、父母、祖父母、外祖父母等先于被继承人死亡的不发生代位继承；（3）被代位继承人生前必须享有继承权；（4）代位继承人只能继承被代位人有权继承的份额。值得注意的是，代位继承仅适用于法定继承，而不适用于遗嘱继承。遗嘱继承人、受遗赠人先于遗嘱人死亡的，遗产中有关部分按法定继承办理。代位继承人无论多少，只能继承被代位人所应当继承的遗产份额。婚生子女、非婚生子女、养子女和有扶养关系的继子女具有同等的代位继承权。

2. 转继承纠纷。依据《民法典》第1152条的规定，继承开始后遗产分割以前，继承人死亡且未放弃继承的，该继承人应当继承的遗产转给其继承人，属于转继承，但是遗嘱另有安排的除外。简言之，转继承发生的条件有：（1）继承人必须在被继承人死亡以后，遗产分割以前死亡；（2）继承人未放弃继承；（3）遗嘱没有其他安排。转继承发生的后果是将应当继承被继承人的遗产部分转给继承人的继承人。值得注意的是，转继承并不只发生于法定继承的情形，在遗嘱继承中同样可能发生，即如果被继承人在其遗嘱中确定继承人应当继承的遗产,在被继承人死亡后,遗产分割前,被继承人死亡,则继承人的继承人可以依据被继承人的遗嘱继承相应的遗产。

(二) 遗嘱继承纠纷

遗嘱继承,是指被继承人生前立有符合法律规定的遗嘱,在其死亡后,按照遗嘱的规定,在继承人之间分配遗产的继承方式。根据《民法典》第1123条的规定,遗嘱继承优先于法定继承,该规定是民法意思自治原则在继承中的体现。与法定继承不同,遗嘱继承必须在法律严格规定的前提下,按照被继承人的意思表示对其遗产进行分配。根据《民法典》第1143条的规定,立遗嘱人在订立遗嘱时应该具有完全民事行为能力,无民事行为能力人或者限制民事行为能力人所立的遗嘱无效。无民事行为能力人所立的遗嘱,即使其本人后来有了民事行为能力,仍属无效遗嘱。自然人立遗嘱时有民事行为能力,后来丧失了民事行为能力,不影响遗嘱的效力。同时,遗嘱应当体现遗嘱人的真实意思表示,受诈欺、胁迫所立的遗嘱无效,伪造、被篡改的遗嘱内容无效。因此,一个有效的遗嘱应当符合以下条件:(1) 遗嘱人在立遗嘱时必须具有完全民事行为能力;(2) 遗嘱必须是立遗嘱人的真实意思表示;(3) 按照《民法典》第1141条的规定,遗嘱应当为缺乏劳动能力又没有生活来源的继承人保留必要的遗产份额;(4) 遗嘱的形式必须符合《民法典》的规定;(5) 作为一种法律行为,按照《民法典》第143条第3项的规定,遗嘱应不违反法律、行政法规的强制性规定,不违背公序良俗。

📝 管辖规定

根据《民事诉讼法》第34条第3项的规定,因继承遗产纠纷提起的诉讼,属于专属管辖,由被继承人死亡时住所地或者主要遗产所在地人民法院管辖。根据《最高人民法院关于军事法院管辖民事案件若干问题的规定》第2条第4项的规定,被继承人死亡时住所地或者主要遗产所在地在营区内,且当事人一方为军人或者军队单位的案件,地方当事人向军事法院提起诉讼或者提出申请的,军事法院应当受理。

实践点击

（一）继承关系中，除原告外其余顺位的继承人均不在世，此时起诉应列谁为被告？

该问题为司法实践中时常遇到的问题，根据民事诉讼法关于起诉时的要求，原告应适格，被告应明确。若被继承人生前未立遗嘱及遗赠扶养协议，原告是遗产的唯一法定继承人，此时若欲通过诉讼继承遗产，原告作为法定继承人，属于适格的原告，但面临没有其他继承人可以被列为被告的情形。在立案审查过程中，原告若列其他亲属作为被告，只要符合被告明确的要求，即可提起诉讼。

案例链接：戴某家住上海市闵行区江川路社区，其父亲除了戴某（与其父亲形成事实收养关系）没有其他继承人，死亡时亦未留下遗嘱。现戴某在父亲去世后欲通过公证继承其父名下位于上海市闵行区的一处房产，但在审查戴某与其父亲之间形成事实收养关系的证据时，公证处认为该项证据需进行审理判断才能确定其证明力，故无法通过公证进行继承，戴某遂提起诉讼。因无其他继承人，故列其妻子为被告。法院经审查后认为，因戴某为其父的唯一继承人，其提起诉讼的主体适格，列其妻子作为被告符合被告明确的诉讼要求，可以先予受理。

（二）继承案件中，涉案房屋的真实产权属于父母却登记在其中一位继承人名下，其他继承人起诉要求继承该财产的，能否受理？

该种情况下当事人向人民法院提起诉讼，人民法院可予受理。

案例链接：王某与钱某系夫妻关系，双方育有钱一、钱二、钱三3名子女。由于王某与钱某的父母早已故去，二人的第一顺位继承人为3名子女。早在2002年，王某夫妻就购买了上海市闵行区的一处房产，该房屋办理产权登记时并未登记在夫妻两人名下，而是挂在儿子钱二名下。钱某去世后，为避免家庭矛盾，钱二对母亲出具亲笔签名的承诺书，承诺书中写道"房屋是我父母出钱委托我购买的。当时父亲为了避免出现家庭矛盾与我商量把房子登记在我的名下。我会尊重父母的意愿，将来在处理房产时，会按照合法手续保证兄弟姐妹的利益"。2015年王某去世，因房屋的遗产继承问题，钱一、钱三对钱二提起诉讼。该案中，因该房屋现已登记在钱二名下，且房屋的真实产权人王某与钱某已相继离世，两原告在提起诉讼时亦提交了钱二签名的承诺书证明房屋的真实产权，此时若要求当事人先确权再继承，不仅没有适格的主体可以提起房屋确权之诉，同时亦会对原告产生讼累，故钱一、钱三作为第一顺位继承人提起房屋继承诉讼，法院可以受理。

（三）除法定继承人外，还有哪些人享有继承权或可分得适当遗产，可以提起继承诉讼？

依据《民法典》第1129条的规定，丧偶儿媳对公婆，丧偶女婿对岳父母，尽了主要赡养义务的，作为第一顺位继承人。对继承人以外的依靠被继承人扶养的人，或者继承人以外的对被继承人扶养较多的人，可以分给适当遗产。因此，除法定继承人外，丧偶儿媳对公婆，丧偶女婿对岳父母，尽了主要赡养义务的，以及对继承人以外的依靠被继承人扶养的缺乏劳动能力又没有生活来源的人，或者继承人以外的对被继承人扶养较多的人，可以提起继承诉讼。

案例链接：被继承人潘某与侯某生前共生育子女3人，分别是潘一、潘二、潘三。潘一与本案原告陶某系夫妻关系，2003年11月12日，潘一因病去世，其与潘某未生育子女。2012年被继承人侯某因病去世，2017年3月11日被继承人潘某去世。两被继承人生前均与潘一的配偶陶某共同生活。涉案房屋为被继承人潘某与侯某的房产，现由原告陶某居住。由于被继承人潘某与侯某均已离世，潘二、潘三欲出售该房产平分遗产，故原告陶某以其对两被继承人生前尽了主要的赡养义务为由，向被告潘二、潘三提起诉讼，要求作为第一顺位继承人继承涉案房屋的部分份额。法院审查后认为，根据《民法典》第1129条的规定，丧偶儿媳对公婆尽了主要赡养义务的，可以作为第一顺位继承人。故陶某提起继承诉讼，主体适格，可予受理。

（四）被继承人生前的经常居住地能否作为继承遗产纠纷确定管辖的依据？

不能。根据《民事诉讼法》第34条第3项的规定，因继承遗产纠纷提起的诉讼，由被继承人死亡时住所地或者主要遗产所在地人民法院管辖。《民事诉讼法解释》第3条第1款规定，公民的住所地是指公民的户籍所在

123

地。从该条文可知，被继承人死亡时的住所地应是指被继承人死亡时的户籍所在地。遗产继承纠纷应由被继承人死亡时的户籍所在地或主要遗产所在地的人民法院管辖，被继承人生前的经常居住地不能作为确定管辖的依据。

📝 请求权基础规范指引

处理继承纠纷的法律依据主要是《民法典》继承编的相关规定，以及《民法典》总则编、婚姻家庭编、侵权责任编、《最高人民法院关于适用〈中华人民共和国民法典〉继承编的解释（一）》等相关规定。

三、分家析产纠纷

📝 案由释义

分家析产是指将一个较大的家庭根据分家协议而分成几个较小的家庭，同时对共有的家庭财产进行分割，并确定各个成员的财产份额的行为。家庭共有关系的存在是家庭共有财产的存在前提。在家庭关系解体以后，即产生了家庭共有财产的分割问题，由此引发的纠纷被称为分家析产纠纷。

📝 管辖规定

因分家析产纠纷提起的诉讼，根据《民事诉讼法》第 22 条第 1 款的规定，应当由被告住所地人民法院管辖，被告住所地与经常居住地不一致的，由经常居住地人民法院管辖。

📝 实践点击

（一）分家析产纠纷和继承纠纷应如何区分？

分家析产与继承作为家庭财产再分配的两种重要方式，既有联系又有区别。分家析产是指将一个较大的家庭根据分家协议分成几个较小的家庭，同时对共有的财产进行分割，从而确定各个成员财产份额的行为。家庭共有关系的存在是家庭共有财产存在的前提，家庭关系解体后即产生共有财产分割的问题,由此引发的纠纷为分家析产纠纷。继承是指在被继承人死亡后,继承人之间以及继承人和其他当事人(被继承人的债权人等)之间,就被继承人的遗产进行分配,由此引发的纠纷为继承纠纷。在司法实践中,经常会出现分家析产与继承互相混淆的现象,可从以下几方面予以区别。

1. 发生效力的时间不同。继承发生的时间比较明确,即继承纠纷只有在被继承人死亡后才会发生;而分家析产纠纷则是根据家庭协议分割家庭共有财产引发的纠纷,此种法律关系多产生于家庭成员的生前行为,也有部分发生在家庭成员死后。

2. 发生的依据不同。继承通过合法遗嘱或法定继承的方式来确定继承人与继承的份额,特别是通过法定继承的,继承人与被继承人之间通常存在血亲(包括拟制血亲)关系;而在分家析产纠纷中,各家庭各成员之间并不必然存在血亲关系,其往往是基于分割家庭共有财产的实际需求,通过协商的方式订立财产分割协议从而确定各受产人的财产份额。在此过程中,受产人既可以是分家的提出者,也可以在分家的过程中提出主张和异议,其地位相比继承人更加积极主动。

3. 财产的基础不同。继承的财产基础限于被继承人死亡时遗留的合法遗产,在实践中,被继承人死亡后,通常需要将其个人财产从夫妻共同财产或家庭共有财产中析出,再由继承人按照遗产分配规则确定各自的财产份额,财产的权利主体会因继承发生转移;而分家析产纠纷中,家庭共有财产的存在是分家析产的财产基础,财产的权利主体并不会发生改变,而只是进一步明确,且涉案财产通常涉及宅基地不动产。

案例链接: 原告父亲李某辉与被告李某明是兄弟关系,李某辉于2018年9月突发心梗死亡,死亡前未将分家的详情告知原告。2018年12月1日,被告李某明告知原告所在村要进行棚户区改造,要原告到村委会签订房屋置换安置协议,此时被告李某明向原告出示了一份1975年的分单,并称"由该分单记载原告父亲李某辉分家时仅分得老院房产三间,该院落(老院)中其他的房产均被被告李某明分得",该三间房产经测算实际占地面积为36.39平方米。原告按照1975年分单与村委会签订了棚户区改造项目房屋产权置换安置协议,该老院中的其他房产面积则由被告李某明与村民委员会签订了置换安置协议用于其置换住宅。2019 年 4 月初原告在家中收拾父亲遗物时，发现了经家族长、家长（爷爷）及大伯李某成、父亲李某辉、叔叔李某明、叔叔李某顺共同确认的 1989 年的分单，该分单记载原告父亲在 1989 年时已实际分得了老院的全部家产，并付多分家产款 1200 元到分家时的家庭财产中。后原告多次要求被告退回其多占的房产面积，未果。故向法院提起诉讼，请求法院依法确认按照原告家族中 1989 年的分单，房产（老院）由原告继承（房产价值约 10 万元）。被告李某明辩称：原告是以其父亲继承人的身份提起的本案继承诉讼，但原告并非唯一继承人，对于原告单独提起本案的主体资格是否符合法律规定，请求法院依法审查认定。

该案一审原定案由为继承纠纷，但经二审法院认定，分家行为属于民事行为，是自然人对自己合法财产做出的处分行为，达成的分家协议对于产生的继承纠纷是应作为分配财产的重要依据。原告李某江诉至法院要求确认 1989 年分单的效力，并依据分单继承其爷爷的房产，原诉案由为继承，应认定为分家析产之诉更为适宜。

（二）分家析产纠纷和共有物分割纠纷应如何区分？

无论是离婚纠纷、分家析产纠纷、继承纠纷还是共有物分割纠纷，都会涉及对共有财产的分割问题，而共有物分割通常为上述案件的兜底性条款，即在离婚纠纷、分家析产纠纷以及继承纠纷中，若法院考虑到各方因素只是确认了共有人所占份额，而未进行分割，后共有人欲实际分割共有物，则可以以共有物分割为由提起诉讼进行析产。

此外，若当事人要求分割的共有物为农村宅基地房屋，则一般按照分家析产纠纷确定案由。

（三）分家析产纠纷中，涉及夫妻共同财产的，是否可以要求对该部分共同财产一并予以分割？

根据《民法典》第 1066 条的规定，婚姻关系存续期间，有下列情形之一的，夫妻一方可以向人民法院请求分割共同财产：（1）一方有隐藏、转移、变卖、毁损、挥霍夫妻共同财产或者伪造夫妻共同债务等严重损害夫妻共同财产利益的行为；（2）一方负有法定扶养义务的人患重大疾病需要医治，另一方不同意支付相关医疗费用。因此，在分家析产案件中涉及夫妻共同财产的，除非存在符合法律规定的情形，否则对该部分共同财产不在夫妻间分割，但对家庭其他成员的份额可以进行析产。

案例链接：李某和王某甲结婚后，夫妻双方与王某甲父母及弟弟王某乙共同生活在王某甲父母名下的宅基地房屋内。次年，为改善居住环境，全家人商量决定，由李某与王某甲出资在老房原有基础上建造二楼，父母及王某乙仍住在一楼，王某甲及李某住在二楼。不久，王某甲父母怕兄弟二人在自己离世后为房屋权属产生矛盾，遂起诉至法院要求分家析产。法院审查后认为，房屋二楼为李某与王某甲婚后共同出资建造，属于二人的夫妻共同财产，因李某与王某甲现仍在婚姻存续期间，且不存在《民法典》第1066条规定的婚内分割夫妻共同财产的情形，故对于该房屋二楼不能进行析产，应另案处理。

请求权基础规范指引

处理分家析产纠纷的法律依据主要是《民法典》物权编、婚姻家庭编、继承编和总则编关于民事责任的相关规定。

四、抚养纠纷

案由释义

抚养是指长辈亲属对晚辈亲属的抚养教育。根据《民法典》的相关规定，父母对未成年子女或不能独立生活的成年子女有抚养的义务。有负担能力的祖父母、外祖父母，对于父母已经死亡或父母无力抚养的未成年的孙子女、外孙子女有抚养的义务。抚养是父母子女间的一种基本的权利义务关系，这种关系的基础是血亲。抚养对于父母来说是一种义务，这种义务存在的基础是父母子女关系的存在，且不以父母的夫妻关系存在为前提。

（一）抚养费纠纷

抚养费纠纷主要是指父母或其他对未成年人负有抚养义务的人，不能充分履行或不履行抚养义务时，因支付给未成年子女的费用而引发的纠纷。被抚养是未成年子女和不能独立生活的成年子女的权利，当父母不履行抚养义务时，子女有要求父母给付抚养费的权利。

（二）变更抚养关系纠纷

变更抚养关系纠纷主要是指有抚养权的一方，抚养能力丧失或者出现了不利于子女健康成长的情形，要求变更子女的抚养关系而产生的纠纷。父母离婚后，一方抚养的子女，另一方负担必要的抚养费。有下列情形之一的，另一方可以向人民法院提起诉讼要求变更子女抚养关系：（1）与子女共同生活的一方因患严重疾病或因伤残无力继续抚养子女的；（2）与子女共同生活的一方不尽抚养义务或有虐待子女行为，或者与子女共同生活对子女身心健康有不利影响的；（3）已满 8 周岁的子女，愿随另一方生活，该方又有抚养能力的；（4）有其他正当理由需要变更的。

管辖规定

因抚养纠纷提起的诉讼，根据《民事诉讼法》第 22 条第 1 款的规定，应当由被告住所地人民法院管辖，被告住所地与经常居住地不一致的，由经常居住地人民法院管辖。

实践点击

本案由适用于未成年子女和不能独立生活的成年子女起诉要求给付抚养费以及变更抚养关系的纠纷。此外，对于离婚案件中涉及子女抚养问题以及给付抚养费问题的，仍应在离婚案件中一并审理解决，案由也应统一为"离婚纠纷"。

（一）父母婚姻存续期间，一方不履行抚养子女的义务，未成年子女可否主张抚养费？

可以。根据《民法典》第 1067 条第 1 款的规定，父母不履行抚养义务的，未成年子女或者不能独立生活的成年子女，有要求父母给付抚养费的权利。根据《最高人民法院关于适用〈中华人民共和国民法典〉婚姻家庭编的解释（一）》第 43 条的规定，婚姻关系存续期间，父母双方或者一方拒不履行抚养子女的义务，未成年子女或者不能独立生活的成年子女请求支付抚养费的，人民法院应予支持。抚养子女是父母应尽的法定义务，即使处于婚姻关系存续期间，父母双方或一方不履行抚养子女义务的，未成年子女也有权要求其支付抚养费。

案例链接： 方某与江某系夫妻关系，二人于2018年生育一子江小某。因生活琐事二人经常争吵，自2022年1月开始分居。分居期间，江小某一直跟随母亲方某生活，江某在此期间拒绝支付江小某的各项生活开支及医疗费。江小某患有先天性疾病，其母亲方某称自己目前为照顾江小某无法工作，无固定收入，江小某已花费的5万余元治疗费系举债完成，故方某代理江小某将被告江某诉至法院要求其支付江小某医疗费5万余元以及分居期间江小某的抚养费共2.1万元。法院经审理认为，该案中江某虽然与江小某母亲处于婚姻关系存续期间，但自2022年1月开始，二人已处于分居状态。分居期间，江小某一直随母亲生活，且其患有先天性疾病，其生活费、医疗费均由其母亲一人承担，江某未对江小某进行探望或照料，也未支付任何费用，未尽抚养义务，故方某代理江小某将江某诉至法院要求其支付抚养费，法院可以受理。

（二）不能独立生活的成年子女，诉请父母支付抚养费，法院是否受理？

不能独立生活的成年子女，可以诉请父母支付抚养费。《民法典》第1067条第1款规定，父母不履行抚养义务的，未成年子女或者不能独立生活的成年子女，有要求父母给付抚养费的权利。根据《最高人民法院关于适用〈中华人民共和国民法典〉婚姻家庭编的解释（一）》第41条的规定，"不能独立生活的成年子女"，是指尚在校接受高中及其以下学历教育，或者丧失、部分丧失劳动能力等非因主观原因而无法维持正常生活的成年子女。因此，若成年子女还在接受高中及其以下学历教育，或者丧失、部分丧失劳动能力无法维持正常生活，起诉至法院要求父母支付抚养费，法院可以受理。

案例链接： 李某的父母于2018年在法院调解离婚，调解协议约定，婚生女李某随母亲共同生活，父亲每月支付抚养费600元至孩子成年之日止。后李某于2022年向法院起诉，要求父亲自2022年起每月支付2000元抚养费，值得注意的是，李某于2022年起诉时已经年满18周岁，但仍在读高中。法院审理后认为，该案中李某虽已年满18周岁，但起诉时仍然就读高三，不具有独立生活的能力，符合《最高人民法院关于适用〈中华人民共和国民法典〉婚姻家庭编的解释（一）》第41条"不能独立生活的成年子女"的规定，故法院可以受理。

（三）父母双方已就抚养费支付达成协议，子女是否可以请求变更？

《民法典》第1085条规定，离婚后，子女由一方直接抚养的，另一方应当负担部分或者全部抚养费。负担费用的多少和期限的长短，由双方协议；协议不成的，由人民法院判决。前述规定的协议或者判决，不妨碍子女在必要时向父母任何一方提出超出协议或者判决原定数额的合理要求。《最高人民法院关于适用〈中华人民共和国民法典〉婚姻家庭编的解释（一）》第58条亦对此做出规定，具有下列情形之一，子女要求有负担能力的父或者母增加抚养费的，人民法院应予支持：（1）原定抚养费数额不足以维持当地实际生活水平；（2）因子女患病、上学，实际需要已超过原定数额；（3）有其他正当理由应当增加。因此父母离婚时，若约定或者判决的抚养费数额与当时的生活、消费水平相适应，但随着时间的推移，当原定数额不能满足子女实际需求时，子女可以依法请求变更抚养费。

案例链接：张某的父母2012年在上海市闵行区民政局登记离婚，离婚时达成协议约定张某由其母抚养，其父老张每个月需支付张某抚养费2000元直至张某独立生活。父母离异后，张某一直随其母亲生活。随着近年物价的上涨，张某因上学及生活开支的需要，每月2000元的抚养费早已不够。张某的母亲一直未再婚，独立抚养张某，收入有限经济压力较大，故张某向法院起诉要求将抚养费增加到3500元每月至张某独立生活之日止。该案中，张某的父母离婚时，判决的抚养费数额与当时的生活、消费水平相适应，但随着时间推移，确定子女抚养费的前提条件发生变化，在原定数额不能继续满足子女教育生活的实际需求时，子女请求法院判决增加抚养费的，法院可以受理。

（四）祖父母或外祖父母起诉要求变更孙子女、外孙子女的抚养权，是否受理？

根据《民法典》第1074条第1款的规定，有负担能力的祖父母、外祖父母，对于父母已经死亡或者父母无力抚养的未成年孙子女、外孙子女，有抚养的义务。因此，对于父母已经死亡或者父母无力抚养未成年子女的情形，祖父母或外祖父母起诉要求变更孙子女、外孙子女抚养权的，可以受理。

案例链接：原告谭某之子陈某甲与被告王某于 2010 年 7 月 16 日登记结婚，婚后于 2011 年 6 月 7 日生育陈某乙，2013 年 3 月 17 日生育次子陈某丙。2015 年 12 月 9 日，陈某甲在外打工时因工身亡。被告王某于 2020 年 5 月与他人再婚，两个孩子陈某乙、陈某丙随王某共同生活。2021 年 5 月 10 日因患病王某无力抚养两个小孩，谭某便与被告王某协商将陈某乙接回家抚养，现谭某提起诉讼要求变更陈某乙的抚养权。本案中，王某系陈某乙的母亲，鉴于在陈某甲身亡后，王某已经实际抚养一个孩子陈某丙，且王某于 2020 年 5 月已经再婚，婚后一直患病，经济能力与精力都不足以抚养两个小孩，而原告谭某作为陈某乙的祖母，家庭经济能力较好，并已实际抚养陈某乙数年，具有抚养小孩的能力，现谭某起诉王某要求变更陈某乙的抚养权，可以受理。

（五）祖父母或外祖父母起诉要求孙子女、外孙子女的父或母支付抚养费的，能否受理？

能受理，案由为无因管理。

案例链接：原告金某之子林某甲与被告夏某于 2015 年登记结婚，并于次年生育一女林某乙，2016 林某甲与夏某协议离婚，并约定女儿林某乙由被告夏某抚养，林某甲每月支付抚养费 3000 元，但实际上林某乙出生后一直跟随原告金某即林某乙的祖母生活，被告未实际履行抚养义务。因此，原告金某诉称，林某甲与夏某离婚后，约定女儿抚养权归被告夏某，但被告夏某自身并非无力抚养林某乙却不履行抚养义务，原告出于对孙女的关心，不忍其无人照看，多年以来一直代为抚养，现起诉夏某主张支出的抚养费，鉴于被告夏某与林某甲在离婚协议中约定了每月抚养费 3000 元，原告认为以此作为计算标准要求被告支付为宜。法院审查后认为，根据《民法典》第 1084 条第 1 款、第 2 款的规定，父母与子女间的关系，不因父母离婚而消除。离婚后，子女无论由其父或者母直接抚养，仍是父母双方的子女。离婚后，父母对于子女仍有抚养、教育、保护的权利和义务。因此，若父母已经解除婚姻关系，父母与子女间的关系也不因父母离婚而消除。若父母不履行抚养义务，未成年子女有要求父母支付抚养费的权利。但提起抚养费纠纷的适格主体为未成年子女或不能独立生活的成年子女，该案中金某是孩子的祖母，其作为原告提起抚养费纠纷，主体并不适格，但可以以无因管理为由提起诉讼。

📝 请求权基础规范指引

处理抚养纠纷的法律依据主要是《民法典》第 1067 条、第 1071 条、第 1072 条、第 1074 条、第 1084 条、第 1085 条、第 1111 条，《最高人民法院关于适用〈中华人民共和国民法典〉婚姻家庭编的解释（一）》第 41 条至第 43 条、第 49 条至第 51 条、第 53 条至第 59 条的规定。

五、离婚后财产纠纷

📝 案由释义

离婚后财产纠纷主要包括以下情形：一是双方当事人离婚时，未对婚姻存续期间的夫妻共同财产进行分割，离婚后对于财产的分配问题产生的纠纷；二是当事人协议离婚时达成了财产分割协议，离婚后因履行财产分割协议而发生的纠纷；三是离婚后一方对已达成的财产分割协议反悔而引发的纠纷；四是离婚后一方发现另一方在婚姻存续期间存在隐瞒、转移、变卖、毁损、挥霍夫妻共同财产，或者伪造夫妻共同债务企图侵占另一方财产的行为，请求再次分割夫妻共同财产而引发的纠纷。

📝 管辖规定

因离婚后财产纠纷提交的诉讼，根据《民事诉讼法》第 22 条的规定，应当由被告住所地人民法院管辖，被告住所地与经常居住地不一致的，由经常居住地人民法院管辖。已经离婚的中国公民，双方均定居国外，仅就国内财产分割提起诉讼的，依据《民事诉讼法解释》第 17 条的规定，由主要财产所在地人民法院管辖。

实践点击

离婚登记是指自愿离婚的男女按照法律规定解除现存婚姻关系所采取的一种行政程序。当事人协议离婚时达成了财产分割协议，离婚后因履行上述协议而发生的纠纷，或者对达成的财产分割协议反悔，由此提起诉讼的，人民法院应当受理。实践中，离婚后出现财产纠纷的情形多为一方在离婚时隐瞒了在婚姻存续期间取得的财产或其他收益，离婚后另一方发现了这部分财产，从而主张再次分割夫妻共同财产而产生的纠纷。

（一）离婚后财产纠纷涉及不动产，是否适用专属管辖？

离婚后财产纠纷若涉及不动产分割，并不适用专属管辖，而应当按照一般地域管辖原则确定管辖法院。理由主要是：第一，根据《民事案件案由规定》的规定，上述纠纷的案由属于第二部分"婚姻家庭、继承纠纷"，而非第三部分"物权纠纷"，而《民事诉讼法解释》第 28 条第 1 款规定，《民事诉讼法》第 34 条第 1 项规定的不动产纠纷是指因不动产的权利确认、分割、相邻关系等引起的物权纠纷。第二，婚姻家庭纠纷通常涉及人身关系，不仅涉及不动产，还可能涉及其他财产。如在离婚案件中，可能同时涉及婚姻关系的解除、财产分割和子女抚养；请求分割的夫妻共同财产中，可能同时包括房屋、汽车、存款、股权收益和知识产权收益；待分割的房产也有可能是位于不同地区的几套房屋。此时若适用不动产专属管辖，则可能需要到几个不同的法院提起诉讼，而无法在一个案件中处理所有纠纷，无法实现家事纠纷的"一揽子"解决。

案例链接： 原告任某与被告汪某离婚纠纷案中，任某诉称其与被告汪某因感情破裂，于 2022 年 4 月 16 日在上海市闵行区民政局办理了离婚手续。离婚时双方对唯一房产安置房——坐落于上海市闵行区的某房屋，约定归原告任某所有。现该房屋可以办理产证，不过需要被告汪某协助，但被告汪某已于 2022 年 12 月将户口迁回原籍安徽省芜湖市三山区，无法协助办理产证。现原告任某向上海市闵行区人民法院提起诉讼请求法院确认坐落于上海市闵行区的房屋归其所有。法院审查后认为，本案系双方当事人协议离婚时达成财产分割协议，离婚后因履行财产分割协议而发生的纠纷，属于因离婚而引发的财产分配事宜的纠纷，为离婚后财产纠纷，属于婚姻家庭纠纷的范畴，应按照婚姻家庭纠纷管辖原则确定管辖法院，即依照《民事诉讼法》第22条一般地域管辖的规定处理，该案中被告汪某的住所地为安徽省芜湖市三山区，安徽省芜湖市三山区人民法院依法对本案享有管辖权，而上海市闵行区人民法院虽为待分割房产所在地，但该案并非《民事诉讼法》第34条第1项规定的不动产纠纷，因此并不适用不动产专属管辖的规定，上海市闵行区人民法院对该案不享有管辖权。

（二）离婚后一方诉请要求另一方配合办理公积金冲还贷手续的，法院能否受理，案由如何确定？

应当受理，案由为离婚后财产纠纷。

案例链接：原告王某与被告左某经法院调解离婚，约定某房屋归被告所有，剩余贷款由被告归还。现原告因办理提取公积金支付房租时被公积金中心告知有生效中的公积金冲还贷业务尚未终止，因此无法提取。因离婚调解书中并未涉及公积金的相关问题，原告无法直接向法院申请执行，故诉至法院要求被告配合办理终止手续，并将贷款银行列为第三人。法院审查后认为，该案系当事人协议离婚时达成了财产分配协议，离婚后因履行协议而发生的纠纷，为离婚后财产纠纷。因该案被告住所地位于闵行区，故上海市闵行区人民法院有管辖权，应予受理。

（三）当事人离婚时达成的关于财产分割的协议是否具有强制执行力？

当事人离婚协议中关于财产分割的条款或者当事人因离婚就财产分割达成的协议，对男女双方具有法律拘束力。但当事人事后不履行的，该协议本身并无强制执行力，当事人还应向人民法院提起诉讼，由人民法院对其效力作出认定，方才具有强制执行效力。

（四）夫妻离婚后对共有财产进行分割，若该财产涉及第三人的权益，案由如何确定？

离婚后财产纠纷是原夫妻之间就相关财产分割产生的纠纷。若纠纷中涉及原夫妻以外（不含未成年子女）的第三人参加诉讼，均以共有物分割纠纷确定案由。

案例链接：原告林某与被告胡某原系夫妻关系，双方于 2010 年登记结婚，结婚后，夫妻二人与胡某家属共同拥有自建房一套。2023 年，林、胡二人产生激烈矛盾，林某持刀砍伤胡某，经法院判决，以故意伤害罪判处林某有期徒刑 11 个月；在服刑期间，胡某诉至法院要求与林某解除婚姻关系，法院认定夫妻感情破裂判决离婚。因处理该离婚案件时，林某尚在服刑，未能参加庭审，该自建房涉及家庭其他成员只能另案起诉。后林某服刑期满，与胡某就自建房分割事项始终未能达成一致，双方矛盾激化，林某遂将胡某及其家庭成员诉至法院要求分割该自建房。法院审查后认为，本案系共有物分割纠纷，原、被告本是家庭成员，涉案房屋是由原、被告及被告其他家庭成员共同出资建造，因此属于共同共有物。由于原告林某与被告胡某离婚，原告对共有物丧失了共有的基础，因此有理由对共有物进行分割，故本案为共有物分割纠纷，由不动产所在地法院专属管辖。

请求权基础规范指引

处理离婚后财产纠纷的法律依据主要是《民法典》第 1092 条的规定，以及《最高人民法院关于适用〈中华人民共和国民法典〉婚姻家庭编的解释（一）》第 69 条、第 70 条、第 83 条、第 84 条的规定。

第四节 物权纠纷

一、相邻关系纠纷

案由释义

相邻关系是指相互毗邻的两个以上不动产的所有人、用益物权人或占有人，在用水、排水、通行、通风、采光等方面根据法律规定产生的权利义务关系。在本质上，相邻关系是相邻不动产的权利人行使其权利的一种延伸或限制。给对方提供必要便利的不动产权利人是权利受限制的一方，取得必要便利的不动产权利人是权利得以延伸的一方，这种延伸是行使所有权和使用权所必须的。

相邻用水、排水关系是指相邻不动产的权利人之间在用水和排水上相互给予必要便利的关系。对于自然流水的利用应当合理分配，对于自然流水的排放应当尊重自然流向。

相邻通行关系是指相邻不动产的权利人之间在通行方面给予对方必要的土地使用上的便利关系。

相邻土地、建筑物利用关系是指不动产的权利人因用水、排水、通行、铺设管线等利用相邻不动产时应当尽到必要的安全保护义务，一旦发生损害应当承担相应的损害责任。相邻土地、建筑物利用既包括临时利用也包括长期利用。

相邻通风、采光、日照关系是指相邻不动产的权利人之间在通风、采光、日照方面给予对方必要的便利，一方在建造建筑物时，不得违反国家有关工程建设标准，妨碍相邻建筑物的通风、采光、日照。

相邻污染侵害是指相邻不动产的权利人违反国家规定弃置固体废物，排放大气污染物、水污染物、噪声、光辐射、电磁辐射等有害物质，以侵害相邻人之生命安全、身体健康和生活环境。

相邻损害防免是指相邻不动产的权利人在使用自己的不动产时，要防止和避免损害相邻不动产的安全，如在挖掘土地、建造建筑物、铺设管线以及安装设备等时，要注意避免危及相邻不动产的安全。

管辖规定

相邻关系纠纷是因不动产物权引发的纠纷，依据《民事诉讼法》第34条第1项的规定，应由不动产所在地人民法院专属管辖。

实践点击

（一）相邻关系纠纷的诉讼主体是什么？

不动产所有权人是相邻关系纠纷中的当然适格主体，但在现实生活中经常出现房屋出租、借用等情形，此时房屋承租人、借用人能否成为诉讼主体需根据具体情况加以判断。法律规定相邻关系制度的目的，在于调和不动产利用上可能发生的冲突，因此，用益物权人、占有人均可成为相邻关系的权利人并具备诉讼主体资格。在不动产使用权人作为被告时，该不动产所有权人是否应作为共同诉讼参与人参加诉讼应区别对待：如果原告针对的是不动产使用人的某种不当行为（如夜间装修产生噪音、房屋渗漏水），则不动产所有权人无须参加诉讼；如果原告的诉讼请求涉及不动产及其附着物的处理（如使用人拆除承重墙、破坏防水层、私搭乱建等），原告要求恢复原状，因涉及所有权人的利益，应以使用人和所有权人作为共同被告，所有权人因对其不动产未尽到合理管理义务，需与使用人承担连带责任。

（二）原告以被告的行为"影响安全"为由提起相邻纠纷诉讼的，法院是否受理？

相邻关系中的"影响安全"主要是指给相邻方的人身和财产带来一定危害或者危险因素。如违反环保规定的各种污染废物处理，影响了相邻方的正常生产和生活；易爆、易燃、剧毒物品未按有关规定安全放置、使用；改变承重墙状态等施工行为未采取妥善的安全措施等。这些行为虽尚未实际发生人身和财产损害，但客观的潜在危险足以使相邻方遭受损害。故原告以被告的行为"影响安全"为由提起相邻纠纷诉讼的，法院可以受理。

请求权基础规范指引

处理相邻关系纠纷的法律依据主要是《民法典》第 288 条至第 296 条的规定。

二、共有纠纷

案由释义

共有是指两个以上自然人、法人或者非法人组织对同一不动产或者动产共同享有所有权、用益物权或者担保物权。共有根据权利类型可以分为所有权共有、用益物权共有、担保物权共有三类，而最为典型的是所有权共有。共有体现为所有权人或者他物权人的多数性以及权利内容的复杂性，但所有权或者他物权的客体必须是特定的，可以是一个物，也可以是物的集合体。

管辖规定

共有纠纷分为共有权确认纠纷、共有物分割纠纷、共有人优先购买权纠纷和债权人代位析产纠纷，应在区别共有物为不动产还是动产后分别确定管辖。诉讼请求针对不动产的，由不动产所在地人民法院专属管辖；针对动产的，按照一般地域管辖的规定处理。

实践点击

（一）哪些情况下，当事人可以提起共有物分割之诉？

共有物，是指共有人共同享有的物，是共有关系的客体，分为共同共有物和按份共有物。共有人约定不得分割共有的不动产或者动产，以维持共有关系的，应当按照约定，但共有人有重大理由需要分割的，可以提起共有物分割之诉，请求分割；没有约定或者约定不明确的，按份共有人可以随时请求分割，共同共有人在共有的基础丧失或者有重大理由需要分割时可以请求分割。共有人可以协商确定分割方式。达不成协议，共有的不动产或者动产可以分割并且不会因分割减损价值的，应当对实物予以分割；难以分割或者因分割会减损价值的，应当对折价或者拍卖、变卖取得的价款予以分割。

案例链接：原告薛某与被告胡某清原系夫妻，二人生育一女即被告胡某婷。M区X路房屋系原告与被告胡某清婚后通过转让方式取得，该房屋产权登记在二人及被告胡某婷名下，由三人共同共有。后原告与被告胡某清离婚，双方离婚时签订"自愿离婚协议书"一份，就涉案房屋的处分约定如下："就该涉案房屋，离婚后男方自愿放弃自己名下的产权归女方所有，其他产权人不变，离婚后男方配合对方办理产权变更手续。"现原告至法院提起诉讼，请求依据双方约定，确认涉案房屋为原告与被告胡某婷二人共同共有。经法院审查，该案符合共有纠纷受理条件，法院可予受理。

（二）哪些情况下，可以提起债权人代位析产之诉？

债权人代位析产纠纷，是指人民法院在办理民事强制执行案件过程中，在债务人（被执行人）与他人享有共有财产而不主动析产清偿债务的情况下，由债权人（申请执行人）依法代替债务人（被执行人）提起的析产诉讼。《民法典》第535条第1款规定，因债务人怠于行使其债权或者与该债权有关的从权利，影响债权人的到期债权实现的，债权人可以向人民法院请求以自己的名义代位行使债务人对相对人的权利，但是该权利专属于债务人自身的除外。《最高人民法院关于人民法院民事执行中查封、扣押、冻结财产的规定》（以下简称《民事执行中查封、扣押、冻结财产的规定》）第12条第3款规定，共有人提起析产诉讼或者申请执行人代位提起析产诉讼的，人民法院应当准许。

债权人代位析产诉讼旨在明确被执行人的责任财产范围，推动执行案件进一步处置经明确后的财产，以清偿申请执行人的债权。根据相关规定，此类诉讼的提起应当符合以下条件：（1）债权人对作为财产共有人之一的债务人享有债权，且该债权已经得到了法律上的确认；（2）债权人就生效债权已向法院申请强制执行；（3）除共有财产外，被执行人名下无其他可供执行的财产；（4）财产共有人都未主张或怠于对共有财产进行析产分割。需同时满足上述条件，方可提起债权人代位析产诉讼。

案例链接：因史某名下无其他财产可履行前案与施某的民事判决书确定的义务，M区人民法院在执行中查封了史某与魏某某共同共有的M区A路的房产。现债权人施某向M区人民法院对上述房屋提起代位析产诉讼，请求判令确认史某在该房屋中享有50%的产权份额。本案中，施某对作为房屋的共有权人之一的史某享有法律上确认的债权，该债权已向法院申请强制执行，并因史某名下无其他可被执行的财产而终结执行，符合提起债权人代位析产诉讼的要件，诉讼请求的内容为对共有的不动产房屋进行权利确认、分割，属于不动产纠纷，系争不动产所在地人民法院M区人民法院对本案享有专属管辖权。

请求权基础规范指引

处理共有纠纷的法律依据主要是《民法典》第297条至310条、第1062

条至1066条的规定，以及《民事执行中查封、扣押、冻结财产的规定》第12条的相关规定。

三、排除妨害纠纷

案由释义

排除妨害纠纷是指因为物受到他人的妨害而引发的以排除这种妨害为目的的纠纷。

管辖规定

一般而言，排除妨害纠纷在区分标的物属于动产和不动产后分别确定管辖。涉及不动产排除妨害纠纷的，根据《民事诉讼法》第34条的规定，由不动产所在地人民法院管辖；涉及动产排除妨害纠纷的，按照一般地域管辖的规定处理。

实践点击

排除妨害是物权保护的重要方法，它主要是针对妨害物权使用的行为或者事实状态而采取的一种措施。当物权的行使受到现实或者可能的妨害时，物权人均可以请求排除妨害。

对于排除妨害纠纷，实践中主要存在以下几方面问题需特别注意。

（一）排除妨害纠纷的请求权主体要求是什么？

排除妨害请求权的权利主体是所有权人或者依法律规定行使所有权权能的人以及他物权人。所有权人包括共有人、财产管理人及所有人的代理人。他物权人参照《民法典》第236条的规定也可行使排除妨害请求权。

案例链接：李某原为某村村民，80年代经过审批于宅基地上建设二层楼房，因其离开农村外出，将该房屋暂借给张某居住，后因张某拒不返还房屋遂成诉。案涉房屋通过审批条件，并取得相关证件。因合法建造、拆除房屋等事实行为设立或者消灭物权的，自事实行为成就时发生效力。依法建造房屋属于取得权利的事实行为。原告李某对案涉房屋享有民事权益，系排除妨害请求权的权利人。李某要求张某搬离房屋的请求亦有行使的可能性，故李某可以作为原告提起排除妨害诉讼。

（二）行使排除妨害请求权有时间限制吗？

根据《民法典》第196条第1项的规定，请求停止侵害、排除妨碍、消除危险的请求权不适用诉讼时效的规定。排除妨害请求权指向的是现实存在的妨害和危险，这种现实存在的妨害和危险，排除了向不特定第三人呈现权利不存在状态的可能，不特定第三人也就无法产生相应的物权请求权不存在的信赖，诉讼时效制度的核心功能对于该请求权也就不存在适用的可能性。因此，排除妨害请求权不适用诉讼时效，也就是说请求维权的事项一般不会因为时间推移而丧失诉权。

请求权基础规范指引

处理排除妨碍纠纷的法律依据主要是《民法典》第196条、第236条的相关规定。

四、物权确认纠纷

案由释义

依据《民法典》第234条规定，物权确认纠纷是指就物权的内容及物权的归属而产生的纠纷，在民事诉讼上称为确认之诉。物权确认之诉包括所有权确认之诉、用益物权确认之诉和担保物权确认之诉。

所有权确认纠纷是指就所有权的内容及归属等所产生的民事纠纷。用益物权确认纠纷是指就用益物权的内容、归属及效力等所产生的民事纠纷。担保物权确认纠纷是指就担保物权的内容、归属及效力等所产生的民事纠纷。

管辖规定

物权确认纠纷依物之类别，分为不动产物权确认纠纷和动产物权确认纠纷两类。不动产物权确认纠纷应依照《民事诉讼法》第 34 条的规定，由不动产所在地人民法院专属管辖。动产物权确认纠纷不属于专属管辖，应当按照《民事诉讼法》一般地域管辖的规定确定管辖。

实践点击

（一）哪些情况下，当事人可以提起物权确认之诉？

物权确认纠纷依物之类别，分为不动产物权确认纠纷和动产物权确认纠纷两类。动产物权的成立、内容及归属发生争议的，利害关系人可以请求确认权利。不动产物权的归属，以及作为不动产物权登记基础的买卖、赠与、抵押等产生争议的，当事人可以就此提起与物权有关的诉讼。如不动产权利当事人有证据证明不动产登记簿的记载与真实权利状态不符，其为该不动产物权的真实权利人，可以提起请求确认享有物权的诉讼。

案例链接： 秦某与王某系母子关系。A 区 B 路 X 号范围系农村自建房，该房屋立基人共三人，为秦某及其父母。王某为秦某独生子，2020 年王某占用涉案房屋用于仓储，后秦某要求王某腾空涉案房屋并返还，但王某不愿搬离，后秦某诉至法院，要求明确涉案房屋的所有权。《民法典》第 234 条规定，因物权的归属、内容发生争议的，利害关系人可以请求确认权利。本案中，涉案宅基地房屋登记的立基人为原告秦某和其父母，原告父母均已去世，且无原告以外的其他继承人，故涉案房屋应归属于原告一人所有。原告要求确认其系涉案宅基地房屋的所有权人，合法有据，双方之间的纠纷为不动产所有权确认诉讼。

（二）哪些情况下，当事人不能提起物权确认之诉？

按照法律规定，应由行政机关处理的情形，人民法院不予确权。如，政策性用房权属应由行政机关处理，涉及违法建筑情形的应由行政机关处理，涉及土地所有权、使用权情形的应由行政机关处理。此外，房屋已被法院查封的，应当提起执行异议，案外人不能另行提起确权之诉。案外人执行异议之诉系立法赋予案外人在执行标的确有错误时的唯一救济途径，争议财产已经在执行过程中被人民法院查封、扣押、冻结的，案外人应当根据《民事诉讼法》的规定提起执行异议之诉主张权利。

（三）对拆迁安置权益发生争议的，可以提起物权确认之诉吗？

对拆迁安置权益发生争议的，可以提起物权确认之诉。根据不动产所有权的固有法律属性和房屋拆迁安置过程中普遍性的政策规定，安置权益属房屋所有权的综合性权能，一般包括被拆房屋补偿款、搬迁费用、新建房屋补贴、新建房屋土地使用权等。源自被拆迁房屋所有权的拆迁安置权益属于房屋所有权人享有，所有权人有权就安置权益的具体落实和分配进行协商确定，协商不成的，可以提起物权确认之诉。

案例链接：汤某、王某原为夫妻，共同拥有某三层房屋，后二人离婚，约定一三层归汤某所有，二层归王某所有。汤某与胡某再婚，结婚后该房屋被拆迁，三人在村委会安排的另处土地建造新房，后发生权属争议，诉至法院。因汤某与王某达成的离婚协议约定，该三层房屋属两人共有，故源自该房屋所有权的拆迁安置权益属于汤某与王某共有，两人有权就安置权益的具体落实和分配进行协商确定。如协商不成，可向人民法院提起物权确认之诉。

（四）物权确认纠纷中，夫妻一方擅自处理共有房屋是否可以适用物权善意取得制度，提起物权确认之诉？

夫妻关系存续期间夫妻共同拥有的财产是夫妻共同财产，双方有平等的处理权。一方未经另一方同意出售夫妻共同共有的房屋，第三人善意购买、支付合理对价并办理产权登记手续的，基于善意取得制度取得该不动产所有权，如另一方对夫妻共有财产归属有异议，可以提起物权确认诉讼。

案例链接：任某与李某系夫妻关系，2014年，双方购买了位于A区B路的房产一套并登记于李某名下。2022年，双方关系恶化，任某起诉李某离婚，后李某与南某签订房屋买卖合同，将涉案房产以100万元的价格卖给南某，并办理了产权过户登记手续。涉案房屋经司法鉴定，市场价值为220万元。现任某向法院起诉，请求确认被告李某与被告南某之间签订的不动产买卖合同无效，确认涉案房屋为夫妻共同财产，由夫妻共同共有。涉案房产系婚后购置，虽然登记在被告李某名下，但仍为夫妻共同财产。被告李某未经原告同意，在夫妻关系恶化之际，擅自处分夫妻共同所有的房产，属于无权处分行为。南某购买涉案房产时，应当对案涉房产是否属于夫妻共同财产作基本的了解，在未作认真了解的情况下，仅与被告李某签订房屋买卖合同，且在明显低于市场价值的情况下购买房产。综上，对于涉案房屋任某可以向法院提起物权确认之诉。

📝 请求权基础规范指引

处理物权确认纠纷的法律依据主要是《民法典》第 209 条、第 224 条、第 234 条，以及《最高人民法院关于适用〈中华人民共和国民法典〉物权编的解释（一）》等相关规定。

五、业主撤销权纠纷与业主知情权纠纷

📝 案由释义

（一）业主撤销权纠纷

业主撤销权纠纷是指业主认为业主大会或者业主委员会作出的决定侵害了其合法权益，依照法律规定向人民法院提起的撤销业主大会或者业主委员会决定的纠纷。

（二）业主知情权纠纷

业主知情权纠纷是指业主请求业主大会或者业主委员会公开依法应当向业主公开的资料和情况而引发的纠纷。业主作为建筑小区的共有权利人，对于涉及小区共有权利的有关情况和资料具有相应的知情权，这是实行小区自治的基本前提，也是建筑物区分所有权应有的内容之一。

📝 管辖规定

业主撤销权纠纷由建筑小区所在地人民法院管辖。

业主知情权纠纷属于物业管理纠纷，主要发生在业主与业主大会、业主委员会之间，以业主大会、业主委员会为被告，由建筑小区所在地人民法院管辖。

📝 实践点击

关于业主知情权，《民法典》第 281 条规定的建筑物及其附属设施的维

修资金的筹集、使用情况只是其中的一种情形，司法解释增加了三项具体的情形及兜底条款。对于知情权的范围，可以根据实践中的具体情况来确定，但应当限于与业主共有相关的、涉及业主个人权利的情况。关于与业主撤销权纠纷等其他案由的关系问题，业主可以单独就知情权提起诉讼，也可以在提起的其他诉讼中加入业主知情权的内容，如业主撤销权纠纷中，可能涉及要求业主大会或者业主委员会公布其决定内容和有关程序等事项，案由可确定为业主撤销权纠纷。

（一）业主撤销权纠纷的适格主体要求是什么？

1. 提起业主撤销权纠纷的原告需为有权的小区业主

按照《物业管理条例》第 6 条的规定，业主是指在该小区内享有房屋所有权的人，即享有建筑物区分所有权的人。《民法典》和《物业管理条例》将撤销权赋予合法权益受到业主大会和业主委员会所作决定侵害的业主，即房屋的所有权人。因此在受理业主撤销权诉讼时，需审查业主的身份，如查看房屋所有权登记簿。

2. 业主撤销权纠纷的被告为业主委员会或业主大会

业主撤销权针对的是业主大会和业主委员会的决议，故业主撤销权纠纷的被告为业主大会或业主委员会。一般而言，针对业主委员会的决议，应以业主委员会为被告；针对业主大会的决议，应以业主大会为被告。业主委员会委员在作出相关决定时系职务行为，其委员身份的变化并不影响业主委员会的主体资格。同时，业主不能以业主委员会委员个人为被告提起业主撤销权之诉。关于物业公司，因其并非相关决议的作出主体，故非业主撤销权的适格被告。

案例链接：在于某与 M 区 B 社区居民委员会业主撤销权纠纷一案中，于某请求撤销 B 社区居民委员会做出的"M 区 A 小区关于河流沿线综合整治工程项目征询意见结果的公告"。本案争议焦点在于 B 社区居民委员会是否具有被告的主体资格。根据法律规定，业主撤销权的对象应为业主大会或业主委员会的决定。本案中，于某请求撤销的公告发布者为 B 社区居民委员会，但作出主体并非 B 社区居民委员会，该公告是由 B 社区居民委员会组织小区业主召开业主大会进行投票表决后产生的。因此，B 社区居民委员会并非适格主体。原告选择 B 社区居民委员会作为被告提起业主撤销权之诉，不符合有关法律的规定。

（二）业主撤销权诉讼请求的撤销对象是什么？

业主撤销权诉讼请求的撤销对象限于业主大会或者业主委员会作出的具体决定。司法实践中，业主经常无法辨别提起业主撤销权之诉的事由。不属于业主撤销权受理范围的情形主要包括：（1）因选任、罢免业主代表、业主委员会委员发生纠纷的；（2）业主之间对是否起诉、选聘物业公司等内部事务无法形成一致意见的。同时，业主行使撤销权的对象，应该是业主大会或业主委员会已经作出的一个决议或决定，而不能是一个阶段性的讨论事项或未经正式作出决议的阶段性、内部性行为。

案例链接：在钱某与 P 区 A 业主委员会业主撤销权一案中，钱某请求撤销 A 业主委员会征询表中"电梯改造工程由 B 公司施工"之内容。业主撤销权行使的对象应为业主大会或者业主委员会作出的侵害业主合法权益或者违反法律规定程序的决定。钱某要求撤销的内容系尚处于 A 业主委员会就各门栋电梯改造（大修）事宜以楼为单位向业主征询意见的阶段。在 A 业主大会表决之前，该决定与小区业主并无法律上的利害关系，不属于业主撤销权的行使范围。

（三）物业服务合同中的内容是否属于业主撤销权的范围？

业主撤销权的对象是业主大会或业主委员会的决定，业主大会或业主委员会与物业公司等签订的合同并非业主撤销权的诉请对象。业主个人无权就物业服务合同中的内容行使撤销权。

案例链接：王某诉 M 区 A 业主委员会业主撤销权一案中，王某请求撤销物业合同中的部分条款，业主委员会依据业主大会决议与物业公司签订的物业服务合同，不属于业主撤销权的行使范围，王某请求撤销物业服务合同中的部分条款缺乏法律依据。业主不能要求撤销物业服务合同的内容，但物业服务合同的内容如有业主大会或业主委员会的相应决议作为依据，业主可请求撤销物业服务合同订立所依据的业主大会或业主委员会的相关决议。

（四）行使业主撤销权受时效或期间的限制吗？

业主撤销权应当在知道或应当知道业主大会或业主委员会作出决定之日

起1年内行使。1年期间为除斥期间，不发生中止、中断或者延长的法律效力；除斥期间过后，撤销权当然消灭。一般而言，业主委员会有义务证明其已经以合理形式告知各位业主相关决议，如当面告知、在小区的公告栏里公示、在楼道里张贴、投递或邮寄至业主的信箱内、以微信等电子方式予以告知等。

案例链接：A公司系M小区业主。2013年12月，A公司诉至法院，要求撤销M小区业主委员会2012年4月13日的表决结果。关于该撤销权的行使应自何时起算的问题，业主委员会认为该表决结果应当自该公告公布之日即2012年4月13日起算；A公司则认为其2013年5月提起行政诉讼时才知道该公告，应当从知情之日起开始计算。业主委员会举证证明其于2012年4月将表决结果予以公告告知，据此法院依法认定A公司于2013年12月提起业主撤销权之诉已超过1年除斥期间，故驳回A公司诉请。

请求权基础规范指引

处理业主知情权纠纷和业主撤销权纠纷的法律依据主要是《民法典》第277至第280条，《物业管理条例》第8条至第19条，以及《最高人民法院关于审理建筑物区分所有权纠纷案件适用法律若干问题的解释》的相关规定。

六、返还原物纠纷

案由释义

返还原物纠纷是指请求无权占有不动产或者动产的人返还该物的纠纷。返还原物包括动产和不动产。

管辖规定

一般而言，返还原物纠纷在区分标的物属于不动产还是动产后分别确定管辖。不动产返还纠纷，根据《民事诉讼法》第34条第1项由不动产所在地人民法院管辖。动产返还纠纷，按照一般地域管辖的规定处理。

实践点击

（一）返还原物纠纷中，是否可提出原物被占有期间产生的孳息的诉请？

返还原物纠纷中，权利人的标的物被无权占有人占有期间，可能产生孳息，无权占有人在返还原物的同时，也应返还孳息。权利人可在提起返还原物的诉讼时，一并提出原物被占有期间产生的孳息的诉请，也可以单独提起诉讼，请求归还孳息。

案例链接： 赵某系无民事行为能力人，其多次向其姐姐赵某清转账，金额达到50万元。现赵某法定监护人陈某向法院提起诉讼，要求赵某清返还赵某50万元，以及占用该项资金的占用利息。不动产或动产被侵占的，所有权人有权请求返还原物及孳息，并可要求赔偿其他损失。本案被告赵某清主张其从赵某处转走案涉款项系基于赵某、陈某共同赠与的意思表示。根据赵某清的主张，其需提供相应的依据，如无法提供相应依据，应认定为擅自转移侵占，赵某清应当予以返还。同时，原告法定代理人陈某主张赵某清应当按照全国银行间同业拆借中心公布的一年期贷款市场报价利率支付上述款项占用期间的资金占用利息，该项请求系法定孳息，于法有据，该项诉请可以主张。

（二）返还原物纠纷中，诉讼请求是否可以针对原物主张修理、重作、更换或者恢复原状？

返还原物纠纷中，返还回来的原物可能存在毁损，权利人可依《民法典》第237条的规定主张修理、重作、更换或者恢复原状。此处的修理、重作、更换并非并列的关系，在主张时应当有所区分。权利人提起返还原物诉讼时，因为诉讼请求要求返还的是原物，而原物在时间和空间上都很容易在诉前、诉中、诉后发生毁损灭失等不能返还的情况。针对返还原物的诉请，应当对返还原物后却不能执行的情况有所考虑，如在原物已经不存在，或存在其他不能履行的情况下，诉讼请求可以确定相应的折价赔偿计算方式或者折价金额。如原物存在但有损毁，权利人可在提起返还原物请求的同时，针对原物主张修理、重作、更换或者恢复原状。

（三）返还原物请求权与排除妨害请求权如何区别？

返还原物请求权着重于请求对物本身的返还，其需要以无权占有人事实上占有该物为前提，此时，权利人才可对无权占有人提出返还原物的请求；排除妨害请求权着重于请求停止侵害、排除妨害，其权利行使的主体范围广于返还原物请求权，实际适用条件也较返还原物请求权宽松，无须无权占有人实际占有该物。（见表4-3）

表4-3 返还原物请求权与排除妨害请求权的区别

对比项	返还原物请求权	排除妨害请求权
权利基础	侧重于物的返还	侧重于消除妨害
权利主体	对物失去占有的权利人	任何物权人、用益物权人或占有权人均可提出
适用条件	要求无权占有人事实上占有该物	无须无权占有人事实上占有该物

请求权基础规范指引

处理返还原物纠纷的法律依据主要是《民法典》第235条、第237条、第238条、第460条、第462条。

第五节 合同、准合同纠纷

一、物业服务合同纠纷

案由释义

物业服务合同是物业服务人在物业服务区域内，为业主提供建筑物及其附属设施的维修养护、环境卫生和相关秩序的管理维护等物业服务，业主支付物业费的合同。物业服务人包括物业服务企业和其他管理人。

根据《民法典》第938条第1、2款的规定，物业服务合同的内容一般包括服务事项、服务质量、服务费用的标准和收取办法、维修资金的使用、服务用房的管理和使用、服务期限、服务交接等条款。物业服务人公开作出的有利于业主的服务承诺，为物业服务合同的组成部分。

管辖规定

物业服务合同适用《民事诉讼法》关于合同纠纷管辖的一般规定，即若约定了管辖，则按照合法有效的管辖协议确定管辖，否则根据《民事诉讼法》第24条规定由被告住所地或合同履行地法院管辖，并不适用《民事诉讼法》第34条第1项关于不动产专属管辖的约定。

实践点击

（一）关于已约定仲裁条款的前期物业服务合同能否直接提起诉讼？

前期物业服务合同是指建设单位与物业服务企业就前期物业管理阶段双方权利义务所达成的协议，是物业服务人被授权开展物业管理服务的依据。前期物业服务合同虽然是开发商与物业服务人签订的，业主不是合同当事人，但一般在业主与建设单位签订的商品房预售合同中已将前期物业服务合同作为合同附件，业主在商品房预售合同上签字，应视为接受合同附件，并认可前期物业服务合同中的仲裁条款。此外，前期物业服务合同的特殊性主要在于合同不可能由物业服务人与所有业主单独签订，只能由建设单位代表业主与物业公司签订，但根据《民法典》第939条的规定，合同中约定的仲裁条款对建设单位、物业公司和业主均有约束力。如果物业公司或者业主直接提起诉讼，仍应依据前期物业服务合同中的仲裁条款，通过仲裁解决。

（二）业主是否可以单独对物业服务人提起诉讼，要求变更物业服务合同内容？

不可以。单个业主不能代表全体业主利益，其作为原告要求变更物业服务合同内容，主体不适格，不能受理。

案例链接：原告王某、李某与某房产公司签订《预售合同》购买商品房。房产公司与被告某物业公司签订《前期物业服务合同》，对物业服务事项进行了约定。原告称其入住至今，被告未按照合同约定事项和标准履行服务职责，严重损害小区品质和业主权益，对业主人身财产造成巨大安全隐患，故起诉至法院，要求：（1）将原告2022年1月至2022年12月的物业费降低50%，按照5264.4元×50%＝2632.2元收取；（2）判令被告严格按照《前期物业服务合同》履行服务责任，取消对非本小区业主门禁卡授权，对不合格的物业经理进行更换。法院审查后认为，本案中，原告要求对物业费收费标准予以调整降低，而《前期物业服务合同》系房产公司与物业服务有限公司签订，根据《民法典》第939条的规定，建设单位依法与物业服务企业订立的前期物业服务合同对全体业主具有法律约束力。本案所涉《前期物业服务合同》涉及小区全体业主，现原告单独提起诉讼并不能代表全体业主利益，故原告提起本次诉讼不具备诉的利益，根据《民事诉讼法》第126条的规定，法院不予受理。

📝 请求权基础规范指引

处理物业服务合同的法律依据主要是《民法典》合同编第24章，以及《民法典》物权编相关规定，如第282条至第287条。此外，包括国务院发布的《物业管理条例》以及《最高人民法院关于审理物业服务纠纷案件适用法律若干问题的解释》、《最高人民法院关于审理建筑物区分所有权纠纷案件适用法律若干问题的解释》等相关规定。

二、租赁合同纠纷

📝 案由释义

《民法典》第703条规定，租赁合同是出租人将租赁物交付承租人使用、收益，承租人支付租金的合同。其中租赁物，又称租赁财产，是租赁合同的标的物。租金，是承租人为使用、收益租赁物而支付的对价。将租赁物租出的一方为出租人；使用租赁物并支付租金的一方为承租人。

房屋租赁合同是租赁合同的一种常见类型，是以房屋为租赁物的合同，即出租人与承租人之间关于出租人将房屋交付承租人使用，承租人交付租金并于合同终止时将租用的房屋返还给出租人的协议。

车辆租赁合同是指车辆出租人将车辆提供给承租人使用、收益，承租人定期给付约定租金，并于合同终止时将车辆完好地归还出租人的合同。

建筑设备租赁合同是指建筑设备出租人将建筑设备提供给承租人使用、收益，承租人定期给付约定租金，并于合同终止时将设备完好地归还出租人的合同。

管辖规定

租赁标的物是房屋等不动产的，适用专属管辖的规定。《民事诉讼法》第34条第1项规定，因不动产纠纷提起的诉讼，由不动产所在地人民法院管辖。《民事诉讼法解释》第28条第2款规定，农村土地承包经营合同纠纷、房屋租赁合同纠纷、建设工程施工合同纠纷、政策性房屋买卖合同纠纷，按照不动产纠纷确定管辖。

租赁物是车辆或其他动产的，适用合同纠纷的管辖规定。《民事诉讼法》第24条规定，因合同纠纷提起的诉讼，由被告住所地或者合同履行地人民法院管辖。

实践点击

（一）是否所有的房屋租赁合同纠纷均适用《民法典》合同编"租赁合同"一章的规定？

1. 公有住房、廉租住房、经济适用住房具有政府福利性与保障性，承租人须具备特定的条件，并非所有的民事主体都能够成为承租人。这三种依据国家福利政策订立的租赁合同，出租人与承租人之间不属于平等的民事法律关系，因此不适用"租赁合同"一章的规定。[1]

2. 活动板房是近年来新兴的建筑形式，尤其在建筑工地、城市项目广

---

[1] 参见最高人民法院民法典贯彻实施工作领导小组主编：《中华人民共和国民法典合同编理解与适用》，人民法院出版社2020年版，第1419~1420页。

场、特色街区等领域广泛应用，通常是出租方将活动板房租赁给承租人用于日常生活或商业经营，双方建立租赁合同关系。该租赁合同是否属于房屋租赁合同，还是应该根据合同内容所指向的主要目的来看。若合同的目的是以房屋本身的使用空间对外出租，同时从活动板房的建造架构、建筑面积、租赁用途来看，能明显区别于普通临时活动用房，已具备一般意义上的房屋属性，则该合同可以视为房屋租赁合同，至于这一房屋空间是否具有产证不作为判断标准。因该合同发生的纠纷，则适用专属管辖的规定。

3. 商铺铺位、柜台租赁，有别于对整个房屋独立空间的利用，此时应认定为租赁合同纠纷，不再适用专属管辖的规定，应依据《民事诉讼法》第24条规定，确定管辖法院。

（二）公有房屋的承租人死亡后，当事人对出租人作出的承租人确定意见不服的，能否直接向法院起诉？

公有住房的承租人死后，可由原共同居住人或其亲属中的一人继续履行该合同。公房由谁继续作为承租人，应当由公房产权单位或国家授权经营管理公房的单位作出确定。因此，当事人对出租人作出的意见不服的，应当向房地产行政管理部门寻求救济。当事人直接诉至法院的，法院不予受理。但若当事人以出租人所确定的承租人不具备继续承租的条件而向法院起诉，则应当立案受理。此时，法院审查的范围也仅限于出租人确定的承租人是否具备继续承租的资格，若该承租人确实不具备资格，法院也不能替代出租人指定新的承租人。

（三）房屋租赁合同纠纷与房屋委托合同纠纷的区别？

房屋租赁合同纠纷是指房屋出租人和承租人双方就租赁房屋使用、收益等事项产生的纠纷；房屋委托合同纠纷是指受托人接受委托，在委托人授权范围内代其经营管理房屋过程中产生的纠纷。如果合同约定一方将房屋交付对方使用、收益，由对方向其支付租金，应属房屋租赁合同，适用专属管辖的规定，由不动产所在地法院管辖。若合同系将产生的收益全部归属一方，而其仅需向对方支付委托房屋经营事务的费用及相关报酬，则构成委托关系，按照一般合同纠纷确定管辖法院。在近年来的司法实践中，常常出现一些名为委托，实为房屋租赁的合同纠纷。这类案件往往未约定支付委托经营事务的费用及报酬,却对房屋的交付、支付租金等相关事项约定得十分详细,此类案件当属房屋租赁合同纠纷。

📝 请求权基础规范指引

处理租赁合同纠纷的法律依据主要是《民法典》合同编第 14 章、《城市房地产管理法》第 4 章第 4 节、《最高人民法院关于审理城镇房屋租赁合同纠纷案件具体应用法律若干问题的解释》等相关规定。

三、民间借贷纠纷

📝 案由释义

民间借贷是指自然人、法人和非法人组织之间进行资金融通的行为,主要是私人资金在社会各个领域内融通的过程,是在金融监管之外的私人资金融通活动。它包括了自然人之间的借贷行为、自然人与法人之间的借贷行为、自然人与非法人组织之间的借贷行为、法人之间的借贷行为、法人与非法人组织之间的借贷行为以及非法人组织间的借贷行为。

📝 管辖规定

《民事诉讼法》第 24 条规定,因合同纠纷提起的诉讼,由被告住所地或者合同履行地人民法院管辖。

关于被告住所地,《民事诉讼法》第 22 条第 1 款规定,对公民提起的民事诉讼,由被告住所地人民法院管辖;被告住所地与经常居住地不一致的,由经常居住地人民法院管辖。《民事诉讼法解释》第 3 条规定,公民的住所地是指公民的户籍所在地,法人或者其他组织的住所地是指法人或者其他组织的主要办事机构所在地。法人或者其他组织的主要办事机构所在地不能确定的,法人或者其他组织的注册地或者登记地为住所地。

关于合同履行地,《民事诉讼法解释》第 18 条进行了详细的列举:合同约定履行地点的,以约定的履行地点为合同履行地。合同对履行地点没有约定或者约定不明确,争议标的为给付货币的,接收货币一方所在地为合同履行地；交付不动产的，不动产所在地为合同履行地；其他标的，履行义务一方所在地为合同履行地。即时结清的合同，交易行为地为合同履行地。合同没有实际履行，当事人双方住所地都不在合同约定的履行地的，由被告住所地人民法院管辖。

实践点击

（一）民间借贷纠纷中，对于"接收货币一方"如何理解？

立案管辖中合同履行地的确定规则，应依据原告诉讼请求并结合其在合同中的权利义务加以确定。只有当原告诉讼请求与其在合同中所享有的权利相一致时，才可以依据诉请类型导入相应的合同履行地，即"争议标的为给付货币的，接收货币一方所在地为合同履行地"。

案例链接： 张某（住所地为 W 区）出借给李某（住所地为 S 区）50 万元，约定年利率为 40%，双方对管辖及合同履行地未作约定。李某在还款后，向法院提起诉讼，要求张某返还年利率超过 36% 的部分。在本案中，李某的诉讼请求是返还钱款，但其诉讼请求与其在借款合同中的权利不一致，故李某的住所地 S 区不能作为合同履行地，李某只能向被告张某的住所地 W 区人民法院提起诉讼。

（二）债权转让后，借款合同应如何确定管辖？

债权转让后会产生两类合同纠纷，一是债权受让人与原债权人之间的债权转让合同关系，二是债权受让人取代原债权人，向原合同债务人主张权利时的基础合同关系。债权转让只产生债权受让人承继原合同债权人合同权利的法律后果，并不创设新的权利，债权转让合同中的管辖条款约束的是债权转让双方。债权转让时，除非受让人不知情或转让协议另有规定且债务人同意，原合同的管辖规定对受让人依旧有效。因此，债权受让人基于原合同向债务人主张债权时，也应遵循原合同的管辖规定。此时需要特别注意的是：一是原合同管辖条款约定由"一方当事人住所地"人民法院管辖，住所地的认定要以签订协议时为准；二是原合同无协议管辖条款时，应以接受货币一方所在地为合同履行地，此时接受货币一方所在地应为原债权人的住所地，而非受让人所在地。（见表 4-4）

案例链接：2021年3月，居住在A区的谢某向居住于W区的王某借款30万元，并约定谢某于2022年5月前偿还借款，双方在借款协议中未约定管辖条款。2022年8月王某将该项债权转让给了居住地在Y区的顾某，双方签订了债权转让协议，约定如发生纠纷，由Y区人民法院管辖，同时向谢某送达了债权转让通知书。顾某在多次催款无果的情况下向Y区人民法院提起诉讼，要求谢某履行还款义务并赔偿相应的利息。Y区人民法院告知顾某，应向合同履行地W区人民法院或被告住所地A区人民法院提起诉讼。

（三）民间借贷纠纷中一方当事人死亡，管辖如何确定？

若原借款合同中约定了管辖条款，此时不管是债权人的继承人，还是债务人的继承人，他们都既非原权利义务的签订人，也非权利义务的受让人，故原管辖条款对其不能产生约束力。若债权人死亡，继承人起诉原债务人，因继承人非原合同的当事人，其是因为继承原因而取得了合同的权利，故"接收货币一方所在地"，应根据合同原债权人的所在地来作判断。（见表4-4）

案例链接：贾某居住于X区，李某居住于R区。2021年5月，贾某与李某签订借款合同，约定贾某出借给李某100万元，李某在2022年5月前偿还，协议中未约定管辖和合同履行地。2022年8月，贾某因疾病死亡，其唯一法定继承人、居住于M区的贾小某依据该借款合同向李某主张债权。贾小某可向X区人民法院或R区人民法院提起诉讼。

借款人死亡后，出借人要求债务人的继承人在继承遗产的范围内承担清偿责任，将会出现两种法律关系：从原告的角度来看，其主张债权是基于借款合同，系民间借贷纠纷；从被告角度来看，需承担因继承遗产而产生的法定清偿责任，系被继承人债务清偿纠纷。此时，两种案由管辖之确定存在不同。借款合同的法定管辖点为合同履行地或被告住所地。而被继承人债务清偿纠纷属于专属管辖，法定管辖点为被继承人死亡时住所地或者主要遗产所在地。（见表4-4）

案例链接：居住于X区的王某出借给居住于S区的方某60万元，双方约定方某于2022年7月前偿还，并约定若发生争议，可向合同签订地R区人民法院提起诉讼。2022年11月，方某死亡（其死亡时户籍位于S区），王某多次向其继承人——居住于B区的妻子贾某和居住于L区的儿子方小某催要，均无果而终。遂向R区人民法院提起诉讼。R区法院在审查后告知王某，该案系被继承人债务清偿纠纷，适用专属管辖，仅方某死亡时住所地即S区法院对该案有管辖权，故王某应向S区法院起诉。

表4-4 民间借贷纠纷中当事人发生变动的管辖情形

当事人发生变动的原因		是否受原合同中约定管辖的约束	合同履行地的确定
债权转让		是	原债权人住所地为接受货币一方
一方当事人死亡	债权人死亡	否	原债权人住所地为接受货币一方
	债务人死亡	否	专属管辖，被继承人死亡时住所地或主要遗产所在地

（四）借款合同签订后，当事人住所地变更，如何确定管辖？

根据管辖恒定原则，管辖协议约定由一方当事人住所地法院管辖，协议签订后当事人住所地变更的，由签订管辖协议时的住所地人民法院管辖，但当事人另有规定的除外。

案例链接：注册地为K区的A公司向居住地为L区的张某借款100万元，出具借条一张，并约定若发生争议，可向公司注册地法院提起诉讼。后A公司注册地变更为F区。张某多次向A公司催要借款，A公司始终未履行还款义务。张某依法向K区人民法院提起诉讼。

请求权基础规范指引

处理民间借贷纠纷的法律依据主要是《民法典》合同编第12章，以及《最高人民法院关于审理民间借贷案件适用法律若干问题的规定》等相关规定。

四、快递服务合同纠纷

服务合同是指服务提供者与服务接受者之间约定的有关权利义务关系的协议。与买卖合同不同，服务合同的标的一般是提供服务而不是物的交付，服务产品具有非实物性、不可储存性和生产与消费同时性等特征。服务合同的一方主体多为专门从事服务业的自然人、法人或者非法人组织。多数服务合同具有人身性质，即必须由提供服务的义务方亲自履行合同，而不得委托他人履行。根据服务内容不同，可将服务合同分为若干类，如快递服务合同纠纷、旅游合同纠纷、教育培训合同纠纷、旅店服务合同纠纷、庆典服务合同纠纷等。在司法实践中，除物业服务合同之外，近年来快递服务合同纠纷、教育培训合同纠纷较为常见。

案由释义

快递服务合同是指明确经营快递业务的企业与寄件人之间权利义务关系的协议。

管辖规定

快递服务合同纠纷作为服务合同纠纷的下级案由，根据《民事诉讼法》第24条规定，除当事人另有约定外，由被告住所地或者合同履行地人民法院管辖。其中，对于合同履行地的判定需特别注意：对于争议标的为给付货币的，如快递服务企业主张快递费的案件，快递服务企业住所地为合同履行地；对于争议标的为其他标的的，如企业或个人基于快递变质、被冒领等主张损失赔偿的案件，快递服务企业作为履行义务一方，其住所地为合同履行地；对于快递服务合同没有实际履行的，若合同约定了履行地且当事人双方住所地都不在该约定地址，则由被告住所地人民法院管辖。

1. 快递服务合同纠纷与集中管辖规定的区别。快递服务合同纠纷作为服务合同纠纷的下级案由，由普通法院管辖；而涉及铁路运输、水路运输，需根据相关管辖规定，通常相应由铁路运输法院管辖或海事法院管辖。其中，以上海市闵行区人民法院为例，根据上海市高级人民法院、上海市人民检察院相关管辖规定，原属于闵行区管辖的一审航空、公路、水路等货物运输合同纠纷由上海铁路运输法院依法管辖（应由上海海事法院管辖的除外）。

2. 快递服务合同纠纷与货物运输合同纠纷管辖规定的区别。除约定外，快递服务合同纠纷由被告住所地或合同履行地人民法院管辖；而运输合同纠纷依据《民事诉讼法》第28条规定，由运输始发地、目的地或者被告住所地人民法院管辖，相较于"合同履行地"，运输始发地与目的地更具有确定性、指向性与唯一性。

📝 实践点击

（一）快递服务合同纠纷与相近合同纠纷如何区别？

快递服务合同纠纷系 2021 年起新增案由之一。2021 年 1 月 1 日，《最高人民法院关于修改〈民事案件案由规定〉的决定》实施，其中，"服务合同纠纷"项下变更"邮寄服务合同纠纷"为"邮政服务合同纠纷"，同时增加"快递服务合同纠纷"，使得"快递服务合同纠纷"成为第三级案由"服务合同纠纷"项下的第四级新案由。但需要特别注意如下内容。

1. 快递服务合同纠纷与邮政服务合同纠纷的区别。快递服务合同纠纷与邮政服务合同纠纷都是对原案由"邮寄服务合同纠纷"的修改与细化，两者的最大差异在于民事主体，"快递服务合同纠纷"系因经营快递业务的企业与寄件人之间权利义务关系的协议而引发的纠纷；而"邮政服务合同纠纷"系因邮政企业与用户之间相互权利义务关系的协议而引发的纠纷。

2. 快递服务合同纠纷与货物运输合同纠纷（特别是公路、水路、航空货物运输合同纠纷，以及联合运输合同纠纷）的区别。从实施过程来看，快递服务合同与货物运输合同均会涉及特定货物从起运点运输到约定地点，向收货人交付，并由托运人或收货人支付运费等流程。但一般情况下，两者主体有明显差异，快递服务合同特指经营快递业务的企业与寄件人之间权利义务关系的协议；而货物运输合同则主要是托运人与收货人之间权利义务关系的协议，无行业或主体类型的限制。

（二）快递公司由于自身过错导致快件丢失，收件人虽不是快递服务合同当事人，是否可以主张损害赔偿？

可以。在快递公司将寄送的物品丢失的情况下，收件人虽不是快递服务合同当事人，但当收件人对快件具有某项权利时，其可以侵权纠纷主张自己的权利。

案例链接：2019 年 9 月 13 日，原告习某委托其兄从江苏省昆山市由本案被告某快递公司发送原告的驾驶证、身份证、从业资格证到江苏省镇江市。上述物品到达镇江市以后，被告没有按照快递单上的地址送到原告处，造成原告上述证件丢失。证件丢失后，原告无法正常工作上班，造成原告误工损失。另原告为补办证件往返各地产生部分车旅费用。损失发生后，原告与被告协商赔偿未达成一致，故诉至法院要求判令被告向原告支付各项损害赔偿共计 20,000 元。法院审查后认为，本案原告刁某并非快递服务合同当事人，基于合同的相对性，其不能以快递服务合同为由要求被告承担违约责任，但其各项证件因被告未充分履行送货义务导致丢失后，刁某作为快件的物权人可以主张财产损害赔偿责任，故法院可以受理。

五、教育培训合同纠纷

案由释义

教育培训合同是指受教育者交纳学习培训费用到学校等培训机构接受教育，两者之间形成民事法律关系的协议。受教育者享有受教育培训的权利，同时负有交纳费用、遵守规章制度、配合教育培训机构教育培训的义务；学校等培训机构享有在符合相应法律法规的前提下一定的教育自主权与对学生的管理权、收取学杂费的权利，同时负有按照相关教育法律法规以及与学生之间的约定为受教育培训者提供教学的义务。

管辖规定

根据《民事诉讼法》第 24 条的规定，因服务合同纠纷提起的诉讼，除当事人另有约定外，由被告住所地或者合同履行地人民法院管辖。

实践点击

（一）如何区分教育培训合同与技术培训合同？

合同当事人之间权利义务的内容决定双方法律关系的性质。技术培训合同纠纷是指当事人一方委托另一方对指定的学员进行特定项目的专业技术训练和技术指导所订立的合同而发生的纠纷，不包括职业培训、文化学习和按照行业、法人或者其他组织的计划进行的职工业余教育纠纷。因此，在区分教育培训合同与技术培训合同时，应就合同当事人之间权利义务的内容做综合考量，从而明确双方法律关系的性质。

案例链接： 2013年4月20日，原告陆某作为甲方与被告TK公司作为乙方签订《IT技术服务（培训）协议》，协议内容为，甲乙双方友好协商，就乙方向甲方提供相关技术服务达成以下协议：（1）甲方需要乙方提供服务的培训课程为CCIE/Voice认证（SK认证高级语音工程师）。（2）甲方需缴纳的服务费用为29,825元。（3）甲方在签订本协议时需填写课程服务申请表，同乙方约定课程服务时间并申请特别服务要求，乙方应根据甲方的意愿并结合自身情况合理安排，制定教学计划并提供优质课程服务。服务期间，应定期关注甲方的学习情况并虚心听取甲方意见。甲方也应据此安排按时参加乙方提供的服务。未获乙方同意而缺课的，将不另行安排补课……（7）本课程服务期限为一年半，即甲方需在一年半内参加完所有课程学习，特殊情况需延长的，需取得乙方书面同意。协议签订后，原告向被告缴纳CCIE/Voice课程咨询费29,825元。

被告的宣传册显示，Cisco课程体系包含CCNA（SK认证网络工程师）、CCNP（资深网络工程师）、CCIE（网络工程专家），CCNA为初级，CCNP为中级，CCIE为高级。被告于2014年4月27日起每周六开课，原告上课至2014年7月27日，共参加培训8次。

此外，被告TK公司的工商登记信息显示其经营范围为：计算机系统集成，计算机领域内的技术咨询、技术服务，计算机软件的开发，计算机软硬件、计算机网络设备、办公设备与耗材、电子设备的销售。

现原告陆某起诉称，原被告于2013年4月20日签订《IT技术服务（培训）协议》，原告按约支付服务费用29,825元，但被告至起诉时未依约向原告提供任何服务，由于被告所提供的是技术咨询服务，收取的是技术咨询费，原告以技术培训合同为由起诉至法院。法院审查后认为，从双方所签订的协议、收费收据所载内容显示，以及原告根据被告的安排参加每周末授课的客观形式，足以认定原、被告间建立了教育培训合同关系，故依法变更本案案由为教育培训合同纠纷。

（二）教育培训合同中教育培训机构的披露地址能否作为其住所地依据？

根据《民事诉讼法解释》第 3 条的规定，法人或者其他组织的住所地是指法人或者其他组织的主要办事机构所在地。法人或者其他组织的主要办事机构所在地不能确定的，法人或者其他组织的注册地或者登记地为住所地。法人登记应当具有公示公信效力，以案涉合同载明的当事人披露地址认定其住所地，系适用法律不当。在起诉与受理阶段，在无其他证据材料用以证明当事人主要办事机构所在地的情况下，登记住所地可以认定为该当事人住所地。最高人民法院在（2023）最高法民辖 3 号民事裁定、（2023）最高法民辖 46 号民事裁定中，对当事人合意以披露地址确定当事人住所地的问题予以明确。因此，教育培训合同中，若教培机构在合同中披露的地址并非其主要办事机构所在地或者注册登记地，则不宜作为确定其住所地的依据。

案例链接： 2022 年 1 月 6 日，原告陈某作为甲方与被告某英语培训有限公司作为乙方签订了一份英语课程培训合同，约定被告为原告 8 岁的女儿提供每周末下午 3 小时的英语课程教育培训，为期 4 个月。合同中约定若产生纠纷，由乙方所在地法院管辖，并披露乙方地址为上海市 A 区 B 街道 C 号。同时，原告起诉时一并提交了被告的工商登记信息，该工商信息显示，被告（合同乙方）的注册地址位于上海市 D 区 E 街道 F 号，现原告起诉至上海市 A 区人民法院要求解除与被告的服务合同并退还培训费用。法院审查后认为，该案合同虽然约定了由合同乙方所在地法院管辖，并且合同中披露的乙方地址位于 A 区，然而乙方实际注册地位于 D 区且原告未提交证据材料证明乙方主要办事机构所在地位于 A 区，根据最高人民法院的相关裁判，当事人合意披露的 A 区地址不能作为确定乙方所在地的依据，故 A 区人民法院对该案无管辖权，不能受理该案。

请求权基础规范指引

处理服务合同纠纷的法律依据主要是《民法典》《律师法》《邮政法》《消费者权益保护法》《会计法》《食品安全法》《旅游法》《娱乐场所管理条

例》《保安服务管理条例》《殡葬管理条例》等相关规定。

六、建设工程合同纠纷

案由释义

建设工程合同，是指承包人进行工程建设，发包人支付价款的合同。按照工程建设的基本阶段划分，建设工程合同分为勘察合同、设计合同、施工合同。

建设工程勘察合同，是指发包人与勘察人为完成建设工程地理、地质等情况的调查研究工作而达成的协议。

建设工程设计合同，是指发包人与设计人就完成建设工程设计工作而达成的协议。它一般包括两种合同，一种是初步设计合同，即在建设项目立项阶段，设计人为项目决策提供可行性资料的设计而与筹建单位签订的初步设计合同；另一种是在国家计划机关批准立项之后，设计人与筹建单位就具体施工设计达成的合同。

建设工程施工合同，是指发包人（建设单位）和承包人（施工单位）为完成商定的建设施工工程，明确相互间的权利、义务的协议。

管辖规定

《民事诉讼法》第34条第1项规定，因不动产纠纷提起的诉讼，由不动产所在地人民法院管辖。《民事诉讼法解释》第28条第2款规定，农村土地承包经营合同纠纷、房屋租赁合同纠纷、建设工程施工合同纠纷、政策性房屋买卖合同纠纷，按照不动产纠纷确定管辖。

建设工程施工合同纠纷，不限于《民事案件案由规定》"建设工程合同纠纷"项下的第三个第四级案由"建设工程施工合同纠纷"，应当包括该项下的建设工程施工相关的案件：建设工程施工合同纠纷、建设工程价款优先受偿权纠纷、建设工程分包合同纠纷、建设工程监理合同纠纷、装饰装修合同纠纷、铁路修建合同纠纷、农村建房施工合同纠纷。

按照不动产纠纷确定管辖的"建设工程分包合同纠纷"主要针对的是施工人承包建设工程后的分包合同，对于勘察承包人、设计承包人承包建设工程后的分包合同，应按照合同纠纷确定管辖，由被告住所地或合同履行地人民法院管辖。

实践点击

（一）建设工程施工合同与承揽合同的区别？

建设工程合同除了具有一般承揽合同的法律性质，两者之间也有明显的区别。

1. 主体要求不同。建设工程项目经过可行性研究、立项规划审批等，发包人应具备发包资格。施工主体实行市场准入制度，承包人必须是具备相应资质的法人。并且，承包人按其拥有的注册资本、专业技术人员、技术设备和完成的建筑业绩等资质条件，分为不同等级，只有取得相应的资质等级，才能在其资质等级许可的范围内承包相应的工程。而承揽合同则对主体没有特殊要求，可以是法人，也可以是自然人。这是区分建设工程合同与承揽合同的重要依据。

2. 合同要式不同。《民法典》第789条要求建设工程合同采取书面形式，这是国家对基本建设实行监管的需要，也是建设工程合同的签订大多经过招标投标程序，履行经常需要发包人派驻工地代表、监理工程师等特点所要求的。承揽合同可采取书面形式，也可采取口头形式。

3. 标的物的使用功能不同。建设工程施工合同标的物应附着于土地，不便移动，或者即使可以移动也将改变其价值或使用价值，多伴有对标的物的建造、附属设施、配套线路管道等设备的安装。承揽合同法律关系项下，涉诉标的物的安装、拆卸并不影响建筑物的使用价值。

案例链接： S公司（乙方）与H公司（甲方）签订了《后勤综合楼项目铝合金门窗工程分包合同》，合同暂定总价为1,180,000元，工程地点位于Y区。合同中约定：如发生争议，可向甲方所在地法院提起诉讼。S公司已于2022年12月完工，而H公司仅于2022年6月支付了预付款。S公司依据承揽合同纠纷，按照协议管辖的规定，向H公司所在地法院提起诉讼。

建设工程施工合同为广义上承揽合同的一种，属于承揽完成不动产工程项目的合同。其合同标的一般限于基本建设工程，即主要作为基本建设工程的各类建筑物、地下设施、附属设施的建筑，以及对线路、管道、设备进行的安装建设。因此，工程建设中涉及对相关设施、附属设施的建筑，以及对线路、管道、设备进行安装的均为建设工程施工合同。故，本案S公司与H公司签订的铝合金门窗工程分包合同，内容系后勤综合楼项目建设工程中对该工程门窗的制作及安装，属于建设工程施工合同，应当按照专属管辖的规定，由Y区人民法院审理。

（二）建设工程分包合同与劳务合同的区别？

1. 合同标的不同。专业分包是针对地基与基础设施、土石方工程、建筑装饰装修工程、消防设施工程、建筑防水工程等60种方式的专业承包。劳务作业分包的种类主要包括木工、砌筑、抹灰、石制作、油漆、钢筋、混凝土、脚手架、模板、焊接、水暖电、架线作业等13种。比较可见，专业分包合同的标的是建筑工程中非主体、非关键性的工程，劳务分包合同的标的是劳务作业，技术含量低，与工程成果无关。

2. 施工内容不同。在工程分包中，第三人以自己的设备、材料、劳动力、技术等独立完成工程，而在劳务分包中，第三人提供的仅是劳动力，分包人提供技术和管理，两者结合才能完成工程。

3. 权利主张不同。工程分包合同中承包人主张的价款包括工人工资、管理费、劳动保护费、各项保险费、低值易耗材料费、工具用具费、文明施工及环保费中的人工费、利润、税金等。劳务合同中提供劳务的个人只能主张劳务报酬。

案例链接：

案例一：A公司与R研究院签订了《建设工程施工合同》，约定将新建1号楼的工程发包给A公司施工。A公司后又与M公司签订《建设工程分包合同》，将工程中的副框、不锈钢扶手、镀锌方管围墙、雨篷等工程发包给M公司施工，工程暂定造价为1,303,400元。因完工后A公司拖欠工程款，M公司向法院提起诉讼。本案中M公司系对在建工程进行副框、不锈钢扶手等进行安装，属于建设工程分包合同纠纷。

案例二：Z建设有限公司承建位于H区的红星设计院一期工程，将其中部分工程分包给D建设工程有限公司，D建设工程有限公司与李某签订劳务施工合同，约定将该工程二标段2#地块（12栋）电气工程分包给李某，合同约定每平方米单价为27.5元，结算平方量以竣工图为准。后因D建设工程有限公司拒不支付工程款，李某遂向工程所在地H区人民法院提起诉讼，请求D建设工程有限公司与Z建设有限公司支付其劳务费553,686元。

本案中，从李某起诉提供的案涉合同内容看，李某以包清工的形式承包施工，预埋安装红星设计院一期工程二标段2#地块电气工程，涉及配电箱、设备、线缆、管线、灯具、开关、插座等所有电气系统预留。同时，案涉合同约定"D建设工程有限公司对工程质量、技术、进度、环境、职业健康、安全、文明施工及成本进行全面控制"，"随时检查工程进度、质量、环境、职业健康、安全及文明施工，对工程施工进行全过程控制；组织生产例会，协调安排整个工程生产；组织对工程对施工验收和工程技术资料的收集、汇总；组织安排工程移交的维修保修工作；在乙方进场一周内，对乙方进行书面对环境及职业健康、安全教育、技术及现场文明施工教育、成品保护教育"。从上述合同约定来看，D建设工程有限公司对李某的工作有管理、监督、教育等职责，而建设工程通常具有资金投入量大、工程复杂、技术含量高、专业性强的特点，尤其是建设工程的质量不仅涉及发包人的利益，而且关系到社会上不特定第三人的人身财产安全，甚至关系到国计民生和社会稳定。因此，法律对建设工程施工合同承包人的主体资格有特殊要求，在建设工程施工合同中，发包人与承包人之间具有相对的独立性。故本案不属于建设工程施工合同纠纷，而应确定为劳务合同纠纷，应由被告住所地法院管辖。

（三）家居舒适系统工程合同，如家用中央空调、新风系统等安装合同，是否属于建设工程施工合同？

参照上海市高级人民法院印发的《建设工程施工合同类案办案要件指南》，家居舒适系统工程合同的主要权利义务涉及的是设备的质量、附带的安装及保修服务，并不涉及建筑物主体及承重结构的变动，不具备建设工程合同的特点，对施工人业务资质也无要求。因此根据合同约定的主要内容来区分，归属于买卖合同或承揽合同。

📝 请求权基础规范指引

处理建设工程合同纠纷的法律依据主要是《民法典》合同编第 18 章。此外，还包括《建筑法》《建设工程安全生产管理条例》《建设工程勘察设计管理条例》《建设工程质量管理条例》《最高人民法院关于审理建设工程施工合同纠纷案件适用法律问题的解释（一）》等相关规定。

七、房屋买卖合同纠纷

📝 案由释义

房屋买卖合同是指出卖人将房屋所有权转移给买受人，买受人支付价款的合同。此处的房屋，包含了商品房、经济适用房、房改房、农村房屋等各类性质的房屋。

商品房预售合同是指房地产开发企业将正在建设中的房屋预先出售给承购人，承购人支付定金或房屋价款的合同。

商品房销售合同是房地产开发企业将已竣工的房屋向社会销售所有权于买受人，买受人支付价款的合同。

商品房委托代理销售合同是指房地产开发企业将开发的商品房委托给中介机构代理销售，并向中介机构支付酬金的合同。

📝 管辖规定

《民事诉讼法》第 24 条规定，因合同纠纷提起的诉讼，由被告住所地或者合同履行地人民法院管辖。

关于被告住所地，《民事诉讼法》第 22 条第 1 款规定，对公民提起的民事诉讼，由被告住所地人民法院管辖；被告住所地与经常居住地不一致的，由经常居住地人民法院管辖。《民事诉讼法解释》第 3 条规定，公民的住所地是指公民的户籍所在地，法人或者其他组织的住所地是指法人或者其他组织的主要办事机构所在地。法人或者其他组织的主要办事机构所在地不能确定的，法人或者其他组织的注册地或者登记地为住所地。

关于合同履行地，《民事诉讼法解释》第18条进行了详细的列举：合同约定履行地点的，以约定的履行地点为合同履行地。合同对履行地点没有约定或者约定不明确，争议标的为给付货币的，接收货币一方所在地为合同履行地；交付不动产的，不动产所在地为合同履行地；其他标的，履行义务一方所在地为合同履行地。即时结清的合同，交易行为地为合同履行地。合同没有实际履行，当事人双方住所地都不在合同约定的履行地的，由被告住所地人民法院管辖。

在各类房屋买卖合同纠纷中，有一种合同适用专属管辖的规定。根据此规定，当事人若产生纠纷，应诉至房屋所在地法院。《民事诉讼法》第34条第1项规定，因不动产纠纷提起的诉讼，由不动产所在地人民法院管辖。《民事诉讼法解释》第28条第2款规定，农村土地承包经营合同纠纷、房屋租赁合同纠纷、建设工程施工合同纠纷、政策性房屋买卖合同纠纷，按照不动产纠纷确定管辖。故，政策性房屋买卖合同纠纷，不适用合同纠纷地域管辖规定，而是由不动产所在地法院管辖。

📝 实践点击

（一）凡涉及不动产纠纷皆由不动产所在地法院管辖？

《民事诉讼法》第34条第1项规定，因不动产纠纷提起的诉讼，由不动产所在地人民法院管辖。根据《民事诉讼法解释》第28条第1、2款，《民事诉讼法》第34条第1项规定的不动产纠纷是指不动产权利的确认、分割、相邻关系等引起的物权纠纷。农村土地承包经营合同纠纷、房屋租赁合同纠纷、建设工程施工合同纠纷、政策性房屋买卖合同纠纷，按照不动产纠纷确定管辖。因此，并非所有涉及不动产的纠纷皆由不动产所在地法院管辖。

《民事诉讼法解释》第18条第2款规定，交付不动产的，不动产所在地为合同履行地。适用此规则确定由房屋所在地法院管辖的案件，是遵循了一般的地域管辖规定，而非适用了专属管辖的规定。

案例链接： 李某与M公司签订商品房买卖合同，约定M公司于2022年

6月1日前向李某交付符合交付条件的房屋，合同中对管辖未作约定。后因房屋漏水问题，李某拒绝于约定之日接收房屋，要求M公司进行整改。后M公司耗时一个月对房屋进行修复，双方进行房屋交接。李某以M公司迟延一个月交付房屋为由，主张M公司支付逾期交房违约金。此时，M公司所在地法院可为管辖法院。

（二）"交付不动产的，不动产所在地为合同履行地"在房屋买卖合同纠纷中应如何适用？

根据原告诉请并结合其在合同中履行的义务来确定。原告在诉请中必须主张"交付不动产"，不能仅因争议涉及不动产或由不动产引发纠纷，而认定不动产所在地为合同履行地。

案例链接： 崔某于2021年10月与W公司签订房屋买卖合同，约定购买位于S区金色花园小区1号楼101室房屋，W公司应当于2022年5月20日将竣工合格的房屋交付给崔某。合同签订后，崔某依约定支付房款，履行了全部义务。W公司未能按期交付房屋。2022年10月18日，崔某向S区人民法院提起诉讼，要求W公司向崔某交付S区金色花园小区1号楼101室并支付延期交房的违约金。

（三）凡在房屋买卖合同中约定了"房屋所在地法院管辖"，是否都能适用？

即使在合同中约定了"房屋所在地法院管辖"这样的条款，也不是所有案件都能适用。借以下案例进行分析理解。

案例链接： 杨某与张某签订房屋买卖合同，约定张某将位于S区开心花园小区1单元101室的房屋出售给杨某，售价320万元，双方在合同中约定"若卖方不配合办理房屋过户手续，买方可向房屋所在地法院提起诉讼"。协议签订后，杨某支付房款。后张某又与他人签订房屋买卖合同，导致一房二卖。杨某诉至S区人民法院，要求确认协议无效并返还房款。

S区人民法院在审查后认为，原告主张确认合同无效并返还房款，而非继续履行合同，故"若卖方不配合办理房屋过户手续，买方可向房屋所在地法院提起诉讼"的约定管辖条款不适用本案。杨某应向张某住所地M区人民法院提起诉讼。

本案系合同纠纷,当事人可以通过协议约定发生纠纷时的管辖法院。但该管辖条款在本案中不能适用的原因主要在于,协议管辖条款应做到精准适用。常见的约定管辖,一般为"发生争议,可向某某法院提起诉讼",这类表述具有概括性,受诉法院可以受理基于合同产生的一切争议。但本案中,买卖双方约定,"若卖方不配合办理房屋过户手续,买方可向房屋所在地法院提起诉讼",此时要根据当事人的诉讼请求来确定管辖法院。原告在本案中的诉请,是确认合同无效并返还房款,并非上述"继续履行合同",故协议管辖不适用于本案。由此可见,即使在合同中约定了"房屋所在地法院管辖"这样的条款,也不是所有案件都能适用。

(四)房屋买卖合同纠纷中,买方能否在诉讼请求中要求卖方按照合同约定迁出户口?

在二手房买卖纠纷中,当事人约定出卖人迁出户口,并由买受人迁入户口,但嗣后因出卖人拒不迁出户口而引发的纠纷时有发生。在该类案件中,买卖双方当事人虽然在合同中就户口迁移事宜作出了约定,但户口迁移涉及相关行政部门的审批制度,属于行政管理范畴,不属于民事案件的受理范围。因此当事人坚持主张迁移户口的,人民法院应裁定不予受理或驳回起诉。遇到此类情况,买受人可以要求出让人配合办理过户手续,并主张相应的违约金。

案例链接:张某于2022年11月将一套价值800万元的房屋卖给陈某,双方签订了买卖合同与补充协议,并在协议中约定,卖方在买方过户完30日内将房屋内户口迁出,每逾期一日,支付违约金100元,直至卖方将户口迁出。2023年3月,陈某取得房产证,但直至同年6月,张某仍未将户口迁出,陈某遂诉至法院。法院经审理,支持了陈某要求张某支付违约金的请求,而对于陈某要求张某迁出户口的诉请,因不属于民事案件受理范围,予以驳回。

(五)"借名买房"纠纷系合同纠纷还是确权纠纷?

借名买房是指房屋的实际出资者因为某种原因,不能或者不方便以自己的名义购买房屋,所以与他人协商一致,使用他人的名义购买房屋并进行登记的行为。借名人与权利登记人之间关于房屋所有权归属的约定只能约束合同双方当事人，没有直接设立房屋所有权的法律效力，因此借名人不能根据借名买房协议的约定直接取得房屋所有权。故，当借名人根据借名买房协议，以登记权利人为被告向法院提起诉讼，要求确认房屋归其所有，法院应当向其释明，告知其应提起合同之诉，要求出名人（登记权利人）按照合同约定为其办理房屋过户登记手续。

请求权基础规范指引

处理房屋买卖合同纠纷的法律依据主要是《民法典》物权编和合同编、《城市房地产管理法》、《土地管理法》、《城市房地产开发经营管理条例》、《最高人民法院关于审理商品房买卖合同纠纷案件适用法律若干问题的解释》等相关规定。

八、劳务合同纠纷

案由释义

劳务合同是指提供劳务的一方与接受劳务一方以书面、口头或者其他形式达成的协议，由一方当事人提供劳务，另一方按照约定给付报酬的合同。劳务合同纠纷即以一方当事人提供劳务为合同标的，在履行合同过程中，因劳务关系发生的纠纷。

管辖规定

因劳务合同纠纷提起的诉讼，适用合同纠纷案件管辖的一般原则，即除当事人另有约定以外，由被告住所地或合同履行地人民法院管辖。

实践点击

（一）未签订书面劳务合同，提供劳务者起诉要求支付劳务费，起诉人所在地法院是否具有管辖权？

有管辖权。《民事诉讼法》第 24 条规定，因合同纠纷提起的诉讼，由被告住所地或者合同履行地人民法院管辖。《民事诉讼法解释》第 18 条规定，合同约定履行地点的，以约定的履行地点为合同履行地。合同对履行地点没有约定或者约定不明确，争议标的为给付货币的，接收货币一方所在地为合同履行地；交付不动产的，不动产所在地为合同履行地；其他标的，履行义务一方所在地为合同履行地。即时结清的合同，交易行为地为合同履行地。合同没有实际履行，当事人双方住所地都不在合同约定的履行地的，由被告住所地人民法院管辖。

劳务合同纠纷案件中，双方如对合同履行地没有约定，因争议标的为给付货币，故应以接收货币一方所在地为合同履行地，即以起诉人的住所地为合同履行地，因此起诉人所在地法院有管辖权。

（二）未签订书面劳务合同，起诉人与被起诉人住所地均不在上海市 A 区，但起诉人在上海市 A 区为被起诉人提供劳务，起诉人起诉要求支付劳务费，上海市 A 区人民法院是否具有管辖权？

《民事诉讼法》第 24 条规定，因合同纠纷提起的诉讼，由被告住所地或者合同履行地人民法院管辖。被起诉人的住所地不在上海市 A 区，亦无充分证据显示被起诉人的经常居住地在上海市 A 区。《民事诉讼法解释》第 18 条规定，合同约定履行地点的，以约定的履行地点为合同履行地。合同对履行地点没有约定或者约定不明确，争议标的为给付货币的，接收货币一方所在地为合同履行地；交付不动产的，不动产所在地为合同履行地；其他标的，履行义务一方所在地为合同履行地。即时结清的合同，交易行为地为合同履行地。合同没有实际履行，当事人双方住所地都不在合同约定的履行地的，由被告住所地人民法院管辖。劳务合同纠纷案件中，双方如对合同履行地没有约定，因争议标的为给付货币，故应以接收货币一方所在地为合同履行地，故起诉人的住所地为合同履行地，但是起诉人的住所地亦不在上海市 A 区。综上，被告住所地及合同履行地均不在上海市 A 区，故上海市 A 区人民法院对该类案件无管辖权。

请求权基础规范指引

处理劳务合同纠纷的法律依据主要是《民法典》合同编的相关规定。

九、中介合同纠纷

案由释义

中介合同是中介人和委托人报告订立合同的机会或者提供订立合同的媒介服务，委托人支付报酬的合同。中介合同的主体包括中介人和委托人。接受委托、报告订立合同机会或者提供交易媒介的一方为中介人，给付报酬的一方为委托人。

《民法典》规定的中介合同有两类，一是以报告订约机会为内容的合同。报告订约机会是指中介人接受委托以后，将搜索到的信息报告给委托人，从而为其提供订立合同的机会。二是以充当订约媒介为内容的合同，即中介人接受委托以后，不仅要向委托人报告订约机会，还要居中斡旋，充当委托人与第三人沟通的媒介，努力促成其合同成立。

此外，值得注意的是，中介合同的委托人可以是任何自然人或法人，而中介人一般是经过有关国家机关登记核准的从事中介营业的法人或公民；中介合同是诺成、双务、不要式合同；中介合同为有偿合同，根据《民法典》第965条的规定，委托人在接受中介人的服务后，利用中介人提供的交易机会或者媒介服务，绕开中介人直接订立合同的，应当向中介人支付劳动报酬。本案由所指中介行为不包括婚姻中介与技术中介。

管辖规定

中介合同纠纷案件，按照合同纠纷案件的一般管辖原则，即若未约定管辖，则由被告住所地或合同履行地法院管辖。

实践点击

如何区分中介合同纠纷与委托合同纠纷？

司法实践中，中介合同与委托合同因外在表现形式相似，常会使人产生混淆，两者的区别主要包括以下几个方面。

1. 合同主体资质不同。委托合同中对合同主体的资质不作要求；特殊的中介交易活动中，对中介人的资质有所要求，比如房产中介、劳务中介。

2. 法律地位不同。委托合同中的受托人在处理委托事务时，有权在委托权限内独立表示，对委托事务的处理有一定的独立决策权。中介合同中的中介人，不涉及客户与第三方的订约活动，只能如实传达双方的意思表示，处于"中间人"地位。

3. 委托内容不同。委托合同中，委托内容包括法律事务，也包括经济事务和单纯的事实行为；而中介合同中，中介人的服务内容仅限于向委托人报告订约机会或介绍委托人与第三人订约。

4. 合同是否有偿不同。委托合同可以有偿，也可以无偿，受托人为处理委托事务而支付的合理费用须由委托人承担；而中介合同一般为有偿合同。

案例链接：

案例一：2020年1月至3月，A公司向陈某推荐了数套房屋，并于2020年3月15日带陈某及其家人杨某看了涉案房屋，当日陈某即与A公司签署了《看房确认书》。《看房确认书》中确定了双方的权利义务、A公司独家居间人的地位，并约定了周某与卖方签订买卖合同（无论通过何种渠道成交），应按售价2%支付"报告居间报酬"，若实际成交后，还需另行支付2%的"媒介居间报酬"。2020年4月10日，陈某家人杨某以自己的名义绕过A公司直接与卖方签订了房屋买卖合同，A公司了解情况后遂将陈某及其家人杨某诉至法院要求其支付中介费用。该案案由应确定为中介合同纠纷。

案例二：2020年8月，金某告知张某A银行的期货、信托投资项目前景可观，回报率高，其亲友均通过其操作获取了很高的投资回报收益，如果张某有兴趣，可以委托其操作盈利。张某出于信任，与金某达成委托理财的合意，双方约定张某委托金某投资，并约定了回报率与利润分成，次日张某交付了金某投资款数万元。2020年年底，金某告知张某目前项目已有盈利，但需要再投入之后一起计算利润，2021年6月张某要求金某履行分红，金某推脱，张某一再追问，金某回复实际并未按照受托事由履行投资义务，张某要求金某返还投资款，金某不予理会且避而不见。故张某诉至法院要求解除与金某的委托理财合同关系，并要求金某返还投资款以及期间的资金占用费。

该案案由应确定为委托合同纠纷。

📝 请求权基础规范指引

处理中介合同纠纷的法律依据主要是《民法典》合同编第 26 章。此外，《最高人民法院关于审理期货纠纷案件若干问题的规定》第 10 条用于调整期货公司、客户与居间人之间的关系，《城市房地产管理法》第 4 章第 5 节对房地产中介服务作出了相关规定。

十、不当得利纠纷

📝 案由释义

不当得利是指得利人没有合法根据取得利益而使他人受损失的事实。不当得利事实中取得不当利益的一方称为得利人，受到损失的一方称为受损人。受损人为债权人，得利人为债务人。不当得利的事实发生以后，依据法律规定，造成他人损失的一方，应将取得的不当得利利益返还受损失的人，取得不当利益的人对受损人的这一返还义务，就是法律规定的因不当得利所生之债。

不当得利的常见情形包括：一是民事法律行为不成立、无效及被撤销所产生的不当得利。二是履行不存在的债务所引起的不当得利。三是因合同解除产生的不当得利。四是基于受益人、受害人或第三人行为而产生的不当得利。五是基于事件而产生的不当得利。

📝 管辖规定

因不当得利纠纷提起的诉讼适用一般地域管辖，由被告住所地人民法院管辖；被告住所地与经常居住地不一致的，由经常居住地人民法院管辖。

📝 实践点击

（一）审查不当得利诉讼请求时，如何判断是否属于民事诉讼的受理范围？

由于不当得利的形成原因多种多样，不免涉及行政管理、刑事追赃、刑事附带民事责任或执行程序，故在审查不当得利诉讼请求时，需进一步判断该诉求是否应当通过其他程序解决。常见的如涉村民自治、土地使用权争议、受案后发现有经济犯罪嫌疑以及应属行政诉讼等情形，均不能以不当得利为案由予以受理。

案例链接：陶某是 A 区林业局 1－4 级工伤退休人员张某的供养家属。2009 年 12 月，A 区林业局向 A 区社保局（该案原告）为被告陶某申请供养亲属定期待遇，原告审核后，被告符合供养亲属条件。原告自 2011 年 1 月起向被告发放供养亲属抚恤金，至 2017 年 6 月，被告月领取金额达 1060 元。2017 年，原告进行工亡供养亲属与城镇职工养老保险跨省重复领取核查工作时，发现被告陶某于 2008 年 1 月即在 B 区社保局享受养老保险待遇，月养老金为 1330 元。原告认为被告重复领取社保待遇，经催收无果，故起诉至法院，要求被告返还 2011 年 1 月至 2017 年 6 月重复领取的工伤职工供养家属抚恤金 66,980 元。法院审查后认为，原告 A 区社保局向被告陶某发放工亡职工供养亲属抚恤金的行为不是平等民事主体之间的民事行为，认定被告工伤供养亲属抚恤金是否应当发放不属于人民法院民事诉讼受理范围，原告在享受养老金待遇后继续领取供养亲属抚恤金是否属于重复领取社保基金以及重复领取如何处理的相关问题，均由社保机构进行审查和处理。故该案依法应当由行政机关依法依规进行处理，不属于人民法院民事案件受理范围，裁定驳回起诉。

（二）如何审查提起不当得利纠纷诉讼是否构成重复起诉？

"一事不再理"是民事诉讼中的重要原则，同一案件事实可能构成若干实体请求权，并形成相对应的若干诉讼标的。因此，若发生请求权竞合，当事人针对同一案件事实，通过变更实体请求权的方式重复诉讼，法院应就案件的事实理由、请求权基础、诉讼标的、诉讼请求等因素综合考量，判断当事人提起的不当得利请求权是否为对前诉结果的实质否定，若构成重复起诉，则不予受理。

案例链接：朱某与陶某系母女关系，陶某于 2007 年 2 月 9 日将日币 4,943,736 元汇款给朱某作为养老之用，后朱某认为日币存款利率没有人民币存款利率高，故在 2007 年 6 月 25 日通过中国银行将上述日币兑换为人民币304,682.15元，并先后办理3个月、6个月的定期存款和购买基金产品。在陶某的要求下，2009年6月3日，朱某将基金全部赎回。2009年6月5日，除自留人民币10,006元外，朱某将304,682.15元连同利息、部分基金红利共计人民币315,000元汇款到陶某的账户，由陶某代为保管。之后，朱某起诉陶某要求返还被骗去代为保管的315,000元，因考虑诉讼风险，朱某撤诉。其后，陶某又以委托合同为由起诉朱某要求返还10,006元及利息，法院驳回了陶某的诉讼请求。2022年12月，陶某再次起诉朱某要求返还10,006元，认为该款项构成不当得利，被告应予返还。法院经审查后认为，陶某提起的不当得利之诉与前述委托合同当事人相同，均为陶某与朱某；虽然陶某在本案中主张以不当得利作为基础法律关系，而在前案中以委托合同作为基础法律关系，但两案诉讼标的均为朱某向陶某汇款31.5万元而产生的民事权利义务关系，陶某在不当得利之诉中所主张的事实已在前案委托合同之诉中予以实体审查并作出裁决，陶某在不当得利纠纷中提出的诉讼请求属于实质上否定前述裁判结果。综上，陶某提起的不当得利之诉构成重复起诉，不予受理。

（三）不当得利返还请求权与物权请求权中的原物返还请求权如何区分？

在司法实践中，不当得利请求权与原物返还请求权常会发生竞合，二者在表现形式上亦容易被混淆。具体而言，可以从以下几方面对二者进行区分：一是原物返还请求权旨在恢复物的圆满状态，保护物权人的利益，原物返还请求权作为物权请求权的一种类型不能脱离物权而存在，不能让与；不当得利返还请求权作为债权请求权，原则上是可以让与的。二是原物返还请求权的标的仅指物和物的孳息；不当得利返还请求权的标的包括金钱、物、孳息等。

请求权基础规范指引

处理不当得利纠纷的法律依据主要是《民法典》第122条、第468条、第985条、第986条、第987条、第988条。

十一、确认合同效力纠纷

📝 案由释义

合同效力，是指法律赋予依法成立的合同具有约束当事人各方乃至第三人的强制力。根据《民法典》的规定，当事人订立的合同可能是有效、无效、可撤销或者效力待定等状态。

（一）确认合同有效纠纷

合同有效，是指法律对当事人签订的合同予以肯定评价，可以发生当事人订立合同时所预期的法律效果，当事人各方都应该受合同约束，承受依据合同约定产生的权利义务。

（二）确认合同无效纠纷

合同无效，是指法律对当事人签订的合同予以否定性评价，当事人订立合同时所预期的法律效果不能实现，但可能会因此承担返还原物、赔偿损失等法定的权利义务。根据《民法典》第 146、153、154 条的规定，行为人与相对人以虚假的意思表示实施的民事法律行为，违反法律、行政法规的强制性规定的民事法律行为，违背公序良俗的民事法律行为以及行为人与相对人恶意串通，损害他人合法权益的民事法律行为无效。

📝 管辖规定

《民事诉讼法》第 24 条规定，因合同纠纷提起的诉讼，由被告住所地或者合同履行地人民法院管辖。

📝 实践点击

（一）合同外第三人是否有权确认合同无效？

若合同约定事项与合同外第三人有利害关系，则合同外第三人有权向法院提起确认合同无效之诉，进而保护自己的合法权益。如以合同相对性为由禁止与该合同约定事项有利害关系的第三人提起确认合同无效诉讼，则该第三人的合法权益将不到保障,有违法律制定的初衷。在这里需要特别注意一点,《民事诉讼法》第 122 条第 1 项规定,原告是与本案有利害关系的公民、法人和其他组织。因此,第三人作为原告诉请确认合同无效,第三人应与当事人之间合同约定事项有法律意义上的直接利害关系,即第三人与当事人之间合同法律关系存在牵连。

案例链接: 戴某与张某系夫妻。张某与李某经人介绍认识,后发展为情人关系。张某自 2021 年 3 月至 2022 年 9 月先后通过微信转账、银行卡转账等方式共向李某转款 50 万元。2011 年 10 月戴某发现两人关系后,向法院提起诉讼,要求确认张某赠与李某 50 万元款项的行为无效,并要求李某向戴某返还赠与款。

(二)确认合同效力纠纷中,"合同履行地"如何确定?

单纯地请求确认合同效力或者请求解除合同的诉讼,其争议标的并非合同中的具体义务,而是合同是否有效或者合同法律关系是否解除的问题,此类合同纠纷就不能按照《民事诉讼法解释》第 18 条第 2 款来确定合同履行地。对此,当事人对合同履行地有约定的,可以按照约定的履行地来确定管辖法院;对合同履行地没有约定或者约定不明的,只能由被告住所地人民法院管辖。

案例链接: 胡某(经常居住地为 A 区)由于缺少资金,经人介绍提议与李某(经常居住地为 W 区)签订了虚假的房屋买卖合同,以获取银行贷款。2021 年 11 月,胡某与张某就 S 区花园小区 201 室房屋签订了房屋买卖合同,并于 2022 年 3 月在房地产交易中心办理了过户及抵押手续。签订买卖合同后,胡某仍居住在该套房屋内。2022 年 9 月,胡某发现李某于 2022 年 7 月 2 日擅自补办了房屋产权证书并于当月 10 日与案外人王某办理了债权数额为 25 万元的房屋抵押手续。后胡某诉至 W 区人民法院,要求确认其与李某签订的房屋买卖合同无效。

📝 请求权基础规范指引

处理确认合同效力纠纷的法律依据主要是《民法典》总则编第 6 章、合同编及其他法律、行政法规中涉及合同效力的规定以及最高人民法院关于合同效力的司法解释规定。

十二、民间委托理财合同纠纷

📝 案由释义

民间委托理财，又称非金融机构委托理财，是指客户将资产交给资产管理公司、投资咨询公司、一般企事业单位等非金融机构或自然人，由非金融机构作为受托人的委托理财形式。

📝 管辖规定

民间委托理财合同纠纷适用《民事诉讼法》中关于合同纠纷管辖的一般规定。《民事诉讼法》第35条规定，合同或其他财产权益纠纷的当事人可以书面协议选择被告住所地、合同履行地、合同签订地、原告住所地、标的物所在地等与争议有实际联系的地点的人民法院管辖，但不得违反本法对级别管辖和专属管辖的规定。

《民事诉讼法》第24规定，因合同纠纷提起的诉讼，由被告住所地或者合同履行地人民法院管辖。

📝 实践点击

（一）民间委托理财合同与民间借贷如何区别？

委托理财合同性质上属于委托合同的一种，其应适用委托合同的相关规定；而借款合同属于《民法典》规定的有别于委托合同的有名合同。针对合同中是否存在委托理财业务，在借款合同中，出借人将资金借给借款人后，不得干预借款人正常地运用资金的行为；而在委托理财合同中，受托人要严格按照委托人的指示来从事委托理财行为，以有效地保障客户资产的增值。在借款合同中，利息有法律规定的标准，而且是固定的；但委托理财合同的收益是不固定的且该收益的比例完全可以由当事人自己来约定。

（二）民间委托理财合同与委托合同如何区别？

1. 合同标的不同。委托理财合同中的委托事务仅限于由受托人代为理财。委托合同的标的十分广泛，除依照法律规定或公序良俗不得委托的事务，以及依照事务本身的性质不得委托的事务（如收养子女），均可委托他人办理。

2. 是否有偿不同。委托合同可以是有偿合同也可以是无偿合同。委托理财合同的受托人往往是非金融机构，通过代客理财获得报酬或收益。

3. 委托后果的承担不同。委托合同以委托人承担处理事务后果作为一般原则。委托理财合同中双方经常约定委托人不承担因受托人的理财行为造成的损失。

请求权基础规范指引

民间委托理财合同具有委托合同的一般特征，因此处理该类纠纷的法律依据主要是《民法典》合同编第 23 章。

十三、缔约过失责任纠纷

案由释义

缔约过失责任是指合同订立过程中，一方因违背其依据诚实信用原则所产生的义务，致使另一方的利益受损，从而应承担的损害赔偿责任。缔约过失责任的成立须具备以下四个条件：（1）缔约当事人违反了告知、照顾、保护、通知、协助、保密等先合同义务；（2）缔约相对方有损害事实；（3）违反先合同义务的一方存在过错；（4）行为过错与损失之间存在因果联系。

管辖规定

根据《民事诉讼法解释》第 18 条第 3 款，合同没有实际履行，当事人双方住所地都不在合同约定的履行地的，由被告住所地人民法院管辖。因此，缔约过失责任纠纷按照《民事诉讼法》第 22 条，由被告住所地法院管辖。

民事案件高频案由立案审查精要

📝 实践点击

合同有效并已实际履行，能否主张缔约过失责任？

根据法律规定，当事人一方在订立合同的过程中实施违背诚信原则的行为应承担缔约过失责任，这并未强调先合同义务的违反必须以合同无效、撤销、不成立为前提，合同有效成立的情形下适用缔约过失责任并未超出现行法律规范的含义，具有理论依据。

案例链接：2015 年 10 月 22 日，G 公司向 L 公司发送邮件一封，表示其将于 2016 年 6 月 14 日至 2016 年 6 月 16 日举办上海国际航空维修及工程技术展，该邮件附件一为展位图，附件二为部分参展企业名录，显示参展企业数量为 152 家。基于此，L 公司于 2016 年 1 月 22 日与 G 公司签订《申请表与协议》，约定了参展形式、展位、参展费用。协议签订后，L 公司支付了参展费用并进行了展台设计，并派员参展。但 L 公司参展后发现，涉案上海国际航空维修及工程技术展系上海国际航空服务产业博览会的一个主题展会，后者系开放性展会，共有 125 家参展商参展，而涉案上海国际航空维修及工程技术展仅有 12 家参展商参展。因此，L 公司以 G 公司违反诚信为由诉至法院，请求 G 公司赔偿各项损失共计 58,045.7 美元。[①]

上海市浦东新区人民法院认为，本案为展览合同纠纷，展会的规模、参展商的数量对参展商决定是否参与展会具有重要影响，通常是参展商需要考虑的首要和基本要素。G 公司作为专业从事会展服务的企业，理应能够区分招展对象与参展企业，同时作为招展方，其有义务向参展企业披露真实的参展企业信息。因此，在招展过程中，G 公司将招展对象标明为参展企业而通知 L 公司的行为显然存在过失，属于提供虚假情况。根据法律规定，当事人在订立合同过程中故意隐瞒与订立合同有关的重要事实或者提供虚假情况，给对方造成损失的，应当承担损害赔偿责任。G 公司行为符合上述法律规定的情形，应承担缔约过失责任。

---

① 上海市第一中级人民法院、上海市浦东新区人民法院联合发布 2019 年自贸区司法保障十大典型案例之案例六。

📝 请求权基础规范指引

处理缔约过失责任纠纷的法律依据主要是《民法典》第157条、第500条、第501条的相关规定。

第六节 劳动合同纠纷

📝 案由释义

劳动合同纠纷是指在中国境内的用人单位与劳动者因订立、履行、变更、解除和终止劳动合同发生的争议，具体包括以下情形：（1）确认劳动关系纠纷；（2）集体劳动合同纠纷；（3）劳务派遣合同纠纷；（4）非全日制用工纠纷；（5）追索劳动报酬纠纷；（6）经济补偿金纠纷；（7）竞业限制纠纷。

确认劳动关系纠纷，主要是指职工与企业就劳动关系存在与否、劳动关系终止与否和劳动关系有效与否等问题而发生的争议。

集体劳动合同纠纷，是指企业职工一方与企业就劳动报酬、工作时间、休息休假、劳动安全卫生、保险福利等事项，通过平等协商而签订书面协议，由此发生争议引起的纠纷。

劳务派遣合同纠纷，是指因劳务派遣合同发生争议而引起的纠纷，劳务派遣是一种特殊用工方式，用人单位可以根据自身工作和发展需要，通过正规劳务服务公司，派遣所需要的各类人员，实行劳务派遣后，实际用人单位与劳务派遣组织签订劳务派遣合同，劳务派遣组织与劳动者签订劳动合同，实际用人单位与劳动者之间只有实际用工关系，没有聘用合同关系。

非全日制用工纠纷，是指因非全日制用工形式引发的纠纷。非全日制用工是指以小时计酬，劳动者在同一用人单位平均每日工作时间不超过4小时，累计每周工作时间不超过24小时的用工形式。《劳动合同法》扩大了非全日制用工的计酬方式，缩短了关于非全日制用工的劳动者在同一家用人单位的平均每日工作时间和累计每周工作时间，更好地保护了非全日制用工的劳动者合法权益。非全日制用工方式和劳务派遣用工方式，在共享经济、平台经济等灵活用工经济模式中发挥的作用相对明显。

追索劳动报酬纠纷，是指劳动者与用人单位在履行劳动合同期间，因劳动报酬所发生的争议。

经济补偿金纠纷，是指用人单位与劳动者解除或者终止劳动合同，因依法给予劳动者经济补偿而发生的争议。

竞业限制纠纷，是指因竞业限制发生的纠纷。竞业限制是用人单位对负有保守用人单位商业秘密或对企业竞争优势有重要影响的劳动者，在劳动合同、知识产权权利归属协议或技术保密协议中约定的劳动者在终止或解除劳动合同后的一定期限内不得在生产同类产品、经营同类业务或在有其他竞争关系的用人单位任职，也不得自己生产与原单位有竞争关系的同类产品或经营同类业务。

管辖规定

因劳动合同纠纷提起的诉讼，《最高人民法院关于审理劳动争议案件适用法律问题的解释（一）》第 3 条规定，劳动争议案件由用人单位所在地或者劳动合同履行地的基层人民法院管辖。劳动合同履行地不明确的，由用人单位所在地的基层人民法院管辖。法律另有规定的，依照其规定。第 4 条规定，劳动者与用人单位均不服劳动争议仲裁机构的同一裁决，向同一人民法院起诉的，人民法院应当并案审理，双方当事人互为原告和被告，对双方的诉讼请求，人民法院应当一并作出裁决。在诉讼过程中，一方当事人撤诉的，人民法院应当根据另一方当事人的诉讼请求继续审理。双方当事人就同一仲裁裁决分别向有管辖规定权的人民法院起诉的，后受理的人民法院应当将案件移送给先受理的人民法院。

实践点击

（一）已达法定退休年龄的"超龄"劳动者是否仍受劳动法的调整？

不受劳动法调整。根据《最高人民法院关于审理劳动争议案件适用法律问题的解释（一）》第 32 条第 1 款的规定，用人单位与其招用的已经依法享受养老保险待遇或领取退休金的人员发生用工争议，向人民法院提起诉讼的，人民法院应当按劳务关系处理。劳动关系中，一方是符合劳动年龄并具有与履行劳动合同义务相适应能力的自然人，另一方是符合劳动法所规定条件的用人单位，已达法定退休年龄的劳动者不属于劳动法的调整范围，但仍可以以劳务合同纠纷向人民法院提起诉讼。

案例链接：62 周岁的李某在 A 餐馆从事洗碗工的工作。某日，李某在工作岗位上突发疾病送医救治，后因医疗费等问题与 A 餐馆发生争议，A 餐馆以李某已超过法定退休年龄为由，否认双方存在劳动关系。李某遂向 M 区劳动争议仲裁委员会（以下简称 M 区劳动仲裁委）申请确认与 A 餐馆存在劳动关系。M 区劳动仲裁委以李某不具有主体资格为由向李某出具了不予受理通知书，李某遂向 M 区人民法院提起诉讼。经审查，李某已逾 60 周岁，已达法定退休年龄，虽然 M 区劳动仲裁委的不予受理通知书已证明其经过仲裁前置程序，程序合法，但如以劳动合同纠纷起诉，并不能有效保证其诉求的实现，应直接适用《民法典》合同篇等相关规定，以劳务纠纷向人民法院提起诉讼。

（二）当事人已签收劳动争议仲裁机构作出的调解书，之后反悔，向人民法院起诉的，人民法院是否受理？

不予受理。劳动争议仲裁机构作出的调解书一经双方签收即发生法律效力。根据《最高人民法院关于审理劳动争议案件适用法律问题的解释（一）》第 11 条的规定，一方当事人反悔提起诉讼的，人民法院不予受理；已经受理的，裁定驳回起诉。

案例链接：狄某于 2022 年 3 月进入某公司从事运营经理的工作，试用期 3 个月。5 月时，该公司以经济效益不好需裁员为由与狄某解除劳动关系。狄某在收到公司出具的离职证明后发现其载明的离职原因竟是自己不胜任岗位工作。狄某认为该证明影响了自己的后续就业，并在劳动档案中造成了不良记录，狄某遂向劳动争议仲裁委员会申请仲裁，要求该公司赔偿开具错误离职证明的经济损失 5 万元并做道歉申明。经劳动争议仲裁委员会组织调解，狄某与公司达成和解协议，劳动争议仲裁委员会出具调解书由公司支付狄某

25,000元，狄某放弃其余申请。后狄某认为劳动争议仲裁委员会出具的调解书偏袒公司，狄某遂向人民法院提起诉讼，要求公司赔偿开具错误离职证明的经济损失10万元并作道歉声明。法院不予受理。

（三）用人单位在申请仲裁前后已经注销的，劳动者可否直接向法院起诉该用人单位的法定代表人或股东？

不可直接向法院起诉。劳动者申请仲裁前用人单位已注销的，劳动者应当将用人单位权利义务的承继人或相关责任人列为被申请人，向劳动争议仲裁委员会提起仲裁申请；劳动者将已经注销的用人单位列为被申请人向劳动争议仲裁委员会提起仲裁申请，仲裁机构作出仲裁裁决或者不予受理通知书的，不应视为已经过劳动仲裁前置程序，如此时劳动者不服裁决或以不予受理通知书为材料起诉至人民法院，人民法院不予受理。需要注意的是，劳动争议纠纷依法必须适用劳动仲裁前置程序，只有当事人不服仲裁裁决的，才可以向人民法院提起诉讼，并且当事人申请仲裁时的劳动关系主体、劳动争议事项须在起诉时保持一致，否则视为未经劳动仲裁前置程序。

案例链接：张某于2022年7月入职某公司担任人事经理一职，期间未与A公司签订劳动合同，同年12月，该公司以"部门优化"为名将张某裁员，并未向张某支付赔偿金，张某遂诉至劳动争议仲裁委员会要求确认与该公司于2022年7月至同年12月存在劳动关系，并支付违法解除劳动合同赔偿金20,000元。劳动争议仲裁委员会以该公司已于申请时注销，不符合申请主体为由向张某出具了不予受理通知书，张某于是将该公司的法定代表人洪某诉至人民法院。经审查，张某起诉时，该公司已注销，非适格诉讼主体，张某直接以洪某为被告向法院提起诉讼，诉讼主体与申请仲裁时劳动关系的主体不一致，视为未经劳动仲裁前置程序，法院不予受理。

（四）公司与劳动者在解除劳动合同关系时就未结清的工资款项签署还款协议书的，如公司始终未履行给付义务，员工可否以该协议书为证据直接向人民法院起诉要求公司给付？

可以。根据《最高人民法院关于审理劳动争议案件适用法律问题的解释（一）》第15条的规定，劳动者以用人单位的工资欠条为证据直接向人民法院起诉，诉讼请求不涉及劳动关系其他争议的，视为拖欠劳动报酬争议，按照普通民事纠纷受理，即当用人单位与劳动者的债权债务关系明确、合法的情况下，用人单位与劳动者对双方是否存在劳动关系、工资欠条等真实性没有异议时，劳动者可直接以普通民事纠纷向法院起诉要求用人单位履行义务，而无须再经过劳动仲裁前置程序。需注意，本条款仅适用于公司拖欠工资的情况，并不涉及其他劳动关系争议，劳动者诉请要求公司一并给付欠条中诸如经济补偿金等款项的，仍应依法适用劳动仲裁前置程序。

案例链接： 何某系某公司员工，公司与其解除劳动合同关系时签订了解除合同协议书，由公司支付其经济补偿金和拖欠工资共计10万元，后该公司迟迟未付该笔款项，何某遂直接向法院起诉要求公司支付10万元。本案中，何某与该公司的协议书中明确约定了拖欠工资的数额，如何某仅就此向法院起诉要求该公司尽快支付，法院应予受理，但如何某一并要求该公司支付经济补偿金，其仍属于劳动争议纠纷的范畴，应依法适用劳动仲裁前置程序。

（五）社会保险纠纷作为劳动争议纠纷依法适用劳动仲裁前置程序的情形

社会保险争议与普通的劳动争议相比具有其特殊性，在此类争议中，司法职能与行政职能交叉重叠，界限不清，并且社会保险纠纷案件的执行离不开社保管理部门的配合，针对社会保险纠纷的不同类型，争议处理方式应有以下区别。

1. 根据《最高人民法院关于审理劳动争议案件适用法律问题的解释（一）》第1条第5项的规定，劳动者以用人单位未为其办理社会保险手续，并且社会保险经办机构不能补办导致其无法享受社会保险待遇为由，要求用人单位赔偿损失发生的纠纷，属于劳动纠纷，当事人不服劳动争议仲裁机构作出的裁决，依法提起诉讼的，人民法院应予受理。而对于已经由用人单位办理了社保手续，但因用人单位欠缴、拒缴社会保险费或者因缴费年限、缴费基数等发生的争议，属于行政争议范畴，当事人可以向社会保险经办机构申请解决处理，而不应视为劳动争议纠纷。

2. 根据《最高人民法院关于审理劳动争议案件适用法律问题的解释（一）》第1条第6项的规定，劳动者退休后，与尚未参加社会保险统筹的原用人单位因追索养老金、医疗费、工伤保险待遇和其他社会保险待遇而发生的纠纷，属于劳动争议纠纷，当事人不服劳动争议仲裁机构作出的裁决，依法提起诉讼的，人民法院应予受理。而对于参加了社会统筹保险的，因社会保险费的征收、发放、领取发生的纠纷，属于行政诉讼，不属于劳动争议纠纷。

案例链接：

案例一：王某于 2021 年 10 月入职某公司，月工资 7000 元，2022 年 9 月双方解除劳动合同关系，在此期间，该公司一直未给王某办理社会保险，后经双方协商，由公司为王某补缴了 2021 年 10 月至 2022 年 9 月期间的社保，但王某发现其缴费基数低于每月 7000 元工资，王某遂向劳动争议仲裁委员会递交申请，要求被告补缴差额损失。劳动争议仲裁委员会以不是劳动法调整范围驳回申请，王某遂起诉至法院。本案中，王某就缴费基数产生的争议系行政争议范畴，不属于劳动法调整的范围，应向社会保险经办机构申请解决处理。

案例二：杨某，1961 年 3 月出生，自 2006 年 1 月起入职某公司从事保洁工作。2011 年 3 月，杨某年满 50 周岁，达到法定退休年龄后继续在该公司工作，直至 2022 年 12 月。杨某离职后向社保机构查询了解，该公司未为杨某缴纳社会保险，并且其已超过法定退休年龄，无法补缴社会保险。杨某遂申请劳动仲裁，要求该公司支付未缴纳社保而造成的社会保险待遇损失，后诉至法院。法院经审理认定，该公司在杨某工作期间应当依法为杨某缴纳社会保险，不能因为杨某入职时至法定退休年龄已不足 15 年而不为这类特殊的劳动者缴纳社会保险。因为无法补缴，杨某的合法权益因此受损，故该公司应当赔偿杨某社会保险待遇损失。

（六）劳动仲裁裁决书中明确不服劳动裁决的管辖法院的，当事人是否可向其他法院起诉？

依照劳动合同纠纷的一般管辖规定选择法院。实践中存在一种情形，即劳动仲裁裁决书上明确载明了当事人不服劳动裁决时应提起诉讼的管辖法院，当事人是否受此管辖规定约束而无法向其他法院起诉。根据《最高人民法院关于审理劳动争议案件适用法律问题的解释（一）》第 3 条第 1、2 款的规定,劳动争议案件由用人单位所在地或者劳动合同履行地的基层人民法院管辖。劳动合同履行地不明确的,由用人单位所在地的基层人民法院管辖。因此,用人单位所在地或劳动合同履行地法院均对相关劳动争议案件享有管辖权。

案例链接:张某因劳动争议向浙江省 A 区劳动争议仲裁委员会提出仲裁申请,劳动争议仲裁委员作出仲裁裁决后,在裁决书末段载明"劳动者对仲裁结果不服的,可以自收到仲裁裁决书之日起十五日内向 A 区法院提起诉讼"。因用人单位所在地处于上海市 M 区辖区范围内,故原告在规定起诉时限内向上海市 M 区人民法院提起诉讼。本案中,当事人向人民法院提起诉讼,仲裁裁决书并未生效,被指定的法院是否可以依据未生效的裁决书获得管辖权存在异议,劳动者仍然可以按照管辖规定享有自由选择起诉的权利。

(七)劳动仲裁前置程序的例外情况

在中国境内的用人单位与劳动者因订立、履行、变更、解除和终止劳动合同发生的争议属于劳动合同纠纷,应以劳动仲裁程序为前置程序,对仲裁裁决不服的,可以在收到仲裁裁决书 15 日内向人民法院提起诉讼。但在具体实践过程中,存在特殊规定,即针对某些特定范围事宜,当事人可直接向人民法院提起诉讼,实践中包含以下几种情形,需特别注意。

1. 劳动者以工资欠条为依据追索劳动报酬的,可直接提起诉讼。根据《最高人民法院关于审理劳动争议案件适用法律问题的解释(一)》第 15 条的规定,劳动者以用人单位的工资欠条为证据直接向人民法院起诉,诉讼请求不涉及劳动关系其他争议的,视为拖欠劳动报酬争议,按照普通民事纠纷受理。

2. 在调解组织主持下劳动者仅以拖欠工资达成调解协议的,可直接提起诉讼。根据《人力资源社会保障部、最高人民法院关于劳动人事争议仲裁与诉讼衔接有关问题的意见(一)》第 1 条第 2 项的规定,当事人在《劳动争议调解仲裁法》第 10 条规定的调解组织主持下仅就劳动报酬争议达成调解协议,用人单位不履行调解协议约定的给付义务,劳动者直接提起诉讼的,人民法院应当受理。

3. 当事人申请劳动报酬支付令的,可直接提起诉讼。根据《劳动合同法》第 30 条第 2 款的规定，用人单位拖欠或者未足额支付劳动报酬的，劳动者可以依法向当地人民法院申请支付令，人民法院应当依法发出支付令。

4. 当事人就调解协议向人民法院申请司法确认但不予确认的，可直接提起诉讼。当事人在经依法设立的调解组织主持下就支付拖欠劳动报酬、工伤医疗费、经济补偿或者赔偿金事项达成调解协议，双方当事人依据《民事诉讼法》第 205 条规定共同向人民法院申请司法确认，人民法院不予确认，劳动者依据调解协议可直接提起诉讼。

请求权基础规范指引

处理劳动争议纠纷的法律依据主要是《劳动合同法》《劳动争议调解仲裁法》《最高人民法院关于审理劳动争议案件适用法律问题的解释（一）》的相关规定。

第七节 侵权责任纠纷

一、机动车交通事故责任纠纷

案由释义

机动车交通事故责任是指机动车的所有人或者使用人在机动车发生交通事故造成他人人身伤害或者财产损失时所应承担的侵权责任。这也包括保险公司在交强险或者商业保险范围内依法承担赔付责任的情形。

机动车交通事故的责任主体为机动车一方。所谓机动车，是指以动力装置驱动或者牵引，上道路行驶的供人员乘用或者用于运送物品以及进行工程专项作业的轮式车辆，既包括通常的轿车、客车等日常车辆，也包括如挖掘机、铲车等工程车辆。实践中，只要一方为机动车，即可认定为构成机动车道路交通事故。机动车交通事故发生的场合不局限于在道路上，道路以外通行时发生的事故，参照《道路交通安全法》相关规定。

管辖规定

《民事诉讼法》第 29 条规定，因侵权行为提起的诉讼，由侵权行为地或者被告住所地人民法院管辖。《民事诉讼法解释》第 24 条规定，《民事诉讼法》第 29 条规定的侵权行为地，包括侵权行为实施地、侵权结果发生地。侵权结果发生地包括被侵权人住所地。

实践点击

（一）机动车交通事故发生后，谁可以作为原告主张车辆的损害赔偿？

一般由车辆所有权人主张。机动车交通事故发生后，车辆的实际驾驶人与车辆所有人不一致的情况较为常见，导致当事人在立案阶段往往会存在诉讼主体不适格的问题。机动车交通事故往往会造成人身损害与财产损害，对于只针对人身损害赔偿未达成一致而无财产损害赔偿的争议，车辆的驾驶人可以作为原告提起诉讼，而当涉及财产损害赔偿时，请求权主体应为车辆所有权人，立案实践中，一般由车辆所有权人提起车损费的赔偿诉请。

案例链接：张某驾驶车辆与对向行驶的李某发生碰撞事故，事后双方就车辆的维修费用未达成一致，张某遂将李某诉至法院，要求李某赔偿其车辆维修费 2 万余元。经审查，张某提供的行驶证显示，其非涉案机动车的所有权人，无权提起车损费的诉请，本案适格原告应为行驶证上记载的车辆所有人陈某，但若张某车损费已经先行垫付且向法院提交由陈某出具的权益转让说明，证明本案车辆修理费的追索权由张某行使，其不再主张后，张某才能替代车辆所有人陈某向李某主张车损赔偿。

（二）如何选择机动车交通事故责任纠纷的管辖法院？

《民事诉讼法》第 29 条规定，因侵权行为提起的诉讼，由侵权行为地或者被告住所地人民法院管辖。在机动车交通事故中，侵权行为地即指事故发生地。在实践中，为了便于法院审理案件事实，主要以侵权行为地即事故发生地作为确认管辖法院的第一依据。但考虑到选择不同的法院起诉将直接导致赔偿标准的差别，尤其是欠发达地区和发达地区的标准相差很大，会直接影响获赔金额的多少，不少当事人在可选的情形下会选择前往非事故发生地的较发达地区的法院进行诉讼，但这会间接导致诉讼成本的升高，也不便于受诉法院审理案件事实。

案例链接：张某在江苏省A市内某高速公路上不慎撞上横穿高速的驾驶三轮货车的李某，李某当场身亡。事后，李某的近亲属作为原告将张某与挂式货车的所有人B公司诉至上海市M区人民法院要求赔付死亡赔偿金、丧葬费等100万余元，其管辖依据为B公司的住所地在上海市M区。根据《民事诉讼法》的相关规定，交通事故案件受诉地法院既可选择侵权行为地法院，也可选择被告住所地法院。但依据便于审理案件事实的原则及侵权基础法律关系，如本案中事故发生地在江苏省内，江苏省A市N区人民法院审理本案便于法院查明事实，建议以江苏省A市N区人民法院作为受诉法院。

（三）机动车交通事故发生时，如何将保险公司列为当事人？

《最高人民法院关于审理道路交通事故损害赔偿案件适用法律若干问题的解释》第22条规定，人民法院审理道路交通事故损害赔偿案件，应当将承保交强险的保险公司列为共同被告。但该保险公司已经在交强险责任限额范围内予以赔偿且当事人无异议的除外。人民法院审理道路交通事故损害赔偿案件，当事人请求将承保商业三者险的保险公司列为共同被告的，人民法院应予准许。

保险公司在机动车交通事故责任纠纷中虽无直接事故责任，但其作为赔付主体，与案件的结果有直接利害关系，并且事故纠纷中的被侵权人对保险金有直接的请求权，依据交强险先行赔付原则，应当由保险公司对被侵权人先行进行赔付。因此在立案阶段，如发现当事人未将肇事一方保险公司列为共同被告且并无赔付情况说明，人民法院应向原告进行释明，追加申请将保险公司列为共同被告。

案例链接：2023年某日，胡某驾驶的小客车与行走的钱某在路口不慎发生碰撞，导致钱某受伤，经交警认定，胡某负该起交通事故的全部责任，钱某无责任。钱某送医救治后陆续产生了5万余元的医疗费用，当事双方就该费用的赔偿问题始终无法达成一致，钱某遂将胡某、胡某所驾驶机动车的保险人 A 保险公司诉至法院。法院经审理认定，对钱某在本次道路事故中产生的损失，应分别由钱某与 A 保险公司在交强险赔偿限额内承担赔偿责任。

（四）以挂靠形式从事道路运输经营活动的机动车发生交通事故的，当事人是否可以一并起诉被挂靠人承担赔偿责任？

车辆挂靠是指为了交通营运便利，将车辆登记为某个具有运输经营权资质的单位名下，以单位的名义进行运营，并由挂靠人向被挂靠人支付一定的管理费用。挂靠运输活动作为车辆营运活动中的一种形式，无疑大大提升了道路运输产业的活力，但随着道路交通事故的发生，让被挂靠人是否应当承担责任的问题浮上水面。从被挂靠人的角度看，被挂靠人虽仅向挂靠人收取一定管理费用，但其也是从道路运输活动中获取经济利益的主体之一，理应承担连带责任。《民法典》第1211条规定，以挂靠形式从事道路运输经营活动的机动车，发生交通事故造成损害，属于该机动车一方责任的，由挂靠人和被挂靠人承担连带责任。

案例链接： 陈某驾驶货车与驾驶三轮车的李某发生交通事故，致使李某受伤。经交警部门认定，陈某负本次事故的主要责任，李某负次要责任。该货车挂靠在 A 公司名下，在 B 保险公司投保了交强险。李某诉至法院，请求陈某、A 公司与 B 保险公司赔偿医药费、精神损害抚慰金等损失。

请求权基础规范指引

处理机动车交通事故责任纠纷的法律依据主要是《民法典》第1208条至第1217条、第1164条至第1187条以及《最高人民法院关于审理道路交通事故损害赔偿案件适用法律若干问题的解释》的相关规定。

二、财产损害赔偿纠纷

案由释义

财产损害赔偿纠纷是指因为财产受到损害，权利人请求赔偿损失的纠纷。

📝 管辖规定

财产损害赔偿纠纷属于典型的侵权责任纠纷,应按照《民事诉讼法》第29条确定管辖,由被告住所地或者侵权行为地人民法院管辖。

📝 实践点击

(一)公民饲养的宠物受到侵害的,可否适用本案由向人民法院起诉?

当事人可以财产受到损害为由诉至法院。宠物本质上属于法律上"物"的范畴,属于公民个人财产,根据《民法典》第238条的规定,侵害物权,造成权利人损害的,权利人可以依法请求损害赔偿,也可以依法请求承担其他民事责任。公民饲养的宠物可以视作物中动产这一类别,公民饲养的动物因侵权行为而遭受到损害的,公民有权以个人财产受到侵害为由向法院提起诉讼。

(二)当事人的虚拟网络财产受到侵害的,其住所地法院是否对案件有管辖权?

住所地法院有管辖权。《民事诉讼法》第29条规定,因侵权行为提起的诉讼,由侵权行为地或被告住所地人民法院管辖;《民事诉讼法解释》第24、25条规定,《民事诉讼法》第29条规定的侵权行为地,包括侵权行为实施地、侵权结果发生地;信息网络侵权行为实施地包括实施被诉侵权行为的计算机等信息设备所在地,侵权结果发生地包括被侵权人住所地。

案例链接:肖某系手游爱好者,其在某大型游戏中创建了账号为"xzyll_002"的用户,并花费大量钱财用以购置游戏装备。某日,肖某发现其账号被手游平台封禁,账号的多个游戏装备丢失,肖某遂向平台讨要处理依据,平台回复肖某在游戏中存在违规操作并有作弊嫌疑,肖某与手游平台协商无果后,遂将该平台诉至住所地A区人民法院,要求平台解封账号并赔偿经济损失。肖某作为被侵权人,其住所地可以视为侵权结果发生地,由于其住所地在A区,A区人民法院对本案依法享有管辖权。

📝 请求权基础规范指引

处理财产损害责任纠纷的法律依据主要是《民法典》第 1164 条至第 1187 条的相关规定。

三、非机动车交通事故责任纠纷

📝 案由释义

非机动车交通事故责任是指非机动车的所有人或者使用人在非机动车发生交通事故造成他人人身伤害或者财产损失时所应承担的侵权损害赔偿责任。

非机动车是指以人力或畜力为驱动，上道路行驶的交通工具，以及虽有动力装置驱动但设计最高时速、空车质量、外形尺寸符合有关国家标准的残疾人机动轮椅车等交通工具。实践中，非机动车一般包括自行车、三轮车、电动自行车、畜力车、残疾人机动轮椅车。《道路交通安全法》第 18 条规定，依法应当登记的非机动车，经公安机关交通管理部门登记后，方可上道路行驶。依法应当登记的非机动车的种类，由省、自治区、直辖市人民政府根据当地实际情况规定。非机动车的外形尺寸、质量、制动器、车铃和夜间反光装置，应当符合非机动车安全技术标准。

《民法典》侵权责任编中第 5 章不包含非机动车交通事故的损害赔偿责任，并不意味着非机动车交通事故责任不适用《民法典》相关规定。从法律适用上讲，应当适用侵权责任的一般规定，即适用《民法典》侵权责任编第 1 章至第 2 章的相关规定。

📝 管辖规定

《民事诉讼法》第 29 条规定，因侵权行为提起的诉讼，由侵权行为地或者被告住所地人民法院管辖。《民事诉讼法解释》第 24 条规定，《民事诉讼法》第 29 条规定的侵权行为地，包括侵权行为实施地、侵权结果发生地。

实践点击

非机动车交通事故责任纠纷与机动车交通事故责任纠纷如何区分？

一是当事人主体不同。非机动车交通事故责任纠纷的事故双方均为非机动车，当有一方当事人驾驶机动车时，则应以机动车交通事故责任纠纷为案由。二是适用法律不同。机动车交通事故责任纠纷适用《民法典》侵权责任编第5章相关法律规定，与之相对，非机动车交通事故责任纠纷并无特定章节阐述损害赔偿责任，但仍适用《民法典》侵权责任编第1、2章关于侵权责任的一般规定。

请求权基础规范指引

处理非机动车交通事故责任纠纷的法律依据主要是《民法典》第1164条至第1187条的相关规定。

四、提供劳务者受害责任纠纷

案由释义

提供劳务者受害责任是指个人之间存在劳务关系，提供劳务一方因劳务使自身受到损害时，根据双方各自的过错承担的相应的责任。提供劳务一方因劳务使自身受到损害引发的侵权责任纠纷即为提供劳务者受害责任纠纷。依据《民法典》第1192条的规定，提供劳务一方因劳务受到损害的，根据双方各自的过错承担相应的责任。提供劳务期间，因第三人的行为造成提供劳务一方损害的，提供劳务一方有权请求第三人承担侵权责任，也有权请求接受劳务一方给予补偿。接受劳务一方补偿后，可向第三人追偿。

管辖规定

《民事诉讼法》第29条规定，因侵权行为提起的诉讼，由侵权行为地或者被告住所地人民法院管辖。根据《民事诉讼法解释》第24条规定，《民事诉讼法》第 29 条规定的侵权行为地，包括侵权行为实施地、侵权结果发生地。

实践点击

（一）受害人在提供劳务过程中因第三人侵权受害的，已通过诉讼向第三人追责并获得赔偿，是否可以再起诉雇主要求其承担雇主责任？

不可以。受害人在提供劳务期间因第三人侵权而受到损害的，可以向法院起诉第三人承担侵权责任，也可以选择向法院起诉雇主承担提供劳务者受害责任，雇主在承担补偿责任后可以向第三人追偿。根据《民法典》第 1192 条的规定，第三人侵权致使提供劳务者受到损害的，实施侵权行为的第三人与接收劳务一方承担的是不真正连带债务。不真正连带债务是指多个债务人就各自立场，基于不同的发生原因而偶然产生的同一内容的给付，各自独立地对债权人负全部履行的义务，并因债务人的履行而使全体债务人的债务归于消灭的债务。

案例链接：刘某受张某雇佣为其承包的工地拉货，某日拉货途中不慎被陈某驾驶的小客车撞伤，经交警认定陈某负主要责任，刘某负次要责任，刘某现已通过起诉陈某获赔损失 2 万元。在本案中，刘某已通过机动车交通事故责任纠纷起诉获得陈某与其所驾驶机动车投保的保险公司的赔偿，对于未赔偿的部分，如刘某再行起诉要求张某承担雇主责任，人民法院不予支持。

（二）农民工在工地作业时意外受伤，应该以提供劳务受害为由向法院提起诉讼还是通过工伤赔付的方式救济自己的权利？

可以申请工伤认定。以提供劳务受害为由向人民法院提起诉讼的，在起诉时需向法院提供当事双方存在雇佣关系的证据，如固定劳务收入流水、证人证言或其他可以证明劳务关系的材料，但工伤认定相对于提供劳务者受害责任纠纷，在举证责任、申请与诉讼期限、责任分担等方面对农民工群体存在更多利好面，加上农民工作为我国社会转型特殊时期所产生的群体，为我国的经济发展、社会发展都做出了突出贡献，农民工因工受伤的事件层出不穷，帮助农民工介入工伤保险具有重大的社会意义。

认定工伤的前提是当事双方存在劳动关系，因为存在农民工流动性大、即用即走的特点以及法律意识淡薄等问题，农民工往往不会在提供劳动前与用工单位签署劳动合同，并且部分建设工程公司在现实中往往将工程违法分包给个人包工头，而个人包工头并不具备用工资格，农民工无法与个人包工头建立劳动关系。在农民工因工作受伤时，其可以以提供劳务受害为由向法院起诉雇主承担赔偿责任。2013年《人力资源和社会保障部关于执行〈工伤保险条例〉若干问题的意见》第7条规定，具备用工主体资格的承包单位违反法律、法规规定，将承包业务转包、分包给不具备用工主体资格的组织或者自然人，该组织或者自然人招用的劳动者从事承包业务时因工伤亡的，由该具备用工主体资格的承包单位承担用人单位依法应承担的工伤保险责任。通过以上规定可知，农民工在此种情况下，虽未与用工单位签订劳动合同建立劳动关系，但可以直接申请工伤认定。

请求权基础规范指引

处理提供劳务者受害责任纠纷的主要法律依据是《民法典》第1192条、第1164条至第1187条，《最高人民法院关于审理人身损害赔偿案件适用法律若干问题的解释》的相关规定。

五、医疗损害责任纠纷

案由释义

医疗损害责任是指患者在医疗机构就医时，由于医疗机构或者其医务人员的过错，在诊疗护理活动中受到损害的，医疗机构应当承担侵权损害赔偿责任。医疗损害责任纠纷作为第三级案由，下设两个第四级案由，分别为侵害患者知情同意权责任纠纷、医疗产品责任纠纷。

（一）侵害患者知情同意权责任纠纷

侵害患者知情同意权责任是指医疗机构的医务人员在诊疗活动中，应当向患者说明病情和医疗措施等情况而未予说明，或者在实施手术、特殊检查和特殊治疗时，应当及时向患者或其近亲属说明医疗风险、替代医疗方案等情况并取得其明确同意而未尽到义务的，医疗机构应当对患者由此造成的损害承担赔偿责任。

(二) 医疗产品责任纠纷

医疗产品责任是指医疗机构在诊疗过程中使用有缺陷的药品、消毒产品、医疗器械等医疗产品，或者输入不合格的血液，因此造成患者人身损害的，医疗机构或者医疗产品的生产者、血液提供机构、药品上市许可持有人所应当承担的损害赔偿责任。

管辖规定

医疗损害责任纠纷案件的管辖规定，适用《民事诉讼法》第 29 条规定，由侵权行为地或者被告住所地人民法院管辖。《民事诉讼法解释》第 24 条规定，《民事诉讼法》第 29 条规定的侵权行为地，包括侵权行为实施地、侵权结果发生地。

实践点击

(一) 医疗损害责任纠纷与医疗服务合同纠纷如何区分？

在医疗行业产生的纠纷，当事人往往选择以侵权或服务合同纠纷起诉，当事人选择不同的案由时，对应的依据事实基础、管辖规定、医疗机构承担的责任范围都不同，可从以下几个角度进行区分。

1. 依据事实不同。医疗服务合同纠纷并不必要存在损害事实的发生，只要医疗机构存在违约行为，即需承担相应的违约责任；医疗损害责任纠纷必须以侵权损害事实的发生为前提。

2. 管辖规定不同。对于医疗服务合同纠纷的管辖，根据《民事诉讼法》第 24 条的规定，因合同纠纷提起的诉讼，由被告住所地或者合同履行地人民法院管辖；根据《民事诉讼法》第 35 条有关协议管辖的规定，合同或者其他财产权益纠纷的当事人可以书面协议选择被告住所地、合同履行地、合同签订地、原告住所地、标的物所在地等与争议有实际联系的地点的人民法院管辖，但不得违反本法对级别管辖和专属管辖的规定。对于医疗损害责任纠纷，根据《民事诉讼法》第 29 条的规定，由侵权行为地或者被告住所地人民法院管辖。

3. 赔偿范围不同。医疗损害责任纠纷的当事人在要求财产损失的同时可以主张精神损害赔偿；但医疗服务合同纠纷系违约之诉，当事人不可主张精神损害赔偿。

4. 责任主体不同。当事人主张侵权责任的，医疗机构除因自身行为承担责任外，存在医疗产品责任纠纷的，与其他侵权行为人如医疗产品生产者、销售者承担连带责任；当事人主张违约之诉的，医疗服务合同的相对人依法承担违约责任。

案例链接：

案例一：孙某至A整形美容医院咨询双眼皮手术，A医院推荐了周医生并承诺由周医生主刀，手术费用共计7000元，后该医院为孙某进行了手术，手术单上医生签名为吴医生，并无周医生盖章。因术后伤口出现感染造成组织增生，孙某遂起诉至人民法院要求A整形美容医院承担违约责任。本案中，孙某与A整形美容医院构成医疗服务合同关系，但因造成孙某人身利益损害，存在违约责任与侵权责任竞合的情况。根据《民法典》第186条的相关规定，因当事人一方的违约行为，损害对方人身权益、财产权益的，受损害方有权选择请求其承担违约责任或者侵权责任。本案中，A整形美容医院理应为孙某提供合同约定的医疗服务，但A整形美容医院为孙某提供的实际主刀医生与约定方案中的不符，违反了合同应全面履行的原则，应承担违约责任。同时，因孙某人身受到损害，孙某也可以起诉要求其承担侵权损害责任。

案例二：2013年4月，魏某和丈夫李某因不孕至妇幼保健院诊疗，要求实施"体外受精－胚胎移植"手术，该夫妇在妇幼保健院分别进行取卵术、取精术，并成功培育胚胎，但后期胚胎移植手术并未成功。2015年5月，魏某与丈夫再次至妇幼保健院要求实施"体外受精－胚胎移植"手术，并成功培育4个胚胎，计划于2015年7月植入其体内，但因其当时取卵较多导致腹水，不宜立即移植胚胎，便在家中调养身体，待身体条件具备后再进行移植手术。2015年12月，魏某丈夫因意外事故死亡。之后，魏某要求妇幼保健院继续完成"体外受精－胚胎移植"手术，但妇幼保健院以缺少其丈夫签字、按照相关规定不得实施该手术为由予以拒绝，其丈夫为家中独子，夫妻关系存续期间双方感情较好，现魏某虽丧偶，但继续完成胚胎移植手术传承丈夫血脉，寄托了其及公婆一家的全部希望，魏某遂诉至法院请求法院判令妇幼保健院继续履行双方之间"体外受精－胚胎移植"的医疗服务合同，为其实施胚胎移植手术，并承担本案诉讼费用。法院经审理认为，丧偶妇女符合国家相关人口和计划生育法律法规的情况下，以其夫妇通过实施人类辅助生殖技术而获得的胚胎继续生育子女，有别于原卫生部发布的实施人类辅助生殖技术规范中的单身妇女，不违反社会公益原则。医院不得基于部门规章的行政管理规定对抗当事人基于法律所享有的正当生育权利。

（二）因药品、消毒药剂、医疗器械的缺陷，或者输入不合格的血液造成患者损害的，患者可以将谁列为被告？

《最高人民法院关于审理医疗损害责任纠纷案件适用法律若干问题的解释》第3条规定，患者因缺陷医疗产品受到损害，起诉部分或者全部医疗产品的生产者、销售者、药品上市许可持有人和医疗机构，应予受理。患者仅起诉医疗产品的生产者、销售者、药品上市许可持有人、医疗机构中部分主体，当事人依法申请追加其他主体为共同被告或者第三人的，应予准许。必要时，人民法院可以依法追加相关当事人参加诉讼。患者因输入不合格的血液受到损害提起侵权诉讼的，参照适用前两款规定。

案例链接：2021年9月6日，马某因为交通事故送至A区某大学附属医院治疗，诊断结果为开放性胫腓骨干骨折（左侧）。该医院为马某行左侧胫腓骨干骨折清创＋外固定术。2021年9月29日，该医院为马某行左侧胫骨骨折切开复位钢板内固定术。2021年10月6日，马某出院。2022年4月7日，马某因钢板断裂，送至B区第一人民医院住院，诊断为左侧胫骨骨折术后钢板断裂、左侧胫骨骨折术后骨折未愈合。2022年4月10日，B区第一人民医院为马某行左侧胫骨骨折术后内固定取出＋左胫骨骨折切开复位内固定＋取髂骨植骨术。2022年4月25日马某出院。马某认为A区某大学附属医院提供的钢板非经正规渠道购买，植入医疗器械存在缺陷，是导致自己进行二次手术的原因，故马某将A区某大学附属医院与该医疗产品的生产商C公司诉至法院。

📝 请求权基础规范指引

处理医疗损害责任纠纷的法律依据主要是《民法典》第 1218 条至第 1228 条,《最高人民法院关于审理医疗损害责任纠纷案件适用法律若干问题的解释》的相关规定。

六、违反安全保障义务责任纠纷

📝 案由释义

违反安全保障义务责任是指宾馆、商场、银行、车站、机场、体育场馆、娱乐场所等经营场所、公共场所的经营者、管理者或者群众性活动的组织者,未尽到安全保障义务致人损害时所应当承担的侵权责任。违反安全保障义务的侵权责任是一种过错责任,特定主体未积极履行安全保障义务导致受害人遭受损害,这是一种典型的不作为侵权。

违反安全保障义务责任纠纷下设两个四级案由,分别为:(1)经营场所、公共场所的经营者、管理者责任纠纷;(2)群众性活动组织者责任纠纷。

📝 管辖规定

《民事诉讼法》第 29 条规定,因侵权行为提起的诉讼,由侵权行为地或者被告住所地人民法院管辖。《民事诉讼法解释》第 24 条规定,《民事诉讼法》第 29 条规定的侵权行为地,包括侵权行为实施地、侵权结果发生地。

📝 实践点击

(一)受害人在公共场所因第三人侵权而受到损害的,可否只起诉该公共场所的经营者、管理者承担安全保障义务责任?

不可以。《民法典》第 1198 条第 2 款规定,因第三人的行为造成他人损害的,由第三人承担侵权责任;经营者、管理者或者组织者未尽到安全保障义务的，承担相应的补充责任。经营者、管理者或者组织者承担补充责任后，可以向第三人追偿。因此，被侵权人仅起诉安全保障义务人的，应当将第三人列为共同被告；被侵权人起诉第三人直接要求其承担一般侵权赔偿责任时，可以选择不追加安全保障义务人为共同被告。

案例链接：

案例一：黄某在饭店用餐时，因与他人产生纠纷被打翻在地，导致意外骨折，黄某认为饭店作为公共场所的经营者，理应在发生纠纷时及时制止双方，于是黄某将该饭店诉至法院要求其承担损害赔偿责任。本案中，黄某如仅起诉饭店，应当将第三人列为共同被告。此外，如涉及安全保障义务人承担补充责任后向实施侵权行为的第三人追偿的纠纷，也可以直接适用本案由。

案例二：刘某在由 A 公司开发、B 公司管理的商场内，被高空坠落的李某甲砸成重伤。李某当场死亡，刘某则身受重伤，经送医救治已产生巨额医疗费用。由于侵权人李某已死亡，刘某遂将其继承人李某乙、A 公司、B 公司诉至法院要求承担共同侵权责任。

（二）外来人员进入小区后受到人身损害的，可否起诉物业管理公司承担违反安全保障义务责任？

在实践中存在不同情况。第一种观点认为，物业公司并不属于《民法典》第1198条中列举的应当依法承担安全保障义务的经营场所、公共场所的经营者或管理者，即对居民小区被视为《民法典》规定的公共场所、物业公司为其管理人这一观点存在一定争议，故当事人不能直接要求物业公司承担违反安全保障义务责任。第二种观点认为，将物业保障服务范围仅限于与物业签订服务合同的业主之间的做法有失妥当。物业提供收费服务，其安全保障的范围应当包括在其管理范围内的所有不特定主体，包括该小区业主的同住人、通过合法途径取得小区建筑物使用权的人比如房屋承租人等或者其他进入物业管理范围内的人员，如外卖骑手、装修维修工人、快递员等。在此条件下，物业公司负有对以上不特定主体的安全保障义务，在这些主体受到侵害时，理应承担赔偿责任。

案例链接：

案例一：陈某大年初一准备和妻子一同前往父母家拜年，在拉开父母所住的单元楼的一楼大门时，由于前一晚下雨地面湿滑，陈某突然摔倒，躺倒在地无法动弹。其妻子与父母迅速将陈某送至当地医院救治，经诊断为右小腿闭合性骨折，后经鉴定机构鉴定构成十级伤残。陈某遂将父母所在小区的物业公司诉至法院，要求其赔偿医疗费用20万元。法院经审理认为，陈某非涉案小区业主，与该小区物业公司不存在物业服务合同关系，再者居民小区并不属于《民法典》规定的公共场所范围，物业公司也非此类公共场所的经营者、管理者，故陈某诉请物业公司要求承担赔偿责任的请求缺乏法律依据，并未支持陈某诉请。

案例二：李某5岁的女儿趁家人不备，独自穿越马路前往家对面的住宅小区玩耍，在进入小区楼栋后，不慎从10楼楼道窗口跌落而不幸死亡。李某将该物业公司诉至法院，他认为其女儿在进入住宅小区时，门口的物业保安未及时进行盘查登记和询问的工作，并且未对涉案楼道开放式窗口作预警标记，存在安全保障管理上的漏洞，理应承担违反安全保障义务责任。法院经审理认为，物业公司应对小区的安全负责，不能以其为非业主的外来人员从而采取不同安全等级的管理标准。本案中，物业保安未对独自一人进出小区的未成年人及时履行照看义务，并且物业公司未做好小区内安全巡逻、排查潜在隐患的工作，对损害后果应承担10%的责任，李某因疏于对未成年人的监管义务承担90%的责任。

📝 请求权基础规范指引

处理违反安全保障义务责任纠纷的法律依据主要是《民法典》第1198条，第1164条至第1187条的相关规定。

七、产品责任纠纷

📝 案由释义

产品责任也称为产品侵权责任，是指产品的生产者、销售者因生产、销售缺陷产品致使他人遭受人身损害、财产损失或者有使他人遭受人身损害和财产损害的危险时，应当承担的侵权责任。承担侵权责任的方式包括赔偿损失、消除危险、停止侵害等。

产品侵权责任中的"产品"概念，是指"经过加工、制作，用于销售的产品"。生产者、销售者通过上述行为对产品质量实施了实际影响或控制，就应该是这类产品侵权责任的承担者。根据《民法典》和《产品质量法》的规定，产品责任属于特殊侵权责任。对于产品的生产者，适用无过错责任原则，即受害人无须证明生产者主观过错因素，只需要证明产品存在缺陷，生产者就应当承担侵权责任，除非生产者证明其具备法律规定的免责事由；对于产品的销售者、运输者和仓储者而言，适用过错责任原则。产品责任纠纷下设以下四种案由，分别为：产品生产者责任纠纷、产品销售者责任纠纷、产品运输者责任纠纷、产品仓储者责任纠纷。

管辖规定

《民事诉讼法》第 29 条规定，因侵权行为提起的诉讼，由侵权行为地或者被告住所地人民法院管辖。《民事诉讼法解释》第 24 条规定，《民事诉讼法》第 29 条规定的侵权行为地，包括侵权行为实施地、侵权结果发生地；侵权结果发生地包括被侵权人住所地。

实践点击

（一）消费者在购买、使用产品或者接受服务时，其合法权益遭受损害的，如何列明当事人？

第一种情形，当消费者在购买、使用商品时，其合法权益受到损害的，可以向销售者要求赔偿。销售者赔偿后，属于生产者的责任或者属于向销售者提供商品的其他销售者的责任的，销售者有权向生产者或者其他销售者追偿。消费者在接受服务时，其合法权益受到损害的，可以向服务者要求赔偿。

第二种情形，当消费者在购买、使用商品或者接受服务时，其合法权益受到损害，因原企业分立、合并的，消费者可以向变更后承受其权利义务的企业要求赔偿。

第三种情形，当消费者在展销会、租赁柜台购买商品或者接受服务，其合法权益受到损害的,可以向销售者或者服务者要求赔偿。展销会结束或者柜台租赁期满后,也可以向展销会的举办者、柜台的出租者要求赔偿。展销会的举办者、柜台的出租者赔偿后,有权向销售者或者服务者追偿。

第四种情形,消费者通过网络交易平台购买商品或者接受服务,其合法权益受到损害的,可以向销售者或者服务者要求赔偿。网络交易平台提供者不能提供销售者或者服务者的真实名称、地址和有效联系方式的,消费者也可以向网络交易平台提供者要求赔偿;网络交易平台提供者作出更有利于消费者的承诺的,应当履行承诺。网络交易平台提供者赔偿后,有权向销售者或者服务者追偿。

案例链接:

案例一:王某于某日在A超市以一盒80元的单价购买了3盒由B公司生产的阿胶糕。王某其后发现该阿胶糕未注明阿胶成分,认为A超市、B公司涉嫌向消费者销售、生产不安全的食品,王某遂将A超市、B公司诉至法院,要求其根据《食品安全法》相关规定退货并按照货款的10倍价格进行赔偿。

案例二:索某与徐某是同小区的居民,疫情封控期间,社区团长团购这一新兴购物模式顺势而起,徐某作为其中一位发起人经常在小区的业主微信群发布团购信息,售卖卫生纸、食品袋、肥皂等日常生活用品。索某参加了徐某组织的某次社区团购,但收到货品后发现实物与承诺严重不符,其认为此举构成消费欺诈,与徐某协商无果后,索某将徐某诉至法院,要求其返还货款并承担3倍赔偿600元。法院经审理认为,社区团长通过互联网等方式,以自己的名义销售产品、提供购买链接与售后服务,并获取一定经济利益,消费者主张该社区团长承担产品销售者责任的,人民法院应予支持。

案例三:陈某在某知名电商平台上购买了由A商铺销售的翡翠手镯一只,价值25,000元。陈某在收到该翡翠手镯后,发现该手镯成色暗淡且提供的鉴定证书字迹模糊并无盖章。陈某认为商铺销售的货品与其宣传严重不符,遂拿去专业机构鉴定,鉴定结果为仿品。陈某于是与商铺客服沟通退货,但遭店家拒绝并拉黑。在尝试其他方法未果后,陈某为了起诉与该电商平台客服联系,要求其提供A商铺的所有人身份信息与住所地信息,平台以隐私为由拒绝向陈某提供，陈某遂将该电商平台诉至法院，要求平台向自己返还货款并承担3倍赔偿。

（二）消费者在诉请中要求产品的生产者或销售者承担惩罚性赔偿责任的，如何确定管辖法院？

应由侵权行为地或被告住所地法院管辖。当消费者购买产品发现货不对板或质量问题时，可以根据《消费者权益保护法》的相关规定依法向产品的生产者或销售者要求惩罚性赔偿。此时，消费者与产品的生产者、销售者之间的买卖合同关系固然存在，但提起惩罚性赔偿请求时，其请求权基础为侵权赔偿责任，由此提起的损害赔偿请求之诉应当认定为侵权责任纠纷而非合同纠纷，应以侵权行为地或被告住所地确定管辖。

案例链接： 陈某在网络平台上购买了某店铺的品牌热水壶一件，到货后发现该产品系厂家贴牌制作、店家违规销售的产品，并非品牌正品，陈某于是向收货地A区人民法院提起诉讼，要求该店铺所有人退还货款并承担3倍赔偿1000元。本案系违约责任与侵权责任竞合的典型案例，应以侵权行为地或被告住所地确定管辖。本案中，陈某可向住所地B区人民法院或是店铺住所地C区人民法院提起诉讼。

（三）产品责任纠纷与产品质量纠纷如何区分？

产品责任纠纷的定义不再赘述，产品质量纠纷是指产品质量引起的有关当事人之间的纠纷，包括经济合同中的质量纠纷、因产品质量问题而发生的侵权纠纷、因产品质量问题而引起行政机关处理的争议等。在司法实践中存在将二者混淆的情况，因此可以从以下角度予以区分。

1. **责任形式不同。** 产品责任纠纷系侵权责任纠纷，存在侵权责任的产品可以是无质量问题的产品，比如前述案例中，当事人购买的阿胶糕虽未注明阿胶含量，但经检测其并不存在食品安全问题，食品质量不存在缺陷。产品质量纠纷系合同纠纷，因产品质量违约给消费者造成损害的，依法承担违约责任。

2. **赔偿范围不同。** 产品责任纠纷中承担侵权责任的方式包括赔偿损失、消除危险、停止侵害等，消费者在要求财产损失的同时可以要求承担精神损害赔偿；产品质量纠纷系合同纠纷，按照《民法典》合同编第8章违约责任的相关规定承担诸如修理、更换、退货等责任形式，因其为违约之诉，消费者不可主张精神损害赔偿。

3. 管辖规定不同。（1）产品责任纠纷系侵权责任纠纷，其管辖法律依据是《民事诉讼法》第 29 条，因侵权行为提起的诉讼，由侵权行为地或者被告住所地人民法院管辖；《民事诉讼法解释》第 24 条规定，侵权行为地，包括侵权行为实施地、侵权结果发生地；第 26 条规定，因产品、服务质量不合格造成他人财产、人身损害提起的诉讼，产品制造地、产品销售地、服务提供地、侵权行为地和被告住所地人民法院都有管辖权。（2）产品质量纠纷系合同纠纷，其管辖法律依据是《民事诉讼法》第 24 条，因合同纠纷提起的诉讼，由被告住所地或者合同履行地人民法院管辖。根据《民事诉讼法》第 35 条有关协议管辖的规定，合同或者其他财产权益纠纷的当事人可以书面协议选择被告住所地、合同履行地、合同签订地、原告住所地、标的物所在地等与争议有实际联系的地点的人民法院管辖，但不得违反本法对级别管辖和专属管辖的规定。

案例链接： 李某在某店铺购买了一台价值约 5000 元的笔记本电脑，但在收到笔记本电脑并开始使用后，李某发现该笔记本电脑的散热功能存在故障，经常在开启电脑时就会收到电脑提示的高温预警，并且电脑散热的风扇噪音增加，李某认为该电脑存在质量问题，遂与商家联系要求其进行退款或者换货，商家认为是李某在使用过程中因误操作而导致的问题，拒绝李某的请求。李某遂将该店铺诉至法院，要求其退还货款 5000 元。本案系典型的买卖合同纠纷，只要销售者提供的产品不符合合法或约定的质量要求，应依法承担违约责任。需注意，消费者以外的第三人与生产者、销售者之间没有合同法律关系的，在产品责任发生时，则不能以违约责任要求产品的生产者或是销售者承担赔偿责任，而只能要求其承担产品责任；因产品的缺陷造成消费者受到人身损害的，消费者如主张人身损害赔偿，则亦需适用本案由。

请求权基础规范指引

处理产品责任纠纷的法律依据主要是《民法典》第 1202 条至第 1207 条、

第 1164 条至第 1187 条，《产品质量法》和《消费者权益保护法》的相关规定。

八、教育机构责任纠纷

案由释义

教育机构责任纠纷是指幼儿园、学校或者其他教育机构，未尽到教育、管理职责，使在其中学习、生活的无民事行为能力或者限制民事行为能力人遭受人身损害时应当承担的侵权责任。

管辖规定

《民事诉讼法》第 29 条规定，因侵权行为提起的诉讼，由侵权行为地或者被告住所地人民法院管辖。《民事诉讼法解释》第 24 条规定，《民事诉讼法》第 29 条规定的侵权行为地，包括侵权行为实施地、侵权结果发生地。

实践点击

（一）大学生、研究生在教育机构学习、生活期间受到人身损害，可否适用本案由？

不可以。教育机构责任纠纷是指幼儿园、学校或者其他教育机构，未尽到教育、管理职责，使在其中学习、生活的无民事行为能力或者限制民事行为能力人遭受人身损害时应当承担的侵权责任，即《民法典》第 1199 条至第 1201 条规定的针对无民事行为能力人和限制民事行为能力人受到侵害的情形，这是一种特殊主体责任。

如果在教育机构学习和生活期间受到侵害的人具有完全民事行为能力，则不属于特殊责任主体，进而不适用本案由。比如大学生、研究生在教育机构受到侵害的，其作为完全民事行为能力人，不能适用本案由，但可以依照一般侵权责任的相关规定救济权利。

案例链接：张某是 A 大学宿舍管理员，职责为管理疫情期间 1 号宿舍楼人员进出登记与1号楼的安全管理工作。某日，在例行检查中，有一学生样貌的年轻男子并未打卡刷脸，而是等待前方人员刷卡后尾随进入，张某发现此情况后迅速拦下该男子对其进行问询，该男子于是承认自己并非本栋宿舍楼学生。由于疫情期间特殊的管理规定，张某遂打电话通知上级部门作进一步处理，见状，该男子突然挣脱管束，欲从门口闸机处往外跑，在翻越期间不幸受伤。事后，该男子的家长以孩子在学校出事为由，要求学校承担治疗期间的所有医疗费用，校方拒绝。本案中，该年轻男子已满18周岁，是完全民事行为能力人，不属于教育机构责任纠纷中规定的受到侵害的主体的情形，其在学校例行检查过程中违反了学校的相关规章制度而导致了人身损害事故，属于自陷风险的行为，其以受到人身损害为由要求学校承担赔偿责任的请求，不应予以支持。

（二）限制民事行为能力人、无民事行为能力人在教育机构学习、生活期间财产权益受到损害的，可否适用本案由？

不可以。如前所述，教育机构责任应当限定在无民事行为能力人、限制民事行为能力人在幼儿园、学校或者其他教育机构学习、生活期间受到人身损害，导致其生命、身体、健康等人身权益受到侵害的情形，并不包括未成年学生受到财产损失的情形。这是由于法律规定的教育机构责任主要强调的是对未成年学生的人身权益的保护。如果未成年学生在教育机构学习、生活期间财产受到损害，可以按照一般侵权责任的相关规定行使救济权利。在这一点上，需注意教育机构责任纠纷与违反安全保障义务责任纠纷的区别，前者仅限于人身权益受到侵害的情形，后者包括人身权益与财产权益受到侵害的情形。

请求权基础规范指引

处理教育机构责任纠纷的法律依据主要是《民法典》第1199条至第1201条，第1164条至第1187条的相关规定。

第五章
商事类高频案由

第一节
高频案由分析

针对五年来[1]上海市闵行区人民法院受理的商事类纠纷进行统计分析，其中合同纠纷类案件占比最多，约占商事案件总数的75%；其次为涉及合伙、企业和公司有关的纠纷数量，约占总数的15%；保险纠纷和票据纠纷共占商事类案件总数的6%左右；其余为非高频案由，合计约占4%。

在合同纠纷类案件中，买卖合同纠纷约占35%，为该类案件的最高频案由。此外，融资租赁合同纠纷约占15%；承揽合同纠纷（包含加工、定作、修理合同纠纷）约占10.5%；民间借贷纠纷约占8%；金融借款合同纠纷约占7%；服务合同纠纷约占6%；其余为非高频案由，合计约占18.5%。

在涉及合伙、企业和公司有关的纠纷中，股权转让纠纷约占20%，为该类案件的最高频案由。此外，挂靠经营合同纠纷约占16%；合伙合同纠纷约占16%；联营合同纠纷约占4%；损害公司利益责任纠纷约占3%；股东知情权纠纷约占3%；其余为非高频案由，合计约占38%。

在保险纠纷和票据纠纷中，保险人代位求偿权纠纷占比最高，约占37%，为该类案件的最高频案由。此外，财产保险合同纠纷约占30%；票据

---

[1] 相关案件数据的统计期间为2019年1月至2023年7月。

追索权纠纷约占 20%；人身保险合同纠纷约占 5%；票据付款请求权纠纷约占 4%；其余为非高频案由，合计约占 4%。

因部分与传统民事案件高频案由重复，故在本章节不再赘述。

第二节 合同纠纷

一、买卖合同纠纷

📝 案由释义

《民法典》第 595 条规定，买卖合同是出卖人转移标的物的所有权于买受人，买受人支付价款的合同。对于有效买卖合同，出卖人的主要义务是：交付标的物、转移标的物所有权、权利瑕疵担保和物的瑕疵担保以及其他从义务等；买受人的主要义务是：支付价款、检验、保管以及及时领受等。

分期付款买卖合同是指当事人约定在标的物交付给买受人后，买受人将其应付的总价款在一定期限内分批向出卖人支付的特殊买卖合同。

信息网络买卖合同是指出卖人将标的物在互联网等信息平台上展示并发出要约，买受人通过信息网络作出购买承诺，双方形成合意而订立的买卖合同。

📝 管辖规定

因买卖合同纠纷提起的诉讼，应根据《民事诉讼法》第 24 条的规定，由被告住所地或者合同履行地人民法院管辖。

📝 实践点击

（一）买卖合同中的"合同履行地"在立案阶段应如何确定？

在司法实践中，对于被告住所地的确定一般没有争议，但是关于以"合同履行地"确定案件管辖,实践中存在较多争议,亦是立案审查的难点。在《民事诉讼法解释》第 18 条中进行了规定:合同约定履行地点的,以约定的履行地点为合同履行地。合同对履行地点没有约定或者约定不明确,争议标的为给付货币的,接收货币一方所在地为合同履行地;交付不动产的,不动产所在地为合同履行地;其他标的,履行义务一方所在地为合同履行地。即时结清的合同,交易行为地为合同履行地。合同没有实际履行,当事人双方住所地都不在合同约定的履行地的,由被告住所地人民法院管辖。由此规定可以认为在确定适用"合同履行地"确定案件管辖时,宜区分情形处理。(1) 如当事人在买卖合同中已经明确约定了合同履行地点(通过"合同履行地"或"履行地"予以明确标注),则依据约定确定合同履行地,从而确定管辖法院。(2) 当事人在买卖合同中对履行地点没有约定或约定不明确时,应按照买卖合同中争议标的种类确定合同履行地,例如,在买卖合同中,涉及争议标的为给付货币的,以接收货币一方所在地为合同履行地。在立案阶段审查时,应依据原告诉请并结合其在合同中履行的义务加以确定,为"诉请义务履行地规则",即首先,参照起诉状确定原告诉请的类型是否为货币义务;其次,将原告的诉请与其在合同中的实体权利义务进行对照,即要考虑在买卖合同法律关系中,案件原告是否作为接受货币一方的主体;最后,只有当原告诉请与买卖合同中其所享有的权利一致时,才可依据诉请类型导入对应的合同履行地。(3) 两种特殊情况的认定,一是当事人在合同中约定了履行地,但是没有实际履行,并且当事人住所地都不在合同中约定的履行地点的,由被告住所地法院管辖;二是当事人在合同中没有约定履行地点或者约定不明的,即时结清的合同,以交易行为地为合同履行地。

案例链接: 张某与李某签订买卖合同,由张某向李某购买产品,货款总计 10 万元,张某付款 5 万后,李某无法供货,亦未退款。之后,张某与李某、钱某签订还款协议,约定李某应在协议签订后 30 天内归还张某货款 5 万元,如逾期不还,钱某承担连带保证责任。到期后李某、钱某均未还款,李某、钱某住所地分别在 A 区、B 区。现张某以其所在地为接收货币一方为由,可否向其所在地 C 区法院对李某、钱某提起诉讼,要求李某归还货款 5 万元,钱某承担连带责任?

结合本案诉请，张某起诉李某、钱某要求归还货款，而在买卖合同中，张某的实体权利是取得货物。因此，张某的诉请与其在合同中的实体权利并不一致，不能认定张某的住所地C区系接收货币一方所在地，不可在C区法院提起诉讼。

（二）消费者通过网络购物方式购买商品后，以质量问题请求惩罚性赔偿，能否依据信息网络买卖合同纠纷确定案件管辖？

对于信息网络买卖合同纠纷，《民事诉讼法解释》第20条规定，以信息网络方式订立的买卖合同，通过信息网络交付标的的，以买受人住所地为合同履行地；通过其他方式交付标的的，收货地为合同履行地。合同对履行地有约定的，从其约定。例如，通过网络购买技术服务，出卖人通过网络交付的，买受人住所地为合同履行地。又如，买受人通过购物平台购买衣物、家居等物品后，出卖人通过快递邮寄方式交付标的物的，买受人提供的收货地址为合同履行地。在起诉阶段，应当依据当事人主张的民事法律关系的性质来确定案由。同一诉讼中涉及两个以上法律关系的，应当依当事人诉争的法律关系的性质确定案由。在请求权竞合的情形下，人民法院应当按照当事人自主选择行使的请求权，根据当事人诉争的法律关系的性质，确定相应的案由。消费者向经营者请求赔偿，固然存在买卖合同，但其提起惩罚性赔偿请求，请求权基础为侵权赔偿责任，由此提起的损害赔偿请求之诉应当认定为侵权责任纠纷，因此如在信息网络买卖合同纠纷的诉请中提起了惩罚性赔偿请求，则案件应当认定为侵权责任纠纷之下的产品责任纠纷，应当依照产品责任纠纷确定管辖。

案例链接： 张某通过网络平台向李某购买食品礼盒，收到货物后因为涉案商品没有动物检疫合格证明、有缺陷、不符合食品安全标准，向法院诉讼要求李某退还涉案货款，并支付10倍赔偿。

本案中张某主张其与李某之间存在网络购物合同纠纷，但从诉请内容看，张某依据《食品安全法》要求支付10倍赔偿金。张某与李某之间固然存在买卖合同，但其提起惩罚性赔偿请求，请求权基础为侵权赔偿责任，由此提起的损害赔偿请求之诉应为侵权责任纠纷项下的产品责任纠纷。应当依据《民事诉讼法解释》第26条，因产品、服务质量不合格造成他人财产、人身损害提起的诉讼,产品制造地、产品销售地、服务提供地、侵权行为地和被告住所地人民法院都有管辖权。

(三)买卖合同纠纷中涉及公司人格否认,如何列当事人的诉讼地位?

应当根据不同情形确定当事人的诉讼地位:(1)如债权人对债务人的买卖合同纠纷已经由生效裁判确认,现债权人另行对公司股东提起公司人格否认诉讼,请求股东对债务人公司债务承担连带责任的,应以股东作为被告,公司为第三人,并且案由需根据股东与公司之间的出资关系确定。(2)债权人对债务人公司提起买卖合同诉讼的同时,一并对债务人公司股东提起人格否认诉讼,请求股东对公司债务承担连带责任的,应当将债务人公司和股东列为共同被告。但此时该诉讼为先后关系型共同诉讼,即只有法院对先位诉讼请求支持的前提下,针对其他被告的诉讼请求才能予以认可的共同诉讼,故该类诉讼应当依据先位诉讼即债权人与债务人之间的法律关系确定全案管辖权法院。(见表 5-1)

表 5-1　涉及公司法人人格否认时案由及被告主体的具体情形

买卖合同纠纷是否已有判决确认	案由	被告主体
是	股东损害公司债权人利益纠纷/股东出资纠纷	公司股东作为被告,债务公司可列为第三人
否	买卖合同纠纷	公司及股东一并列为被告

(四)买受人支付货款后,出卖人未开具增值税专用发票的,买受人向法院起诉,请求法院判令出卖人开具增值税专用发票,人民法院是否应予受理?

根据《民法典》第 599 条、《增值税专用发票使用规定》第 10 条的规定,出卖人给付增值税专用发票为法定义务,是出卖人必须履行的买卖合同的从给付义务,从给付义务存在的目的就是补助主给付。在买卖合同中,增值税专用发票的提供与出卖人的主给付义务——交付货物,关系最为密切,事关买受人利益的实现。如果出卖人不提供增值税专用发票,买受人的进项税额一部分就不能抵扣,因此会损害其权益。所以买受人可以单独诉请要求出卖人履行给付增值税专用发票的从给付义务。

📝 请求权基础规范指引

处理买卖合同纠纷的法律依据主要是《民法典》合同编第 9 章"买卖合同"部分及其他单项法律、法规关于特定标的物买卖合同的专门规定。

二、融资租赁合同纠纷

📝 案由释义

融资租赁合同是出租人根据承租人对出卖人、租赁物的选择，向出卖人购买租赁物，提供给承租人使用，承租人支付租金的合同。融资租赁合同为有名合同，合同的内容一般包括租赁物的名称、数量、规格、技术性能、检验方法，租赁期限，租金构成及其支付期限和方式、币种，租赁期限届满租赁物的归属等条款，融资租赁合同应当采用书面形式。

融资租赁合同具有以下特征：（1）出租人根据承租人对出卖人、租赁物的选择购买租赁物。融资租赁合同涉及出租人、承租人和出卖人三方主体，这是融资租赁合同区别于租赁合同的主要特点。租赁合同的出租人是以自己现有的租赁物出租，或者是依自己的意愿购买租赁物用于出租，而融资租赁合同是出租人根据承租人的要求，先购买后出租，为租而买，取得所有权并不是出租人的目的。（2）承租人以支付租金的方式，取得对租赁物的占有和使用。关于租金的构成，从性质上来看，租金不仅是租赁物占有、使用的对价，而且是租赁物购买价款分期负担的对价；从金额上看，租金的价值不仅包括了租赁物的购买价格，还包括了购买价款的利息以及出租人的合理利润。（3）租赁期间，出租人对租赁物享有所有权，但租赁期间出租人的所有权仅具担保功能，系出租人收取租赁物的物权保障，租赁物的占有、使用功能均为承租人所享有，出租人不得任意收回或者转让租赁物。（4）租赁期满，承租人和出租人可以根据融资租赁合同的约定，由出租人收回租赁物、租赁物所有权自动转移给承租人或者由承租人以支付一定价款留购租赁物。

管辖规定

融资租赁合同纠纷是因合同纠纷提起的诉讼，依据《民事诉讼法》第24条，因合同纠纷提起的诉讼，由被告住所地或者合同履行地人民法院管辖。

《民事诉讼法解释》第19条规定，财产租赁合同、融资租赁合同以租赁物使用地为合同履行地。合同对履行地有约定的，从其约定。因此，关于融资租赁合同的履行地，首先以当事人约定的履行地为合同履行地；没有约定或约定不明的，原则上以租赁物使用地为合同履行地；合同没有实际履行，当事人双方住所地都不在合同约定的履行地的，由被告住所地人民法院管辖。

实践点击

（一）如何确定融资租赁法律关系的性质？

《最高人民法院关于审理融资租赁合同纠纷案件适用法律问题的解释》第1条规定，人民法院应当根据《民法典》第735条的规定，结合标的物的性质、价值、租金的构成以及当事人的合同权利和义务，对是否构成融资租赁法律关系作出认定。对名为融资租赁合同，但实际不构成融资租赁法律关系的，人民法院应按照其实际构成的法律关系处理。《民法典》第737条规定，当事人以虚构租赁物方式订立的融资租赁合同无效。例如，租赁物的价值显著低于融资金额的交易，因租赁物不具有物权的担保价值，不应认定为融资租赁合同关系。

（二）融资租赁合同中，如何确定两个合同关系的当事人的诉讼地位？

出卖人与买受人因买卖合同发生纠纷，或者出租人与承租人因融资租赁合同发生纠纷，当事人仅对其中一个合同关系提起诉讼，人民法院经审查后认为另一合同关系的当事人与案件处理结果有法律上的利害关系的，可以通知其作为第三人参加诉讼。承租人与租赁物的实际使用人不一致，融资租赁合同当事人未对租赁物的实际使用人提起诉讼，人民法院经审查后认为租赁物的实际使用人与案件处理结果有法律上的利害关系的，可以通知其作为第三人参加诉讼。承租人基于买卖合同和融资租赁合同直接向出卖人主张受领租赁物、索赔等买卖合同权利的，人民法院应通知出租人作为第三人参加诉讼。

（三）如合同中租赁物使用地不明确，是由原告补充说明租赁物使用地，还是依据《民事诉讼法解释》确定合同履行地？

《民事诉讼法》第 24 条规定，因合同纠纷提起的诉讼，由被告住所地或者合同履行地人民法院管辖。《民事诉讼法解释》第 19 条规定，融资租赁合同以租赁物使用地为合同履行地。因此，在租赁物使用地不明确，合同中亦无其他管辖约定时，若原告能够提供初步证据证明租赁物的使用地，则可以该地点作为合同履行地；若无法提供初步证据证明时，则无合同履行地。因特别条款优于一般条款，故不能用《民事诉讼法解释》第 19 条的规定确定合同履行地时，亦不能按照《民事诉讼法解释》第 18 条确定案件管辖，原告可以向被告住所地法院提起诉讼。

请求权基础规范指引

处理融资租赁合同纠纷的法律依据主要是《民法典》合同编第 15 章"融资租赁合同"、《最高人民法院关于审理融资租赁合同纠纷案件适用法律问题的解释》等相关规定。

三、承揽合同纠纷

案由释义

承揽合同是承揽人按照定作人的要求完成工作，交付工作成果，定作人支付报酬的合同。承揽合同的主体是承揽人和定作人。所谓承揽人，是指按照定作人的指示完成特定的工作内容，并向定作人交付该工作成果的人；所谓定作人，是指要求承揽人完成特定的工作内容，并接受该工作成果和支付报酬的人。承揽合同不要求必须采取书面形式，其合同内容一般包括承揽的标的、数量、质量、报酬，承揽方式，材料的提供，履行期限，验收标准和方法等条款。

承揽合同是一大类合同的总称，《民法典》第770条第2款规定，承揽包括加工、定作、修理、复制、测试和检验等工作。该款规定属于不完全列举，上述6项承揽工作之外的其他事项，如洗染、打字、翻译、拍照、广告制作、测绘、鉴定等，也属于承揽合同的标的。

加工合同，是指承揽人按照定作人的要求，以自己的技能、设备和劳力，将定作人提供的原材料加工为成品，定作人接受该成品并支付报酬的合同。

定作合同，是指承揽人按照定作人的要求，以自己的技能、设备和劳力，用自己的材料为定作人制作成品，定作人接受该成品并给付报酬的合同。定作与加工的区别在于：加工合同由定作人提供原材料，而定作合同中承揽人需自备材料。

修理合同，是指承揽人为定作人修理已损坏的物品，使其恢复原状，定作人向承揽人支付报酬的合同。修理合同的标的既包括对动产的修理，也包括对不动产的修缮。

管辖规定

承揽合同纠纷的地域管辖按照合同纠纷地域管辖的一般规则确定，即当事人之间有书面管辖协议的，按照《民事诉讼法》第35条的规定确定管辖，没有书面管辖协议的，按照《民事诉讼法》第24条的规定由被告住所地、合同履行地人民法院管辖。

实践点击

（一）如何区分定作合同纠纷与装饰装修合同纠纷？

定作合同是指承揽人根据定作人的要求，以自己的技能、设备和劳力，用自己的材料为定作人制作成品，定作人接受该成品并给付报酬的合同。建设工程合同项下的装饰装修合同，是指建筑装饰装修企业与发包方订立的明确装饰装修中双方权利义务的协议。建筑装饰装修一般是指为使建筑物、构筑物内、外空间达到一定的环境质量要求，使用装饰装修材料，对建筑物、构筑物外表和内部进行修饰处理的工程建筑活动。装饰装修合同的目的是使建筑物、构筑物内、外空间达到一定的环境质量要求而实施装饰装修行为，具有整体性。而定作合同的目的在于根据约定完成特定的产品，具有个别性。

案例链接： 业主王某因为装修房屋需要，向 B 公司定作橱柜，后 B 公司未能如期交付符合质量要求的橱柜，王某起诉 B 公司要求退款，按照装饰装修合同纠纷向房屋所在地法院提起诉讼。

本案中，业主王某虽因装修房屋需要定作橱柜，但王某与 B 公司之间并无整体性的装饰装修行为，仅就房屋中的橱柜定作部分订立合同，因此案件为定作合同法律关系，应当向被告所在地或合同履行地法院提起诉讼。

（二）承揽合同与买卖合同的区别？

承揽合同中的定作合同系由承揽人提供材料，完成工作后转移所有权于定作人，较容易与买卖合同混淆。二者区别关键在于：承揽合同是以完成一定的工作为目的的合同，双方当事人的权利义务所指向的对象是加工、修理、定作等特定的行为；买卖合同则是以转移所有权为目的的合同，双方当事人的权利义务所指向的对象是交付一定的物的行为。

案例链接： A 公司向 B 公司购买一批衣物，双方对衣物的款式、面料材料均有约定，要求 B 公司按照出样产品批量制作。B 公司未能按期交货，A 公司起诉至法院要求 B 公司承担违约责任。因 A、B 公司之间虽然签订买卖合同，但 A 公司对货物的款式、材料有特殊要求且实际为按照样品特别制作，因此符合承揽合同的法律特征，双方间争议应为定作合同纠纷。

📝 请求权基础规范指引

处理承揽合同纠纷的法律依据主要是《民法典》合同编第 17 章"承揽合同"的相关规定。

四、金融借款合同纠纷

📝 案由释义

金融借款合同纠纷为"借款合同纠纷"项下的第四级案由，但因为涉及金融机构主体且实践中该案由在商事案件纠纷中占比较重，案件数量已经接近商事主体即法人之间的民间借贷纠纷,因此在此单独加以论述。

金融借款合同纠纷是指办理贷款业务的金融机构作为贷款人一方,向借款人提供贷款,借款人到期返还借款并支付利息的合同。金融借款合同纠纷的主要特征有:(1)有偿性。金融机构发放贷款,意在获取相应的利润,因此借款人在获得金融机构提供贷款的同时,不仅负担按期返还本金的义务,还要按照约定向贷款人支付利息,利息支付义务系借款人使用金融机构贷款的对价,所以金融借款合同为有偿合同。(2)要式性。金融借款合同应当采用书面形式。(3)诺成性。在合同双方当事人协商一致时,合同关系即可成立,依法成立的,自成立时起生效。合同的成立和生效在当事人双方没有特别约定时,不需以贷款人贷款的交付作为条件。

管辖规定

《民事诉讼法》第35条规定,合同或者其他财产权益纠纷的当事人可以书面协议选择被告住所地、合同履行地、合同签订地、原告住所地、标的物所在地等与争议有实际联系的地点的人民法院管辖,但不得违反本法对级别管辖和专属管辖的规定。大部分金融借款合同都在合同中约定了管辖条款。

实践点击

金融借款合同纠纷与民间借贷纠纷的区别?

金融借款合同纠纷与民间借贷纠纷在放贷主体、有偿性、合同形式、生效要件等方面存在不同,具体梳理见表5-2。

表5-2 金融借款合同纠纷与民间借贷纠纷的区别

对比项	金融借款合同纠纷	民间借贷纠纷
定义	银行、财务公司等金融机构向自然人、法人、其他组织发放贷款的行为	自然人、法人、其他组织之间及其相互之间进行资金融通的行为
放款主体	金融机构	非金融机构

续表

对比项	金融借款合同纠纷	民间借贷纠纷
有偿性	有偿	可以约定利息，也可以不约定，不必然有偿
合同形式	书面形式	可以书面，也可以非书面
生效要件	诺成合同	实践合同

请求权基础规范指引

处理金融借款合同的法律依据主要是《民法典》第667条、第668条。

第三节 涉及合伙、企业和公司有关的纠纷

一、股权转让纠纷

案由释义

股权是股东因出资行为而对公司享有的获取经济利益和参与公司经营管理的各项权利的总称。股权转让，则是股东与受让人意思表示一致，依照法律或者公司章程的规定将自己的股权让与受让人，使受让人继受取得股权成为公司股东。股权转让纠纷是指股东之间、股东与受让股东之间进行股权转让而产生的纠纷。它包括有限责任公司的股权转让纠纷和股份有限公司的股权转让纠纷两种情况。有限责任公司兼具人合和资合特性，股权转让分为对内转让和对外转让两种情况，对内转让是指股权在股东内部进行转让，对外转让是指股东将其股权向股东以外的人进行转让。股东向股东以外的人转让股权，会发生新股东进入公司的情况，而新股东与其他股东之间并不一定存在相互信任的关系。为了维持有限责任公司的人合性因素，《公司法》第84

条第 2 款规定，股东向股东以外的人转让股权的，应当将股权转让的数量、价格、支付方式和期限等事项书面通知其他股东，其他股东在同等条件下有优先购买权。股份有限公司作为典型的资合公司，其股权以自由转让为基本特征，但要依法转让。依法发行的股票、公司债券及其他证券，法律对其转让期限有限制性规定的，在限定的期限内不得买卖。

管辖规定

当事人按照《民事诉讼法》第 35 条的规定约定了管辖协议，按照合法有效的管辖协议确定管辖。若未约定则按照《民事诉讼法》第 24 条的规定，由被告住所地或合同履行地人民法院管辖。

实践点击

（一）股权转让纠纷的主要类型？

股权转让纠纷的主要类型有股权转让合同效力的纠纷、股权转让合同履行的纠纷、瑕疵出资股东股权转让纠纷、股权转让中的瑕疵责任。其中，国有股权转让纠纷等，在适用《公司法》的相关规定外，还适用相关特殊规定。本案由还包括一些特殊类型的股权转让纠纷，如股权的继承、股权的分割、股权的遗赠以及夫妻共有股权的法律纠纷等。《公司法》第 90 条为针对股权继承问题的规定，即自然人股东死亡后，其合法继承人可以继承股东资格；但是，公司章程另有规定的除外。

（二）股权转让合同纠纷与买卖合同的区别？

股权转让合同纠纷不同于一般的买卖合同纠纷。股权转让尽管也导致股权归属的变化，但与一般的商品买卖关系不同，股权背后所对应着的是公司的全部财产以及债务，股权转让本质上属于权利的买卖，转让的后果意味着转让人与受让人之间发生了对公司财产控制关系的变化，因此两者存在较大区别，在司法实践中不应混淆。

请求权基础规范指引

处理股权转让纠纷的法律依据主要是《公司法》第 84 条至第 90 条、第

157 条至第 167 条等以及《最高人民法院关于适用〈中华人民共和国公司法〉若干问题的规定（四）》第 16 条至第 22 条，《民法典》合同编等有关合同的相关规定也应予适用。此外，2019 年《全国法院民商事审判工作会议纪要》第 8 条、第 9 条对有限责任公司有股权变动、侵犯优先购买权的股权转让合同的效力也作出了规定。

二、挂靠经营合同纠纷

案由释义

现行法律并未对挂靠经营的含义进行规定。一般意义上，挂靠经营是指经营主体（多为自然人、个体工商户、私营企业）与另一经营主体（多为具备一定实力、信誉、资格的国有或者集体法人企业）协议约定，由挂靠方使用被挂靠企业的经营资格和凭证等进行经营活动，并向被挂靠企业提供挂靠费用的经营形式。实践中，挂靠企业对外经营活动发生的债权债务，一般由挂靠企业和被挂靠企业承担连带责任。

管辖规定

因挂靠经营合同纠纷提起的诉讼，依据《民事诉讼法》第 24 条的规定由被告住所地或者合同履行地人民法院管辖。

实践点击

挂靠机动车侵权的被告主体？

机动车挂靠运营一般是指没有运输经营权的个人或者单位为了运输经营，将机动车挂靠于具有运输经营权的公司，从而以该公司名义对外进行运输经营。以挂靠形式从事道路运输经营活动的机动车，发生交通事故造成损害，属于该机动车一方责任的，由挂靠人和被挂靠人承担连带责任。

《民法典》第 1211 条规定，以挂靠形式从事道路运输经营活动的机动车，发生交通事故造成损害，属于该机动车一方责任的，由挂靠人和被挂靠人承担连带责任。

案例链接：张某与李某驾驶机动车在道路上发生了交通事故，交警部门认定事故张某负全责，李某无责，张某车辆挂靠在 A 公司，另投保保险公司 B 公司。之后张某与李某因修车费用支付问题无法达成一致，李某将张某、张某车辆挂靠的 A 公司，承保单位 B 公司一并列为被告提起赔偿诉讼。

请求权基础规范指引

处理挂靠经营合同纠纷的法律依据主要是《对外贸易经济合作部、国家税务总局关于重申规范进出口企业经营行为，严禁各种借权经营和挂靠经营的通知》相关规定。

三、合伙合同纠纷

案由释义

合伙合同是指两个以上的合伙人为了共同的事业目的，订立的共享利益、共担风险的协议。合伙合同具有以下特征。

1. 合同主体的数量限制，合伙人应当在两个以上。一般的合同往往可以区分为双方当事人（一方当事人可以是多人），通过要约承诺实现对应的意思表示一致而成立。而合伙合同则往往是多方当事人，作出共同的意思表示（共同开展事业，共享利益、共担风险）而成立。因此，在一般合同中往往存在权利义务对应关系，一方的权利对应另一方的义务。而在合伙合同中，除另有约定，各方合伙人之间往往承担同样的权利义务，如都有出资义务、债务承担义务，都有表决、执行、监督和盈余分配权利，都遵循同样的入伙、退伙规则。合伙人之间的权利差别主要是由出资额不同所带来的。

2. 合伙合同的目的性特征。合伙人订立合伙合同是为了开展共同事业，实现共同利益。共同事业可以是营利性事业，也可以是非营利性事业。共同的利益可以是经济利益，也可以是其他利益。

3. 合伙合同的收益风险负担。合伙人共享合伙经营的利益，共担合伙经营的风险。

4. 合伙合同是继续性合同。只要共同目的未实现，合伙人也未一致同意解散合伙，所有合伙人都应当持续履行其义务。作为继续性合同，解除的效力不具有溯及力。

5. 合伙合同是不要式合同。《民法典》未规定合伙合同的订立形式，这是与商事合伙的显著区别。《合伙企业法》第14条第2项规定，设立合伙企业应当有书面合伙协议。

6. 合伙合同具有鲜明的人合性特征。合伙合同的成立是基于合伙人之间的相互信任，合伙人之间互为代理人、对合伙债务承担连带责任，不得擅自处分自己在合伙财产中的份额。

管辖规定

合伙合同纠纷适用《民事诉讼法》关于合同纠纷管辖的一般规定，即当事人按照《民事诉讼法》第35条规定约定了管辖协议，按照合法有效的管辖协议确定管辖。若未规定，则按照《民事诉讼法》第24条规定由被告住所地或合同履行地人民法院管辖。

实践点击

（一）合伙合同纠纷与合伙企业纠纷的区别？

有关立法资料认为，《民法总则》删除《民法通则》关于"个人合伙"和"联营"的内容，主要考虑是作为商事主体的合伙企业由《合伙企业法》进行调整，而未成立合伙企业的民事合伙，则可以由《民法典》合同编进行规定。由此可见，《民法典》中合伙合同主要调整民事合伙，即当事人订立合伙合同而没有设立合伙企业的合伙。因此，当事人之间只订立合伙协议，但不登记为合伙企业的，相关的纠纷应适用合伙合同纠纷案由。当事人之间设立合伙企业发生的纠纷，适用合伙企业纠纷项下的"入伙纠纷""退伙纠纷""合伙企业财产份额转让纠纷"案由。

案例链接：黄某与蒋某就某场地运营签订"合伙协议"，约定双方合作经营，共同出资运营，收益按照出资比例分配。实践中，运营收益均由黄某收取，定期按比例支付蒋某收益份额。之后黄某在运营中与蒋某产生分歧，连续数期未支付蒋某收益份额，蒋某遂以合伙合同纠纷将黄某起诉至法院。

（二）合伙合同纠纷中"合同履行地"的确定？

如当事人在合伙合同中已经明确约定了合同履行地点（通过"合同履行地"或"履行地"予以明确标注），则依据约定明确合同履行地，从而确定管辖法院。

当事人在合伙合同中对履行地点没有约定或约定不明确时，因为考虑到合伙合同的特殊性，合伙双方在主合同中均负有出资义务，故无法判断主合同中接收货币一方。故合伙合同未约定合同履行地时，只能依据被告所在地确定管辖法院。

案例链接：张某与钱某签订合伙合同，约定双方共同出资经营某美容院，合同中约定了经营期限、出资比例及分成方式，但未约定管辖条款。经营中，张某与钱某的经营理念发生分歧，钱某遂明确表明要退出合伙经营，要求张某退还其出资款，张某不愿提前返还。钱某将张某起诉至钱某所在地法院，要求援用《民事诉讼法解释》第18条第2款，认为钱某要求张某退款，钱某所在地为接收货币一方所在地。

因合伙合同中，张某与钱某均进行出资，故在合伙合同中双方均负有支付货币的义务，因此无法采用"诉请义务规则"判断接收货币一方所在地，钱某应向被告人张某所在地法院提起诉讼。

请求权基础规范指引

处理合伙合同纠纷的法律依据主要是《民法典》合同编第27章合伙合同的规定。

四、联营合同纠纷

案由释义

联营是指企业法人之间或企业法人与事业单位法人之间通过协议或者章

程而进行经济联合的组织形式,当事人以此达成的协议称为联营合同。联营企业属于营利法人中的其他企业法人。根据《市场主体登记管理条例》第2条的规定,具备法人条件的下列企业,应当依照本条例的规定办理企业法人登记:(1)全民所有制企业;(2)集体所有制企业;(3)联营企业;(4)在中华人民共和国境内设立的中外合资经营企业、中外合作经营企业和外资企业(现统称为外商投资企业);(5)私营企业;(6)依法需要办理企业法人登记的其他企业。上述这些企业法人,如果不是按照公司法成立的公司法人,没有采用公司法人的组织结构,则属于"其他企业法人"。联营可以分为法人型联营、合伙型联营和合同型联营三种类型。

管辖规定

一般认为,法人型联营合同纠纷案件,由法人联营体的主要办事机构所在地人民法院管辖。合伙型联营合同纠纷案件,根据《民事诉讼法解释》第5条的规定,由合伙型联营体注册登记地人民法院管辖。合同型联营合同纠纷案件,由被告住所地人民法院管辖。

由联营体主要办事机构所在地或联营体注册登记地人民法院管辖确有困难的,如法人型联营体已经办理了注销手续,合伙型联营体应经市场主体管理部门注册登记而未办理注册登记,或者联营期限届满已经解体的,可由被告住所地人民法院管辖。

实践点击

(一)联营合同纠纷的三种类型?

1. 法人型联营,是指企业法人之间或企业法人与事业单位法人之间以财物、资金、技术等出资并组成新的经济实体,在具备法人条件,能独立承担民事责任时,经市场主体行政管理机关核准登记,取得法人资格。此种类型纠纷,成立符合《公司法》条件的联营体,联营方之间发生纠纷的,实体法也适用《公司法》规定,确定案由时可以适用"联营合同纠纷"案由,也可以适用第二级案由"与公司有关的纠纷"项下的案由。成立非公司法人联营体的,适用第三级案由"联营合同纠纷"。

2. 合伙型联营，是指企业法人之间或企业法人与事业单位法人之间共同出资、共同经营，但不具备法人条件，联营各方以各自所有的或者经营管理的财产承担民事责任。如果依照法律规定或者协议约定负连带责任，则承担连带责任。对于申请登记并领取营业执照的合伙型联营，联营方之间发生纠纷的，实体法适用《合伙企业法》，确定案由时可以适用"联营合同纠纷"案由，也可以适用"合伙企业纠纷"案由。没有登记的，实体法不能适用《合伙企业法》，确定案由时应适用"联营合同纠纷"案由。

3. 合同型联营，即松散型联营，这是指企业法人之间或企业法人与事业单位法人之间按照协议约定相互协作但各自独立经营，联营各方的权利义务由联营协议加以约定，各自独立承担民事责任。此种类型的纠纷按照合同基础法律关系确定案由即可。

（二）实践中如何区分联营合同纠纷与房屋租赁合同纠纷？

联营合同是指企业法人之间或者企业法人与事业单位法人之间通过协议或章程而进行经济联合的组织形式，当事人为此达成的协议。

房屋租赁合同是指房屋出租人将房屋提供给承租人使用，承租人定期给付约定租金，并于合同终止时将房屋完好地归还给出租人的合同。

案例链接：餐饮公司拥有房产的所有权，经营美食广场，与小业主甲签订租赁合同，约定甲在一定期限内租赁其中部分场地，经营某小吃，甲向餐饮公司交纳场地使用费、履约保证金，场地使用费数额按照甲的营业额比例收取，但确定了保底缴纳数额。缴纳方式为：营业款由餐饮公司售卡台统一收取，每月核算，餐饮公司扣除应收取的费用外再转账给甲。此外，甲的装修样式、经营品牌不得随意更换。现甲起诉餐饮公司支付剩余营业款，应如何确定合同法律关系？

本案中，餐饮公司对小业主甲的经营有一定的要求，如装修样式、经营品牌的更换。同时在盈余分配中，约定餐饮公司根据营业额比例收取场地使用费，故案件符合联营合同特征。

请求权基础规范指引

处理联营合同纠纷的法律依据主要是《民法典》总则编和合同编通则分

编的相关规定，《全民所有制工业企业转换经营机制条例》第16条的相关规定。

五、损害公司利益责任纠纷

📝 案由释义

损害公司利益责任纠纷，是指公司股东滥用股东权利或者董事、监事、高级管理人员违反法定义务，损害公司利益而引发的纠纷。

股东滥用股东权利损害公司利益责任纠纷，是指因股东滥用股东权利给公司造成损害的，应当承担损害责任的民事纠纷。公司股东依照法律和公司章程正当行使权利，是股东的基本义务。

公司董事、监事、高级管理人员损害公司利益责任纠纷，是指董事、监事、高级管理人员执行公司职务时违反法律、行政法规或者公司章程的规定，给公司造成损失而发生的纠纷。为了防止发生董事、监事、高级管理人员损害公司利益的道德风险，《公司法》第179条、第180条第1款、第2款规定，董事、监事、高级管理人员应当遵守法律、行政法规和公司章程，对公司负有忠实义务和勤勉义务。

📝 管辖规定

《民事诉讼法》规定的公司诉讼类型为公司组织诉讼，损害公司利益的行为是一种侵权行为，不属于公司组织诉讼，应按照《民事诉讼法》第29条的规定，由侵权行为地或者被告住所地人民法院管辖。

📝 实践点击

（一）损害公司利益责任纠纷中的诉讼主体地位？

实践中，该类案由通常由公司作为原告，被告为作出不当行为的公司股东、董事、监事或高级管理人员。

关于诉讼主体的地位，根据《最高人民法院关于适用〈中华人民共和国公司法〉若干问题的规定（四）》第 23 条的规定，监事会或者不设监事会的有限责任公司的监事依据《公司法》第 151 条第 1 款规定对董事、高级管理人员提起诉讼的，应当列公司为原告，依法由监事会主席或者不设监事会的有限责任公司的监事代表公司进行诉讼。董事会或者不设董事会的有限责任公司的执行董事依据《公司法》第 151 条第 1 款规定对监事提起诉讼的，或者依据《公司法》第 151 条第 3 款规定对他人提起诉讼的，应当列公司为原告，依法由董事长或者执行董事代表公司进行诉讼。《最高人民法院关于适用〈中华人民共和国公司法〉若干问题的规定（四）》第 24 条规定，符合《公司法》第 151 条第 1 款规定条件的股东，依据《公司法》第 151 条第 2 款、第 3 款规定，直接对董事、监事、高级管理人员或者他人提起诉讼的，应当列公司为第三人参加诉讼。一审法庭辩论终结前，符合《公司法》第 151 条第 1 款规定条件的其他股东，以相同的诉讼请求申请参加诉讼的，应当列为共同原告。

（二）损害公司利益责任纠纷中被告身份的确定？

损害公司利益责任纠纷中的被告身份主要有两种：第一种情况是公司的股东，在实践中滥用了股东的权利，如股东在涉及公司为其担保事项进行表决时，应当回避而不回避。又如，公司章程规定出售重大资产需股东大会特别决议通过，公司的控股股东无视公司章程的规定，不经法定程序，强令公司出售该资产。《公司法》第 21 条第 1 款、第 2 款规定了禁止滥用股东权利的原则和应承担的赔偿责任，公司股东应当遵守法律、行政法规和公司章程，依法行使股东权利，不得滥用股东权利损害公司或者其他股东的利益。公司股东滥用股东权利给公司或者其他股东造成损失的，应当承担赔偿责任。

第二种情况是公司的董事、监事、高级管理人员违反法定义务，损害公司利益而引发的纠纷。《公司法》第 188 条规定，董事、监事、高级管理人员执行职务违反法律、行政法规或者公司章程的规定，给公司造成损失的，应当承担赔偿责任。

请求权基础规范指引

处理损害公司利益责任纠纷的法律依据主要是《公司法》第 21 条、第

22条、第180条、第188条、第189条;《最高人民法院关于适用〈中华人民共和国公司法〉若干问题的规定（一）》第4条;《最高人民法院关于适用〈中华人民共和国公司法〉若干问题的规定（二）》第23条;《最高人民法院关于适用〈中华人民共和国公司法〉若干问题的规定（四）》第23条至第26条;《最高人民法院关于适用〈中华人民共和国公司法〉若干问题的规定（五）》第1条、第2条;《民法典》第83条第1款。

六、股东知情权纠纷

案由释义

股东知情权纠纷，是指股东因其知情权受到侵害而产生了纠纷。股东知情权，是法律赋予公司股东了解公司信息的权利。例如，《公司法》第57条赋予了有限责任公司的股东对于公司章程、股东名册、股东会会议记录、董事会会议决议、监事会会议决议和财务会计报告的查阅、复制权，对会计账簿的查阅权，此为法律赋予股东的合法权利。该条第1款规定，股东有权查阅、复制公司章程、股东名册、股东会会议记录、董事会会议决议、监事会会议决议和财务会计报告。股东知情权不仅指单纯地了解公司有关信息，而且包含着对公司进行检查监督的权利，如对公司提出建议或者质询。例如，根据《公司法》第110条的规定，股份有限公司的股东不但有权查阅、复制公司章程、股东名册、股东会会议决议、董事会会议决议、监事会会议决议、财务会计报告，还有权对公司的经营提出建议或者质询。

为平衡公司与股东权利、保障公司经营及合法利益，根据《公司法》第57条第2款的规定，对于有限责任公司的股东查阅目的不正当可能损害公司合法利益的情况，予以限制股东该项权利的行使。也就是说股东行使法定权利为常态，只有在特定情况下才对权利的行使进行限制：（1）对于诸如会计账簿、会计凭证等公司文件，没有赋予股东复制权。（2）股东对公司会计账簿、会计凭证行使查阅权时，除须向公司递交书面申请外，还必须说明查阅的目的。当公司认为此目的不正当时，有权拒绝提供查阅。在股东知情权法律关系中，权利主体是公司股东，义务主体是公司，因此，涉及股东知情权纠纷的诉讼，应当以公司为被告。根据《最高人民法院关于适用〈中华人民共和国公司法〉若干问题的规定（四）》第7条第1款的规定，股东依据《公司法》第33条、第97条或者公司章程的规定，起诉请求查阅或者复制公司特定文件材料的，人民法院应当依法予以受理。

管辖规定

《民事诉讼法解释》第22条规定，因股东名册记载、请求变更公司登记、股东知情权、公司决议、公司合并、公司分立、公司减资、公司增资等纠纷提起的诉讼，依照《民事诉讼法》第27条的规定确定管辖。故根据《民事诉讼法》第27条的规定，因股东知情权纠纷提起的诉讼，原则上由公司住所地人民法院管辖。

《民事诉讼法解释》第3条规定，公司住所地是指公司主要办事机构所在地。公司主要办事机构不能确定的，其注册地或者登记地为住所地。

实践点击

（一）公司原股东退出公司后，又以公司在其股东资格存续期间对其隐瞒真实经营状况为由，诉请要求行使公司知情权的，是否有主体资格？

《最高人民法院关于适用〈中华人民共和国公司法〉若干问题的规定（四）》第7条第2款规定，公司有证据证明该条第1款规定的原告在起诉时不具有公司股东资格的，人民法院应当驳回起诉，但原告有初步证据证明在持股期间其合法权益受到损害，请求依法查阅或复制其持股期间的公司特定文件材料的除外。

（二）公司监事以其知情权受到侵害为由对公司提起知情权诉讼的，主体是否适格？

有限责任公司的监事会或不设监事会的公司监事，是依照法律规定和章程规定，代表公司股东和职工对公司董事会、执行董事和经理依法履行职务情况进行监督的机关。监事会或监事依照《公司法》第78条的规定，有权检查公司财务等情况，并在发现公司经营异常时，可依据《公司法》第79条的规定进行调查；必要时可聘请会计师事务所等协助其工作。但监事会或监事履行相关职权属于公司内部治理的范畴，该权利的行使与否并不涉及其民事权益，并且《公司法》并未对监事会或监事行使权利受阻规定相应的司法救济程序。因此，监事会或监事以其知情权受到侵害为由提起诉讼，不具有可诉性。

实践中，可能出现行使知情权的股东同时又是公司董事的情况。监事的知情权与股东的知情权在权利性质、权利内容、行使方式等各方面均不相同。因此，如果提起知情权诉讼的股东同时具备公司监事的身份，应当以股东名义提起知情权诉讼。

（三）公司股东以公司其他股东或公司董事、监事、其他高级管理人员为被告，提起知情权诉讼应如何处理？

股东知情权属于股东为自身或股东的共同利益对公司经营中的相关信息享有知晓和掌握的权利，公司应当按照公司法和章程的规定，向股东履行相关的信息报告和披露的义务。因此，股东知情权的义务主体为公司。即使是公司其他股东、董事、监事或高级管理人员拒绝履行相关义务，导致股东知情权受到侵害，也应当由公司承担责任。故股东以公司其他股东、董事、监事或高级管理人员为被告提起股东知情权纠纷诉讼的，法院不应受理。

案例链接： 赵某作为N有限责任公司的小股东，在察觉公司经营状况不良时，多次向公司的实际控制人钱某申请了解公司财务状况，但钱某拒绝赵某查看公司账簿的申请。赵某向法院起诉钱某股东知情权诉讼，要求钱某配合其查阅公司财务情况。本案中法院认为，钱某非股东知情权诉讼的责任主体，赵某的诉讼法院不予受理。

请求权基础规范指引

处理股东知情权纠纷的法律依据主要是《公司法》第57条、第110条及《最高人民法院关于适用〈中华人民共和国公司法〉若干问题的规定（四）》第7条至第12条。

第四节
保险纠纷和票据纠纷

一、保险人代位求偿权纠纷

案由释义

保险人代位求偿权纠纷是当事人因保险人代位求偿权的行使而产生的相关纠纷。"保险人代位求偿权纠纷"系"财产保险合同纠纷"下的第四级案由，因该案由在商事司法实践中数量较多，因此单独予以阐述。

保险人代位求偿权是财产保险合同的一种特殊制度。按照《保险法》第60条第1款的规定，保险人代位求偿权是指因第三者对保险标的的损害而造成保险事故的，保险人自向被保险人赔偿保险金之日起，在赔偿金额范围内代位行使被保险人对第三者请求赔偿的权利。通常认为，保险人代位求偿权具有法定性、附条件性、债权性，保险人代位求偿权是保险法直接赋予财产保险合同的保险人在特定条件下享有的权利，保险人有权依法代位行使被保险人因第三者侵权或者违约等享有的请求赔偿的权利。《最高人民法院关于适用〈中华人民共和国保险法〉若干问题的解释（二）》和《最高人民法院关于适用〈中华人民共和国保险法〉若干问题的解释（四）》均对保险人代位求偿权作出明确细化的规定。

管辖规定

《民事诉讼法》第25条规定，因保险合同纠纷提起的诉讼，由被告住所地或者保险标的物所在地人民法院管辖。同时《民事诉讼法解释》第21条第1款规定，因财产保险合同纠纷提起的诉讼，如果保险标的物是运输工具或者运输中的货物，可以由运输工具登记注册地、运输目的地、保险事故发生地人民法院管辖。

实践点击

（一）被保险人与第三人事先达成的仲裁条款，对行使代位求偿权的保险人的效力？

保险人提起保险代位求偿权诉讼的，应区分案件是否有涉外因素。如无涉外因素，被保险人和第三人事先达成的仲裁协议，对行使保险代位求偿权的保险人有拘束力，但当事人另有约定或法律另有规定的除外。如具有涉外因素，保险人取得保险代位求偿权后，被保险人对第三人的实体权利相应的转移给保险人；但保险人未明确接受仲裁协议的，被保险人和第三人事先达成的仲裁协议对保险人不具有约束力。如被保险人和第三人之间约定仲裁以外其他争议解决条款，则不再区分是否有涉外因素，上述争议解决条款对行使保险代位求偿权的保险人有拘束力，但当事人另有约定或法律另有规定的除外。

（二）保险公司代位行使被保险人对第三者请求赔偿的案件的地域管辖？

因第三者对保险标的的损害造成保险事故，保险人向被保险人赔偿保险金后，代位行使被保险人对第三者请求赔偿的权利而提起诉讼的，应当根据保险人所代位的被保险人与第三者之间的法律关系，而不应当根据保险合同法律关系确定管辖法院。第三者侵害被保险人合法权益的，由侵权行为地或被告住所地法院管辖。

案例链接：张某与李某驾驶机动车，在H区某路段发生交通事故，交警部门认定事故中张某无责，李某全责。双方就车辆维修费用的支付未达成一致，张某遂向其投保车损险的保险公司Y公司索赔，保险公司在赔付了张某的车辆维修费用后，代位向李某提起保险人代位求偿权诉讼。此时应以保险公司代位张某，以张某与李某之间发生的机动车交通事故责任纠纷确定案件的管辖法院。

（三）保险人代位求偿权纠纷中被保险人的诉讼地位如何确定？

《最高人民法院关于在经济审判工作中严格执行〈中华人民共和国民事

诉讼法〉的若干规定》（已失效）第 11 条规定，人民法院对已经履行了义务，或者依法取得了一方当事人的财产，并支付了相应对价的原告、被告法律关系以外的人，不得作为无独立请求权的第三人通知其参加诉讼。在保险代位求偿权纠纷中，被保险人基于支付的保险费，在保险事故发生后获得了保险赔偿，应当属于该条规定的第二种情况，当然不能作为无独立请求权的第三人参加诉讼。如果在保险代位求偿权成立后，被保险人已经向第三人提起诉讼的，保险人可以向受理该案件的法院申请变更当事人，法院应当予以准许。根据《保险法》第 60 条第 1 款的规定，此时被保险人对第三人请求赔偿的权利，已法定转移给保险人。若是被保险人的损失未获保险人全部赔偿，保险人和被保险人可以作为共同原告或分别向第三人请求赔偿。依据《保险法》第 60 条第 1 款和第 3 款的规定，保险人在支付保险金后，只是获得了已支付保险金额范围内的代位求偿权，被保险人仍可向第三人要求保险金未覆盖的损失部分的赔偿。

请求权基础规范指引

处理保险人代位求偿权纠纷的法律依据主要是《保险法》第 60 条至第 63 条。

二、财产保险合同纠纷

案由释义

根据《保险法》第 10 条第 1 款、第 12 条第 4 款的规定，财产保险合同是投保人与保险人以财产及其有关利益为保险标的，约定保险权利义务关系的协议。

财产保险合同纠纷，是指投保人与保险人之间因财产保险合同的订立、履行、变更、终止等发生的争议。

根据《保险法》第 95 条第 1 款第 2 项的规定，我国财产保险业务，包括财产损失保险、责任保险、信用保险、保证保险等保险业务。在《民事案件案由规定》中,亦按照这一业务类型,在财产保险合同纠纷下设有四个第四级案由,即财产损失保险合同纠纷、责任保险合同纠纷、信用保险合同纠纷、保证保险合同纠纷。同时,还有一个财产保险合同的特殊类型的第四级案由:保险人代位求偿权纠纷。

(一)财产损失保险合同纠纷

所谓财产损失保险合同,是一种最为典型的财产保险合同,其保险标的为有形财产及其相关的利益。我国现行的财产损失保险合同包括(企业)财产保险合同、家庭财产保险合同、机器损坏保险合同、利润损失保险合同、涉外财产保险合同等种类。财产损失保险合同纠纷,是指投保人与保险人之间因财产损失保险合同的订立、履行、变更、终止等发生的争议。

(二)责任保险合同纠纷

责任保险合同是指经保险人与投保人约定,以被保险人依法应当向第三人承担的民事损害赔偿责任作为保险标的的财产保险合同。这一合同是约定在投保人依据法律规定,应当承担相应的民事损害赔偿责任时,由保险人依据合同的约定向第三人进行赔偿。现代社会是一个风险社会,为了减少社会风险给当事人带来的潜在损失,对投保人在日常的生产和生活中有可能依法承担的民事赔偿责任,都可以通过签订责任保险合同的方式要求保险人分担,通过这一方式来实现风险共担,从而减少社会生活的风险对人们正常生活的冲击,以维护社会稳定。责任保险作为一种财产保险新的险种,虽然起步较晚,但是成为在当前社会发展最快的一种险种。目前按适用范围分类,责任保险业务主要是产品责任保险合同、公众责任保险合同、雇主责任保险合同及某些行业范围内的职业责任保险合同,以及第三者责任保险合同(最为典型的是交通运输工具第三者责任保险合同)。责任保险合同纠纷,是指因责任保险合同的订立、履行、变更、终止等产生的纠纷。

(三)信用保险合同纠纷

信用保险合同,是以被保险人的信用风险作为保险标的的财产保险合同。在现代商业社会中,进行商事交易的往往是陌生人,因此,商事交易会存在债务人的信用风险,为了减少这一风险给债权人的商事交易带来的不稳定性,当事人可以与保险人签订信用保险合同,分担相应的风险,减少信用风险给商事交易带来的不稳定性，避免相应的损失。在我国保险实务中，根据保险人承保的信用风险的内容，分为进出口信用保险合同、投资保险合同、国内商业信用保险合同和雇员忠诚保险合同。信用保险合同纠纷，是指因信用保险合同的订立、履行、变更、终止等产生的纠纷。

（四）保证保险合同纠纷

保证是一种最为典型的担保方式，保证保险是指保险人作为保证人，为被保险人的信用提供担保的一种保险形式。在被保险人不履行债务时，保险人承担赔偿责任。保证保险的性质一直存在争议，在学界与实务界分别有保证说、保险说、保险与保证二元说。《最高人民法院关于保证保险合同纠纷案件法律适用问题的答复》明确指出，案件所涉保险单虽名为保证保险单，但性质上应属于保险合同。在实践中，保证保险通常分为确实保证保险和诚实保证保险两大类。确实保证保险大概有合同保证保险、司法保证保险、特许保证保险、公务员保证保险等。诚实保证保险亦称雇员忠诚保险。还有一种是产品质量保证保险，也称产品信誉保险。保证保险合同纠纷，是指因保证保险合同的订立、履行、变更、终止等产生的纠纷。

管辖规定

《民事诉讼法》第 25 条规定，因保险合同纠纷提起的诉讼，由被告住所地或者保险标的物所在地人民法院管辖。同时《民事诉讼法解释》第 21 条第 1 款规定，因财产保险合同纠纷提起的诉讼，如果保险标的物是运输工具或者运输中的货物，可以由运输工具登记注册地、运输目的地、保险事故发生地人民法院管辖。

实践点击

运输工具登记注册地的认定？

运输工具登记注册地应当是行驶证登记的车辆所有人的住所地，而不是车辆登记注册机关所在地。因车辆登记注册机关为车辆登记管理部门，如以登记机关所在地管辖，则相关案件将集中在车管所所在地法院，并不符合管辖均衡原则。另外，行驶证作为车辆登记机关依法发放的载明车辆有效信息的证件，记载了车辆的基本信息，因此行驶证上的登记内容应作为车辆管理、登记注册地的凭证。

案例链接： 位于 G 区的 A 物流公司就其名下所有的厢式物流货车，向 P 保险公司投保了交强险、车损险等险种。后货车在运输过程中在 D 区因操作不当，造成车辆侧翻，发生了车辆及货物受损的交通事故。后 A 物流公司向 P 保险公司报案，双方就车辆修理赔偿金额未能达成一致意见。A 公司遂向 G 区人民法院提起诉讼，要求 P 保险公司承担赔偿责任。保险公司则认为被告所在地及运输工具登记注册地均不在 G 区，提起管辖权异议，要求移送至 D 区人民法院管辖。

请求权基础规范指引

处理财产保险合同纠纷的法律依据主要是《保险法》第 2 章第 1 节、第 3 节等的相关规定；同时应该注意《民法典》的相关规定，特别是《民法典》总则编和合同编的相关规定。还应注意《最高人民法院关于适用〈中华人民共和国保险法〉若干问题的解释（一）》《最高人民法院关于适用〈中华人民共和国保险法〉若干问题的解释（二）》《最高人民法院关于适用〈中华人民共和国保险法〉若干问题的解释（三）》《最高人民法院关于适用〈中华人民共和国保险法〉若干问题的解释（四）》的相关规定。

三、票据追索权纠纷

案由释义

票据追索权指在票据到期未获付款或其他法定原因出现时，持票人请求其前手支付票据金额、法定费用的权利，是在付款请求权不能实现的情形下，票据法赋予持票人对债务人进行追偿的权利。追索权旨在补充付款请求权、保障票据流通。相较于第一顺序的付款请求权，追索权系第二顺序权利，属于典型的期待权，只有在付款请求权行使未果，或者出现阻碍付款请求权行使的情形下，持票人方能行使。《票据法》第 61 条规定，汇票到期被拒绝付款的，持票人可以对背书人、出票人以及汇票的其他债务人行使追索权。汇票到期日前，有下列情形之一的，持票人也可以行使追索权：（1）汇票被拒绝承兑的；（2）承兑人或者付款人死亡、逃匿的；（3）承兑人或者付款人被依法宣告破产的或者因违法被责令终止业务活动的。

票据追索权具有以下特征：（1）追索权的行使主体为合法持票人，除票据记载的收款人和最后被背书人外，还可能是代为清偿票据债务后取得票据的保证人、背书人；（2）追索权的行使对象仅限于持票人的前手，包括出票人、背书人以及票据的其他债务人，如保证人等；（3）行使追索权的实质条件为持票人付款请求权不能满足或者出现阻碍付款请求权实现的法定情形，形式条件为持票人取得付款人拒绝付款或出现阻碍付款请求权实现法定情形的证明材料。

票据追索权纠纷是指因持票人要求其前手支付被拒绝付款的票据金额及有关利息、费用而引发的纠纷。

管辖规定

票据追索权纠纷属于典型的票据纠纷诉讼，适用特殊地域管辖。根据《民事诉讼法》第 26 条关于票据纠纷管辖的规定，因票据纠纷提起的诉讼，由票据支付地或者被告住所地人民法院管辖。《最高人民法院关于审理票据纠纷案件若干问题的规定》第 6 条第 1 款规定，因票据纠纷提起的诉讼，依法由票据支付地或者被告住所地人民法院管辖。

审判实践中对"票据支付地"容易发生争议，对此，《最高人民法院关于审理票据纠纷案件若干问题的规定》第 6 条第 2 款明确规定，票据支付地是指票据上载明的付款地，票据上未载明付款地的，汇票付款人或者代理付款人的营业场所、住所或者经常居住地，本票出票人的营业场所，支票付款人或者代理付款人的营业场所所在地为票据付款地。代理付款人即付款人的委托代理人，是指根据付款人的委托代为支付票据金额的银行、信用合作社等金融机构。

实践点击

（一）最后持票人基于转贴现合同起诉请求未在票据上背书的合同相对方承担责任的案件，应如何确定案由？

《票据法》第4条第1款至第3款规定，票据出票人制作票据，应当按照法定条件在票据上签章，并按照所记载的事项承担票据责任。持票人行使票据权利，应当按照法定程序在票据上签章，并出示票据。其他票据债务人在票据上签章的，按照票据所记载的事项承担票据责任。据此，行为人实施票据行为，必须按照法定条件在票据上签章，实施转贴现这一票据行为同样如此，应当背书转让票据。若未进行背书，转贴现合同当事人之间不成立合法的票据法律关系，最后持票人不能基于票据法律关系行使追索权，只能基于转贴现合同法律关系，诉求合同相对方承担责任。因此，此类纠纷应认定为合同纠纷，而非票据追索权纠纷。

因此2019年《全国法院民商事审判工作会议纪要》第102条规定，依据转贴现协议的约定，请求未在票据上背书的转贴现申请人按照合同法律关系返还转贴现款并赔偿损失的，案由应当确定为合同纠纷。

（二）持票人不先行使票据付款请求权而先行使票据追索权，遭到拒绝提起诉讼的，人民法院是否受理？

《票据法》第62条第1款规定，持票人行使追索权时，应当提供被拒绝承兑或者被拒绝付款的有关证明。而《最高人民法院关于审理票据纠纷案件若干问题的规定》第4条规定，持票人不先行使付款请求权而先行使追索权遭拒绝提起诉讼的，人民法院不予受理。除有《票据法》第61条第2款和本规定第3条所列情形外，持票人只能在首先向付款人行使请求权而得不到付款时，才可以行使追索权。

案例链接：A公司与B公司之间存在买卖合同关系，A公司交付货物后，B公司向A公司提供一张银行支票，票据支付行为C银行。A公司在收取支票后，B公司表示因银行账户余额不足，希望A公司暂缓承兑，至支票超过付款期限10天后，B公司依然既未支付A公司货款，亦未另行出具支票。现A公司将B公司诉至法院，要求支付票据金额及利息。本案中，A公司持有付款行 C 银行的支票向法院申请由出票人 B 公司支付票据款项，为票据追索权纠纷。但 A 公司主张的 B 公司要求暂缓承兑，未提供相应证据材料。因此 A 公司未向 C 银行行使票据付款请求权，而直接向 B 公司行使票据追索权，不符合行使条件，故不予受理。

请求权基础规范指引

处理票据追索权纠纷的法律依据主要是《票据法》第 61 条、第 62 条。

四、人身保险合同纠纷

案由释义

人身保险合同是以人的寿命、健康和身体为保险标的而订立的保险合同。具体而言，投保人对自己和与其存在特定关系的其他自然人具有保险利益时，可以与保险公司订立人身保险合同，保险人依照合同约定向投保人收取保险费，并承诺于被保险人死亡、伤残、疾病，或者生存到约定的年龄、期限时，向被保险人或受益人给付保险金。

按照《保险法》第 95 条第 1 款第 1 项的规定，我国人身保险业务，包括人寿保险、健康保险、意外伤害保险等保险业务。这是按照保险范围为标准所进行的分类，在《民事案件案由规定》中，亦按照这一标准将相应的人身保险合同纠纷分为三个第四级案由，即人寿保险合同纠纷、意外伤害保险合同纠纷、健康保险合同纠纷。

（一）人寿保险合同纠纷

所谓人寿保险合同，是人身保险合同中最基本的险种，是以人的生命为保险标的，以被保险人在保险期间内的死亡或者生存作为保险金给付条件的人身保险合同，通常根据约定的保险事故，可分为死亡保险、生存保险和生死两全保险。人寿保险是人身保险最主要、最基本的种类，在人身保险业务中占绝大部分份额。人寿保险合同纠纷是指保险人和投保人或者受益人之间就人寿保险合同的订立、履行、变更、终止等产生的纠纷。

（二）意外伤害保险合同纠纷

意外伤害保险合同是指以被保险人因在保险期间内遭受意外事故导致其伤害、死亡或残疾为保险事故，并以此作为保险金给付条件的人身保险合同。按其承保条件，又分为普通意外伤害保险合同和特种意外伤害保险合同。前者适用于被保险人在保险期限内，因发生意外事故所致伤害；后者仅适用于因特定的意外事故在特定地点造成的被保险人的伤害。例如，旅行意外伤害保险、交通事故意外伤害保险、职业意外伤害保险等。意外伤害保险合同纠纷是指保险人和投保人或者受益人之间就意外伤害保险合同的订立、履行、变更、终止等产生的纠纷。

（三）健康保险合同纠纷

健康保险合同，又称疾病保险合同，是指投保人和保险人约定，投保人向保险人交纳保险费，以被保险人因患病、分娩所造成的医疗费用支出和工作能力丧失、收入减少为保险事故，使保险人承担给付保险金义务的人身保险合同。该保险分为工资收入保险，医疗费给付保险，专业技术人员劳务收入保险和遗属生活费、教育费、婚嫁费、丧葬费给付保险，死亡保险（因疾病致被保险人死亡）等。在保险业务中，人身意外保险、健康保险往往与财产保险业务并称为非寿险业务。健康保险合同纠纷是指保险人和投保人或者受益人之间就健康保险合同的订立、履行、变更、终止等产生的纠纷。

📝 管辖规定

《民事诉讼法》第 25 条规定，因保险合同纠纷提起的诉讼，由被告住所地或者保险标的物所在地人民法院管辖。同时《民事诉讼法解释》第 21 条第 2 款规定，因人身保险合同纠纷提起的诉讼，可以由被保险人住所地人民法院管辖。

📝 实践点击

（一）人身保险合同与财产保险合同的区别？

与财产保险合同相比，人身保险合同具有以下特征。

1. 保险标的的特殊性。人身保险合同主要以被保险人的生命和身体为保险标的，由于人的生命和身体具有无价性，通常不能或者不宜以金钱衡量其价值，因而，人身保险合同保险利益的存在并非因为保险标的的经济价值，而是因为被保险人和受益人之间的特殊关系。被保险人和受益人之所以能够从保险人处获得保险金，主要是因为投保人与被保险人之间具有亲属或信赖等利害关系。这种利害关系构成了人身保险合同中的保险利益。正是因为人身保险合同中保险利益具有上述特殊性，所以形成了一些不同于财产保险合同的法律规则。

2. 保险金额的固定性。如前所述，由于人的生命或身体不能用金钱进行衡量和估价，人身保险合同中保险标的的经济价值无法计算，保险金的给付只能采用定额的方式来确定：保险事故发生后，通常不能像财产保险合同那样根据被保险人遭受的实际损失进行赔偿，而必须以事先约定的保险金额作为赔付标准。因此，人身保险常常又被称为定额保险。需要指出的是，在健康保险和意外伤害保险中，不完全以给付定额的方式确定保险金，因为健康保险和意外伤害保险基本上属于具有损害填补性质的人身保险（如赔偿医疗费用、丧葬费、分娩费用等），其可以贯彻损失补偿原则，按照被保险人所遭受的实际损失确定保险金的数额。

3. 保险期限一般较长。相对于财产保险合同而言，人身保险合同的期限一般较长，尤其是人寿保险合同，通常以人的生存或死亡作为保险事故，这就决定了其不可能是短期合同。在此类合同中，投保人保费交纳期限一般较长，通过保费的长期积累，可为被保险人晚年生活或者为其指定的受益人提供保障。（见表5-3）

表5-3 财产保险合同与人身保险合同的区别

特征	财产保险合同	人身保险合同
保险标的	物质财产及其有关利益	被保险人的身体和寿命
被保险人	自然人或法人	自然人，符合年龄和身体条件要求，投保人需经过被保险人同意
保险金额	由保险价值确定	定额保险金（健康保险和意外伤害保险可不定额）

续表

特征	财产保险合同	人身保险合同
保险期限	可协商确定	人寿保险一般期限较长
有无代位权	保险人有代位求偿权	保险人无代位求偿权

（二）因人身保险合同纠纷提起的诉讼，是否可以在保险事故发生地法院起诉？

不可以。《民事诉讼法解释》第21条规定，因财产保险合同纠纷提起的诉讼，如果保险标的物是运输工具或者运输中的货物，可以由运输工具登记地、运输目的地、保险事故发生地人民法院管辖。因人身保险合同纠纷提起的诉讼，可以由被保险人所在地人民法院管辖。

案例链接：住在X区的王某向位于Y区的Y保险公司投保了人身意外保险，后王某在M区某路段意外受伤，向Y公司索赔被拒。现王某在事故发生的地点M区人民法院提起人身保险合同的赔偿诉讼。依据《民事诉讼法解释》第21条的规定，以保险事故发生地作为管辖联结点是基于财产保险合同纠纷提起的诉讼，而人身保险合同纠纷已明确规定由被保险人住所地、被告所在地人民法院管辖，故本案不可由保险事故发生地法院管辖。

请求权基础规范指引

处理人身保险合同纠纷的法律依据主要是《保险法》第2章第2节等的相关规定；同时应该注意《民法典》的相关规定，特别是《民法典》总则编和合同编的相关规定。还应注意《最高人民法院关于适用〈中华人民共和国保险法〉若干问题的解释（一）》《最高人民法院关于适用〈中华人民共和国保险法〉若干问题的解释（二）》《最高人民法院关于适用〈中华人民共和国保险法〉若干问题的解释（三）》《最高人民法院关于适用〈中华人民共和国保险法〉若干问题的解释（四）》的相关规定。

此外，还可以参照《人身保险业务基本服务规定》《人身保险公司保险条款和保险费率管理办法》等部门规章的规定。

五、票据付款请求权纠纷

案由释义

票据为记载金钱债权的有价证券,票据权利即要求支付票据金额的请求权。《票据法》第4条第4款规定,票据权利是指持票人向票据债务人请求支付票据金额的权利,包括付款请求权和追索权。为保障票据活动中当事人的合法权益,维护票据的流通性功能,《票据法》赋予持票人两项请求权:一是付款请求权,此为持票人享有的第一顺序权利;二是追索权,此为持票人享有的第二顺序权利。票据付款请求权是持票人请求票据付款人按照票据记载金额支付钱款的权利,为票据上的主要权利,只有作为第一顺序权利的付款请求权难以满足时,持票人才能够行使第二顺序权利即追索权。

票据具有无因性,即通过合法方式取得票据的持票人,仅依据票据的文义记载,即可向票据债务人主张票据权利,不受票据原因关系的影响。票据付款请求权具有以下特征:一是行使主体是票据记载的收款人或最后的合法持票人。二是行使对象是票据记载的付款人或其他付款义务人,如代理付款人等。三是行使条件是在票据上记载的到期日届至或票据记载的付款期限内,遵循行使的严格形式要件。四是在法定期间内行使,若付款请求权在票据时效期间内未能行使或者欠缺权利保全手续,则归于消灭。

票据付款请求权纠纷,是指持票人因票据付款人拒绝付款而发生的纠纷。

管辖规定

票据付款请求权纠纷属于典型的票据纠纷诉讼,适用特殊地域管辖。

根据《民事诉讼法》第26条关于票据纠纷管辖的规定,因票据纠纷提起的诉讼,由票据支付地或者被告住所地人民法院管辖。《最高人民法院关于审理票据纠纷案件若干问题的规定》第6条第1款规定为"因票据纠纷提起的诉讼,依法由票据支付地或者被告住所地人民法院管辖",与《民事诉讼法》第26条表述保持一致。

📝 实践点击

（一）票据付款请求权的适用条件？

对于未经承兑的票据而言，付款请求权仅为程序意义上的权利，持票人可以请求付款，但付款人并不对持票人承担必须付款的义务，付款人拒绝付款，持票人只能向前手进行追索。只有经过承兑或保付以后，票据付款人才承担必须付款的义务，付款请求权才转化为现实意义上的权利，付款人拒绝付款的，持票人可以起诉付款人强制要求付款。

（二）提起票据付款请求权纠纷诉讼与公示催告程序的区别及衔接问题？

若可背书转让的票据被盗、遗失或者灭失，持票人可以依据《民事诉讼法》第229条向票据支付地的基层人民法院申请公示催告，由该法院依法审查后作出除权判决予以救济。同时在《民事诉讼法》第234条中规定，利害关系人因正当理由不能在判决前向人民法院申报的，自知道或者应当知道判决公告之日起一年内，可以向作出判决的人民法院起诉。公示催告程序为非讼程序，只是确认某种事实状态和相应的法律效果，为一审终审，不能上诉，也不能申请再审。若有利害关系人对除权判决认定的事实不服，其有权向法院提起诉讼，通过诉讼程序请求撤销除权判决，确认其为票据权利人。

📝 请求权基础规范指引

处理票据付款请求权纠纷的法律依据主要是《票据法》第17条、第53条至第60条。

第六章
知识产权类高频案由

第一节
高频案由分析

2022年7月至2023年7月,上海市闵行区人民法院受理知识产权民事、刑事、行政案件约2,600余件。[①] 其中知识产权民事案件占98%。对受理的民事类知产案件进行统计分析,著作权纠纷、商标权纠纷等案件为基层法院管辖的常见案件类型。其中,最高频案由为侵害作品信息网络传播权纠纷,约占59%;其次为著作权侵权纠纷,约占11%;侵害商标权纠纷约占10%;特许经营合同纠纷约占7%;不正当竞争纠纷约占6%;其余为非高频案由,合计约占7%。

第二节
侵害作品信息网络传播权纠纷

案由释义

信息网络传播权是以有线或者无线方式向公众提供作品、表演或者录音

[①] 根据上海市高级人民法院关于知识产权案件集中管辖的相关规定,上海市闵行区人民法院自2022年7月恢复知产案件管辖,并采用知产民事、刑事、行政"三合一"审判模式。

录像制品，使公众可以在其个人选定的时间和地点获得作品、表演或者录音录像制品的权利。未经著作权人许可，以上述方式使用作品的，构成侵害信息网络传播权。

📝 管辖规定

《最高人民法院关于审理侵害信息网络传播权民事纠纷案件适用法律若干问题的规定》第 15 条规定，侵害信息网络传播权民事纠纷案件由侵权行为地或者被告住所地人民法院管辖。侵权行为地包括实施被诉侵权行为的网络服务器、计算机终端等设备所在地。侵权行为地和被告住所地均难以确定或者在境外的，原告发现侵权内容的计算机终端等设备所在地可以视为侵权行为地。

《最高人民法院关于互联网法院审理案件若干问题的规定》第 2 条第 5 项规定，在互联网上侵害在线发表或者传播作品的著作权或者邻接权而产生的纠纷，在北京、广州、杭州市辖区内的，一审由北京、广州、杭州互联网法院集中管辖。

📝 实践点击

侵害作品信息网络传播权属于知识产权侵权纠纷，是权利人或利害关系人因知识产权中的人身权利或者财产权利遭到侵犯而要求侵权人承担侵权责任的诉讼。

（一）若原告起诉被告侵害其信息网络传播权，在立案审查阶段，法院应当注重审查原告哪几方面？

在此类侵权纠纷中，原告是信息网络传播权的相关权利主体，法院应当审查原告是否具有初步的权利证明，如审查作品的署名等记载权利归属的证据。由于知识产权的保护具有期限性，法院还应注意审查起诉时权利是否仍在保护期内。

（二）若原告起诉被告侵害信息网络传播权时未提供赔偿证据，法院是否应当要求原告进行证据的补充？

在侵权案件中，证据可依据类型划分为权利证据、侵权证据、赔偿证据三个部分，法院要注重审查这三部分证据是否齐备，因此需要要求原告提供赔偿证据。对于权利证据，原告应提供证明其权利人身份的相关证据。对于侵权证据，原告应提供被告已经实施或者即将实施侵权行为的证据材料。对于赔偿证据，一般分为因侵权行为引发的损失证据和为制止侵权行为支付合理费用的证据。对于侵权损失，权利人可以提供财务账册、销售记录、涉案知识产权的许可合同等证明权利人因侵权行为遭受的损失或者侵权人因侵权行为获得的收益；对于合理费用，一般需提供公证费、调查费、律师费、差旅费的发票等实际付款的凭证。知识产权案件中，因被告的侵权行为请求赔偿经济损失的，原告在起诉时不一定全面掌握赔偿数额的具体证据，因而只提出"停止侵害，赔偿损失"的，人民法院不应以原告没有具体的诉讼请求，认为原告的起诉不具备法定条件，而应当允许原告在人民法院正式开庭审理案件前，通过调查取证或者向人民法院申请证据保全，通过鉴定、审计等方式取得相应证据后，再提出具体的赔偿数额的诉讼请求。

（三）**若原告诉称网络服务提供者与他人共同提供其作品片段，法院应如何审查？**

根据《最高人民法院关于审理侵害信息网络传播权民事纠纷案件适用法律若干问题的规定》第4条的规定，若原告有证据证明网络服务提供者与他人以分工合作等方式共同提供作品、表演、录音录像制品，构成共同侵权行为的，人民法院应当判令其承担连带责任。故法院在立案审查时应注意，原告是否有证据证明网络服务提供者提供了自动接入、自动传输、信息存储空间、搜索、链接、文件分享技术等以外的网络服务，即网络服务提供者与他人构成共同侵权的证据是否初步提供。

请求权基础规范指引

处理侵害作品信息网络传播权纠纷的法律依据主要是《最高人民法院关于审理侵害信息网络传播权民事纠纷案件适用法律若干问题的规定》第3条、第5条、第7条、第8条，以及《信息网络传播权保护条例》第5条、第13条、第18条。

第三节 侵害著作权纠纷

著作权是指文学、艺术和科学作品的创作者对其所创作的作品享有的权利，或者说排他的独占权，包括人身权利和财产权利，是作者精神权利和经济权利的合一。著作人身权是著作权人就作品中所体现的人格或者精神所享有的权利，这类权利与作者的人身有紧密的关系，一般情况下只能由作者本人享有和行使。著作财产权是著作权人所享有的利用作品获得经济利益的权利，即《著作权法》第10条第1款第5项至第17项规定的著作权人的复制权、发行权、出租权、展览权、表演权、放映权、广播权、信息网络传播权、摄制权、改编权、翻译权、汇编权和应当由著作权人享有的其他权利。著作权及与著作权相关的权利是知识产权中较为基本的权利，著作权侵权纠纷在知识产权纠纷中占比较大。在基层司法实践中，侵害复制权、署名权、发行权、保护作品完整权等著作权侵权纠纷较为常见。

一、侵害作品复制权纠纷

案由释义

对于作品复制权，根据《著作权法》第10条第1款第5项的规定，是指以印刷、复印、拓印、录音、录像、翻录、翻拍、数字化等方式将作品制作一份或者多份的权利。根据《计算机软件保护条例》第8条第1款第4项的规定，软件著作权人享有的复制权指将软件制作一份或者多份的权利。

管辖规定

对于一般民事侵权纠纷案件的地域管辖，《民事诉讼法》第29条规定，因侵权行为提起的诉讼，由侵权行为地或者被告住所地人民法院管辖；对于上述侵权行为地，根据《民事诉讼法解释》第 24 条的规定，包括侵权行为实施地和侵权结果发生地。

对于侵害著作权纠纷案件的地域管辖，《最高人民法院关于审理著作权民事纠纷案件适用法律若干问题的解释》对此作出了进一步的明确规定。根据该解释第 4 条第 1 款的规定，因侵害著作权行为提起的民事诉讼，由《著作权法》第 52 条、第 53 条所规定侵权行为的实施地、侵权复制品储藏地或者查封扣押地、被告住所地人民法院管辖。根据该解释第 5 条的规定，对涉及不同侵权行为实施地的多个被告提起的共同诉讼，原告可以选择向其中一个被告的侵权行为实施地人民法院提起诉讼；仅对其中某一被告提起的诉讼，该被告侵权行为实施地的人民法院有管辖权。

对于著作权民事纠纷案件的级别管辖，《最高人民法院关于第一审知识产权民事、行政案件管辖的若干规定》①第 3 条指出，"本规定第一条、第二条规定之外的第一审知识产权民事、行政案件，由最高人民法院确定的基层人民法院管辖"②。

根据《最高人民法院关于第一审知识产权民事、行政案件管辖的若干规定》的相关规定，最高人民法院确定了具有知识产权民事、行政案件管辖权的基层人民法院及其管辖区域、管辖第一审知识产权民事案件诉讼标的额的标准，其中上海市具有知识产权民事、行政案件管辖权的基层人民法院如表 6-1 所示。

---

① 详见法释〔2022〕13 号，2021 年 12 月 27 日由最高人民法院审判委员会第 1858 次会议通过，自 2022 年 5 月 1 日起施行。

② 《最高人民法院关于第一审知识产权民事、行政案件管辖的若干规定》第 1 条规定："发明专利、实用新型专利、植物新品种、集成电路布图设计、技术秘密、计算机软件的权属、侵权纠纷以及垄断纠纷第一审民事、行政案件由知识产权法院，省、自治区、直辖市人民政府所在地的中级人民法院和最高人民法院确定的中级人民法院管辖。法律对知识产权法院的管辖有规定的，依照其规定。"第 2 条规定："外观设计专利的权属、侵权纠纷以及涉驰名商标认定第一审民事、行政案件由知识产权法院和中级人民法院管辖；经最高人民法院批准，也可以由基层人民法院管辖，但外观设计专利行政案件除外。本规定第一条及本条第一款规定之外的第一审知识产权案件诉讼标的额在最高人民法院确定的数额以上的，以及涉国务院部门、县级以上地方人民政府或者海关行政行为的，由中级人民法院管辖。法律对知识产权法院的管辖有规定的，依照其规定。"

表6-1 上海市具有知识产权民事管辖权的基层人民法院示意

条件	法院	说明
不受诉讼标的额限制	上海市浦东新区人民法院	各自辖区
	上海市徐汇区人民法院	
	上海市长宁区人民法院	
	上海市闵行区人民法院	
	上海市金山区人民法院	
	上海市松江区人民法院	
	上海市奉贤区人民法院	
	上海市黄浦区人民法院	
	上海市杨浦区人民法院	
	上海市虹口区人民法院	
	上海市静安区人民法院	
	上海市普陀区人民法院	
	上海市宝山区人民法院	
	上海市嘉定区人民法院	
	上海市青浦区人民法院	
	上海市崇明区人民法院	

实践点击

（一）若原告诉被告在未取得其许可的情况下复印多份文学作品，而原告并非作品作者，作者身份不明，法院应审查原告哪一方面？

应审查原告是否持有作品原件。《著作权法实施条例》第13条规定，作者身份不明的作品，由作品原件的所有人行使除署名权以外的著作权。作者身份确定后，由作者或者其继承人行使著作权。

（二）若原告诉被告在未取得其许可的情况下复制某影视剧剧本，而原告并非影视剧制作者，法院应审查原告哪一方面？

原告应证明其为剧本作者。《著作权法》第17条第3款规定，视听作品中的剧本、音乐等可以单独使用的作品的作者有权单独行使其著作权。

请求权基础规范指引

处理侵害作品复制权纠纷的法律依据主要是《著作权法》第 17 条以及《著作权集体管理条例》第 4 条。

二、侵害作品署名权纠纷

案由释义

关于作品署名权，根据《著作权法》第 10 条第 1 款第 2 项规定，是指表明作者身份，在作品上署名的权利。

管辖规定

对于一般民事侵权纠纷案件的地域管辖，《民事诉讼法》第 29 条规定，因侵权行为提起的诉讼，由侵权行为地或者被告住所地人民法院管辖；对于上述侵权行为地，根据《民事诉讼法解释》第 24 条的规定，包括侵权行为实施地和侵权结果发生地。因侵害著作权行为提起的民事诉讼，由《著作权法》第 52 条、第 53 条所规定侵权行为的实施地、侵权复制品储藏地或者查封扣押地、被告住所地人民法院管辖。

实践点击

（一）若原告诉被告在未取得其许可的情况下在一作品上署名，而作品原作者已死亡，法院应审查原告哪一方面？

法院应审查原告是否为作品原作者的继承人或受遗赠人，不用审查保护期。《著作权法实施条例》第 15 条第 1 款规定，作者死亡后，其著作权中的署名权、修改权和保护作品完整权由作者的继承人或者受遗赠人保护。《著作权法》第 22 条规定，作者的署名权、修改权、保护作品完整权的保护期不受限制。

(二) 若原告诉称被告在共同完成的作品上署名并许可他人专有使用某小说，法院应要求原告提交哪些证据？

原告应提供能够证明其著作权的凭证，证明原告与被告是合作作者，并且证明被告未经其许可就许可他人专有使用作品。《著作权法》第14条第2款规定，合作作品的著作权由合作作者通过协商一致行使；不能协商一致，又无正当理由的，任何一方不得阻止他方行使除转让、许可他人专有使用、出质以外的其他权利，但是所得收益应当合理分配给所有合作作者。

请求权基础规范指引

处理侵害作品署名权纠纷的法律依据主要是《著作权法》第17条、第18条、第22条、第31条。

三、侵害作品发行权纠纷

案由释义

对于作品发行权，根据《著作权法》第10条第1款第6项的规定，是指以出售或者赠与方式向公众提供作品的原件或者复制件的权利。

管辖规定

对于一般民事侵权纠纷案件的地域管辖，《民事诉讼法》第29条规定，因侵权行为提起的诉讼，由侵权行为地或者被告住所地人民法院管辖；对于上述侵权行为地，《民事诉讼法解释》第24条规定，包括侵权行为实施地和侵权结果发生地。因侵害著作权行为提起的民事诉讼，由《著作权法》第52条、第53条所规定侵权行为的实施地、侵权复制品储藏地或者查封扣押地、被告住所地人民法院管辖。

实践点击

（一）若原告诉被告盗取其作品复制件并公开发行，法院应要求原告提供哪些证据？

原告应证明被告是未经其许可得到其作品复制件，并证明作品复制件被公开发行。根据《著作权法》第 10 条第 1 款第 6 项的规定，发行权是指以出售或者赠与方式向公众提供作品的原件或者复制件的权利。

（二）侵害作品发行权的主体主要有哪几类？

侵害作品发行权的主体主要有网络服务提供者、网络内容服务提供者、网络中介服务提供者。

请求权基础规范指引

处理侵害作品发行权纠纷的法律依据主要是《著作权法》第 15 条、第 33 条。

四、侵害保护作品完整权纠纷

案由释义

对于保护作品完整权，根据《著作权法》第 10 条第 1 款第 4 项的规定，是指保护作品不受歪曲、篡改的权利。

管辖规定

对于一般民事侵权纠纷案件的地域管辖，《民事诉讼法》第 29 条规定，因侵权行为提起的诉讼，由侵权行为地或者被告住所地人民法院管辖；对于上述侵权行为地，《民事诉讼法解释》第 24 条规定，包括侵权行为实施地和侵权结果发生地。因侵害著作权行为提起的民事诉讼，由《著作权法》第 52 条、第 53 条所规定侵权行为的实施地、侵权复制品储藏地或者查封扣押地、被告住所地人民法院管辖。

实践点击

（一）若原告诉被告侵犯其作品完整权，法院应审查哪几方面？

法院应审查原告是否具有著作权，并要求原告提供作品被歪曲、篡改的证据，不用审查保护期。根据《著作权法》第10条第1款第4项的规定，保护作品完整权是指保护作品不受歪曲、篡改的权利。第22条规定，作者的署名权、修改权、保护作品完整权的保护期不受限制。

（二）保护作品完整权的保护对象？

保护作品完整权的保护对象是作者想表达的实质意思与作品所表现出来的形式意思的同一性，而不是作者的声誉，禁止割裂作者通过作品所体现出来的人格要素的完整性。

（三）原告诉被告在汇编出版其作品时篡改其作品内容，法院应要求原告提供哪些证据？

法院应要求原告提供许可被告汇编其作品的相关证据，并提交被告篡改其作品内容的证据。《著作权法》第16条规定，使用改编、翻译、注释、整理、汇编已有作品而产生的作品进行出版、演出和制作录音录像制品，应当取得该作品的著作权人和原作品的著作权人许可，并支付报酬。

请求权基础规范指引

处理侵害保护作品完整权纠纷的法律依据主要是《著作权法》第22条、第31条以及《著作权法实施条例》第15条。

第四节　侵害商标权纠纷

案由释义

商标权是指商标所有人依据法律规定对其拥有的注册商标或者非注册商

标所享有的占有、使用、收益和处分的权利。侵害商标权纠纷是指在商业活动中，他人对注册商标或其他权益的非法使用或侵犯了商标权所有者合法权益而引发的法律纠纷。侵犯注册商标专用权的主要情形包括：一是未经商标注册人的许可，在同一种商品上使用与其注册商标相同的商标的；二是未经商标注册人的许可，在同一种商品上使用与其注册商标近似的商标，或者在类似商品上使用与其注册商标相同或者近似的商标，容易导致混淆的；三是销售侵犯注册商标专用权的商品的；四是伪造、擅自制造他人注册商标标识或者销售伪造、擅自制造的注册商标标识的；五是未经商标注册人同意，更换其注册商标并将该更换商标的商品又投入市场的；六是故意为侵犯他人商标专用权行为提供便利条件，帮助他人实施侵犯商标专用权行为的；七是给他人的注册商标专用权造成其他损害的。

管辖规定

《最高人民法院关于审理商标民事纠纷案件适用法律若干问题的解释》第6条规定，因侵犯注册商标专用权行为提起的民事诉讼，由《商标法》第13条、第57条所规定侵权行为的实施地、侵权商品的储藏地或者查封扣押地、被告住所地人民法院管辖。此处侵权商品的储藏地，是指大量或者经常性储存、隐匿侵权商品所在地；查封扣押地，是指海关等行政机关依法查封、扣押侵权商品所在地。同时，《最高人民法院关于审理商标民事纠纷案件适用法律若干问题的解释》第7条规定，对涉及不同侵权行为实施地的多个被告提起的共同诉讼，原告可以选择其中一个被告的侵权行为实施地人民法院管辖；仅对其中某一被告提起的诉讼，该被告侵权行为实施地的人民法院有管辖权。

《最高人民法院关于审理商标案件有关管辖和法律适用范围问题的解释》第2条第3款、第4款规定，商标民事纠纷第一审案件，由中级以上人民法院管辖。各高级人民法院根据本辖区的实际情况，经最高人民法院批准，可以在较大城市确定1—2个基层人民法院受理第一审商标民事纠纷案件。

实践点击

（一）如何确认涉诉商标在保护期内？

注册商标保护期是从核准注册之日起计算，为10年。侵害商标权纠纷在立案时应注意审查涉诉商标是否处于保护期内。根据《商标法》第35条第2款的规定，商标局做出准予注册决定的，发给商标注册证，并予公告，因此原告需要在立案时提供商标注册证等相关材料以证明涉诉商标在保护期内，受商标法的保护。

（二）侵害商标权纠纷哪些原告是适格主体？

根据《商标法》第57条及第60条，以及《最高人民法院关于审理商标案件有关管辖和法律适用范围问题的解释》第3条的规定，在出现侵害注册商标专用权行为的情况下，商标的注册人或者利害关系人可以向人民法院起诉，人民法院应当受理。《最高人民法院关于审理商标民事纠纷案件适用法律若干问题的解释》第4条第1款规定，利害关系人包括注册商标使用许可合同的被许可人、注册商标财产权利的合法继承人等。同时，该条第2款还规定，在发生注册商标专用权被侵害时，独占使用许可合同的被许可人可以向人民法院提起诉讼；排他使用许可合同的被许可人可以和商标注册人共同起诉，也可以在商标注册人不起诉的情况下，自行提起诉讼；普通使用许可合同的被许可人经商标注册人明确授权，可以提起诉讼。

案例链接：【商标共有人是否可以单独许可他人使用商标】张某和朱某共有"田霸"注册商标的专用权，朱某许可其开设的田霸公司使用"田霸"商标（普通许可），张某认为田霸公司使用该商标的行为侵害其商标权。最高人民法院认为，商标权共有人在没有对权利形式规则作出约定的情况下，一般可以单独以普通许可的方式许可他人使用该商标，因此未支持张某的诉讼请求。

（三）侵害商标权纠纷中，原告需要在立案时提供哪些证据证明商标权的归属、侵权事实以及赔偿依据？

权利证据：原告应提供在有效期内的注册商标证、商标许可合同、商标核准转让证明。通过受让取得权利的原告应提供授权合同、转让合同权利流转凭证。通过继承取得权利的原告应提供原始权利人死亡证明以及原告与商标权权利人身份关系的证据材料。

侵权证据：原告应提供被告实施侵害商标权行为的证据材料，例如涉诉商品、被控侵权行为公证材料等。

赔偿证据：赔偿证据包括由于被告侵权行为对原告产生的损失相关证据材料以及原告为制止侵权行为而支付的合理费用相关证据材料。由于被告侵权行为对原告产生的损失相关证据材料包括涉诉产品销售情况、销售账簿等，如原告诉请是法定赔偿，则应提供相同或类似情况下许可费证明材料等。原告为制止侵权行为而支付的合理费用相关证据材料一般包括律师费、公证费、购买侵权商品费用的发票等。

请求权基础规范指引

处理侵害商标权纠纷的法律依据主要是《商标法》第 35 条、第 57 条、第 60 条以及《最高人民法院关于审理商标案件有关管辖和法律适用范围问题的解释》第 1 条、第 3 条、第 4 条。

第五节 特许经营合同纠纷

案由释义

特许经营，是指拥有注册商标、企业标志、专利、专有技术等经营资源的企业（特许人），以合同形式将其拥有的经营资源许可其他经营者（被特许人）使用，被特许人按照合同约定在统一的经营模式下开展经营，并向特许人支付特许经营费用的经营活动。特许合同经营纠纷是指拥有注册商标、企业标志、专利、专有技术等经营资源（知识产权）的企业人（特许人），将其拥有的经营资源许可其他经营者（被特许人）使用，被特许人按照合同约定在统一的经营模式下开展经营，并向特许人支付特许经营费用的合同而引起的纠纷。

管辖规定

《民事诉讼法》第 24 条规定，因合同纠纷提起的诉讼，由被告住所地或者合同履行地人民法院管辖。《民事诉讼法解释》第 18 条规定，合同约定履行地点的，以约定的履行地点为合同履行地。合同对履行地点没有约定或者约定不明确，争议标的为给付货币的，接收货币一方所在地为合同履行地；交付不动产的，不动产所在地为合同履行地；其他标的，履行义务一方所在地为合同履行地。即时结清的合同，交易行为地为合同履行地。合同没有实际履行，当事人双方住所地都不在合同约定的履行地的，由被告住所地人民法院管辖。

实践点击

（一）立案审查时如何判断特许经营法律关系？

确定特许经营合同纠纷案由，应当以当事人之间存在特许经营法律关系为依据。对特许经营法律关系的判断，应当以合同约定的权利义务是否符合特许经营合同的基本特征为判断标准。特许经营法律关系的特征如下所述。

1. 特许人拥有注册商标、企业标识、专利、专有技术、具有独特风格的整体营业形象，以及在先使用并具有一定影响的未注册商标、商业秘密、字号等具有知识产权属性的经营资源。

2. 被特许人在特许人授权的特定经营模式下，使用特许人统一的经营资源及经营模式。

3. 被特许人应按照约定向特许人支付特许经营费用。

《商业特许经营管理条例》第 11 条第 2 款规定，特许经营合同应当包括下列主要内容：（1）特许人、被特许人的基本情况；（2）特许经营的内容、期限；（3）特许经营费用的种类、金额及其支付方式；（4）经营指导、技术支持以及业务培训等服务的具体内容和提供方式；（5）产品或者服务的质量、标准要求和保证措施；（6）产品或者服务的促销与广告宣传；（7）特许经营中的消费者权益保护和赔偿责任的承担；（8）特许经营合同的变更、解除和终止；（9）违约责任；（10）争议的解决方式；（11）特许人与被特许人约定的其他事项。应当注意的是，《商业特许经营管理条例》第8条第1款规定，特许人应当自首次订立特许经营合同之日起15日内，依照本条例的规定向商务主管部门备案。该条例第11条第1款规定，从事特许经营活动，特许人和被特许人应当采用书面形式订立特许经营合同。

（二）立案审查时，识别特许经营法律关系时应当注意哪些问题？

1. 不能仅以当事人所签合同的名称来认定特许经营法律关系。当事人以加盟合同、连锁经营合同、品牌专营合同、合作协议、专柜经营协议、特约经销协议等起诉的，应当根据合同是否具备特许经营的法律特征予以认定。

2. 不能简单根据当事人的诉讼请求来判断特许经营法律关系。当事人诉讼请求虽为给付或返还特许费，但并不存在特许经营法律关系，实为买卖、代理销售、合作经营等合作关系的，应以其他民事案由立案。

3. 不能仅以合同中未具体约定特许经营费条款来否定特许经营合同的性质。特许经营费用可以体现为加盟费、管理费，也可以通过贷款返点、盈利提成的形式加以约定，可以一次性支付，也可以分期支付。

4. 不能以合同中的"本合同不属于特许经营合同"等类似约定来直接否定对特许经营合同性质的认定。

5. 合同的实际履行与相应约定不一致的，该实际履行可以视为对合同相应约定的变更，并可与合同约定的其他内容一起作为认定特许经营合同性质的依据。

（三）立案审查阶段，如何判断特许人资格？

特许人是指拥有注册商标、企业标志、专利、专有技术等经营资源的企业，企业以外的其他单位和个人不得作为特许人从事特许经营活动。《商业特许经营管理条例》第7条规定，特许人从事特许经营活动应当拥有成熟的经营模式，并具备为被特许人持续提供经营指导、技术支持和业务培训等服务的能力。特许人从事特许经营活动应当拥有至少2个直营店，并且经营时间超过1年。

请求权基础规范指引

处理特许经营合同纠纷的法律依据主要是《商业特许经营管理条例》第3条、第7条、第8条、第11条。

第六节 不正当竞争纠纷

对于不正当竞争，依照《反不正当竞争法》第2条第2款的定义，是指经营者在生产经营活动中，违反《反不正当竞争法》的规定，扰乱市场竞争秩序，损害其他经营者或者消费者的合法权益的行为。根据不正当竞争行为的类型划分，不正当竞争纠纷包括仿冒纠纷、商业贿赂不正当竞争纠纷、虚假宣传纠纷、侵犯商业秘密纠纷、低价倾销不正当竞争纠纷、捆绑销售不正当竞争纠纷、有奖销售纠纷、商业诋毁纠纷、串通投标不正当竞争纠纷以及网络不正当竞争纠纷十大类。目前基层法院受理最多的为仿冒纠纷、虚假宣传纠纷、侵害商业秘密纠纷以及网络不正当竞争纠纷，下文将着重展开介绍。

一、仿冒纠纷

案由释义

仿冒纠纷是指因行为人采用在市场交易中擅自使用与他人有一定影响的知名商品名称、包装、装潢，或使用他人有一定影响的企业名称、社会组织名称、姓名，或使用他人有一定影响的域名主体部分、网站名称、网页等不正当竞争手段，损害竞争对手利益而发生的民事纠纷。

管辖规定

对于不正当竞争纠纷案件的地域管辖，《最高人民法院关于适用〈中华人民共和国反不正当竞争法〉若干问题的解释》第 26 条第 1 款规定，因不正当竞争行为提起的民事诉讼，由侵权行为地或者被告住所地人民法院管辖。对于上述侵权行为地，根据《民事诉讼法解释》第 24 条的规定，包括侵权行为实施地、侵权结果发生地。

实践点击

（一）仿冒纠纷的主要类型？

主要包括经营者擅自使用与他人有一定影响的商品名称、包装、装潢等相同或者近似的标识的混淆行为，引人误认为是他人商品或者与他人存在特定联系而产生的纠纷。

经营者擅自使用他人有一定影响的企业名称（包括简称、字号等）、社会组织名称（包括简称等）、姓名（包括笔名、艺名、译名等），引人误认为是他人商品或者与他人存在特定联系而产生的纠纷。

经营者擅自使用他人有一定影响的域名主体部分、网站名称、网页等，引人误认为是他人商品或者与他人存在特定联系而产生的纠纷。

案例链接：美国宝洁公司诉上海某公司将其商标注册为域名使用的行为构成不正当竞争，双方经营范围不同，原告请求法院判令被告停止使用并撤回已注册的 safeguard.com.cn 的域名，法院最终判令支持原告诉讼请求。

（二）属于商标法禁用禁注范围的标志是否可以主张反不正当竞争法的保护？

《最高人民法院关于适用〈中华人民共和国反不正当竞争法〉若干问题的解释》第 7 条规定，《反不正当竞争法》第 6 条规定的标识或者其显著识别部分属于《商标法》第 10 条第 1 款规定的不得作为商标使用的标志，当事人请求依据《反不正当竞争法》第 6 条规定予以保护的，人民法院不予支持。《商标法》第 10 条第 1 款禁止作为商标的标志包括同中国或外国的国家名称、国旗、国徽、国歌、军旗等相同或者近似的，政府间国际组织的名称、旗帜、徽记等相同或相似的，带有民族歧视性的，有害于社会主义道德风尚或者有其他不良影响的等。这些标志可能损害国家尊严、社会公共利益、宗教信仰或者违反社会善良风俗，故禁止作为注册商标，也不得作为非注册商标使用，同样不能成为受反不正当竞争法所保护的"标识"。

（三）境外相关企业字号是否可以受到我国反不正当竞争法保护？

根据《最高人民法院关于适用〈中华人民共和国反不正当竞争法〉若干问题的解释》第 9 条的规定，在中国境内进行商业使用的境外企业名称，人民法院可以认定为《反不正当竞争法》第 6 条第 2 项规定的"企业名称"。换言之，即便境外企业未在中国注册成立法律实体并使用相关企业字号，但通过在中国境内对于其境外企业字号的使用，例如，交易、参展、宣传、慈善公益活动等，亦可得到反不正当竞争法的保护。

（四）仿冒纠纷与侵害企业名称（商号）权纠纷及姓名权纠纷之间的区别？

对于擅自使用他人有一定影响的企业名称的行为，一般均属于市场交易行为，当事人之间一般存在竞争或合作关系。竞争对手之间涉及企业名称使用的争议，往往属于不正当竞争纠纷。需要注意，擅自使用他人有一定影响的企业名称、社会组织名称、姓名，应当是指被告使用了原告的企业名称、社会组织名称或者姓名，用于从事市场经营活动。对于不能归类于《反不正当竞争法》第 6 条第 4 项规定的其他侵犯企业名称的行为（不涉及市场经营活动的使用行为），有关民事案件案由应当确定为侵害企业名称（商号）权纠纷。对于自然人姓名的使用，如果并非在市场交易中使用，也就不存在竞争关系，不属于不正当竞争纠纷，而应当确定为姓名权纠纷。

请求权基础规范指引

处理仿冒纠纷的法律依据主要是《反不正当竞争法》第 6 条；《最高人民法院关于适用〈中华人民共和国反不正当竞争法〉若干问题的解释》第 4 条至第 10 条；《关于禁止仿冒知名商品特有的名称、包装、装潢的不正当竞争行为的若干规定》第 2 条至第 5 条。

二、虚假宣传纠纷

📝 案由释义

所谓虚假宣传，根据《反不正当竞争法》第8条的规定，是指经营者对其商品的性能、功能、质量、销售状况、用户评价、曾获荣誉等作虚假或者引人误解的商业宣传，欺骗、误导消费者，或者经营者通过组织虚假交易等方式，帮助其他经营者进行虚假或者引人误解的商业宣传的行为。

《最高人民法院关于适用〈中华人民共和国反不正当竞争法〉若干问题的解释》第17条第1款规定，经营者具有下列行为之一，欺骗、误导相关公众的，人民法院可以认定为《反不正当竞争法》第8条第1款规定的"引人误解的商业宣传"：(1)对商品作片面的宣传或者对比；(2)将科学上未定论的观点、现象等当作定论的事实用于商品宣传；(3)使用歧义性语言进行商业宣传；(4)其他足以引人误解的商业宣传行为。

📝 管辖规定

因不正当竞争行为提起的民事诉讼，由侵权行为地或者被告住所地人民法院管辖。对于上述侵权行为地，根据《民事诉讼法解释》第24条的规定，包括侵权行为实施地、侵权结果发生地。

📝 实践点击

（一）消费者是否可以作为适格原告依照《反不正当竞争法》提起侵权诉讼？

不能，消费者并非虚假宣传之诉的适格原告。根据《民事案件案由规定》，"虚假宣传纠纷"属于"不正当竞争纠纷"项下的一个子级案由，故"虚假宣传之诉"唯一指向的应当是依据《反不正当竞争法》提起的虚假宣传纠纷。根据《反不正当竞争》第17条第2款的规定，起诉的适格主体通常为经营者（具有现实或潜在可能的竞争关系），而非普通消费者（即便其因被告虚假宣传行为遭受某种直接现实的损失）。实际上，实践中不乏以消费者名义起诉的所谓的"虚假宣传纠纷"，这些案件的案由实则为合同纠纷、侵权责任纠纷等。因此，消费者如确因虚假宣传行为受到损害，虽无法基于《反不正当竞争法》起诉，却可援引《民法典》《消费者权益保护法》《广告法》《食品安全法》等法律寻求司法、行政执法的救济。

（二）虚假宣传与虚假广告之间的区别？

《反不正当竞争法》第20条规定，经营者违反本法第8条规定对其商品作虚假或者引人误解的商业宣传，或者通过组织虚假交易等方式帮助其他经营者进行虚假或者引人误解的商业宣传的，由监督检查部门责令停止违法行为，处20万元以上100万元以下的罚款；情节严重的，处100万元以上200万元以下的罚款，可以吊销营业执照。经营者违反本法第8条规定，属于发布虚假广告的，依照《广告法》的规定处罚。

《广告法》第2条第1款规定，在中华人民共和国境内，商品经营者或者服务提供者通过一定媒介和形式直接或者间接地介绍自己所推销的商品或者服务的商业广告活动，适用本法。《广告管理条例》第2条规定，凡通过报刊、广播、电视、电影、路牌、橱窗、印刷品、霓虹灯等媒介或者形式，在中华人民共和国境内刊播、设置、张贴广告，均属本条例管理范围。

由上述法律法规规定可知，《反不正当竞争法》第20条的含义是：（1）虚假宣传包括虚假广告，虚假广告属于虚假宣传的一种形式；（2）经营者违反《反不正当竞争法》第8条的规定，通过报刊、广播、电视、电影、路牌、橱窗、印刷品、霓虹灯等媒介和形式，对其商品的性能、功能、质量、销售状况、用户评价、曾获荣誉等作虚假或者引人误解的商业宣传，属于发布虚假广告，依照《广告法》的规定处罚；（3）虚假广告以外的虚假宣传，按《反不正当竞争法》的规定处罚。

请求权基础规范指引

处理虚假宣传纠纷的法律依据主要是《反不正当竞争法》第8条、第17条、第20条，《最高人民法院适用〈中华人民共和国反不正当竞争法〉若干问题的解释》第 16 条、第 17 条，《广告法》第 2 条以及《广告管理条例》第 2 条。

三、侵害商业秘密纠纷

案由释义

所谓商业秘密，根据《反不正当竞争法》第 9 条第 4 款的规定，是指不为公众所知悉、具有商业价值并经权利人采取相应保密措施的技术信息、经营信息以及其他类型的商业信息。一般认为，商业秘密应当具备秘密性、价值性和保密性三个要件。具备前述三要件的技术信息被称为技术秘密；具备前述三要件的经营信息，包括客户信息等，被称为经营秘密。

管辖规定

因不正当竞争行为提起的民事诉讼，由侵权行为地或者被告住所地人民法院管辖。对于上述侵权行为地，根据《民事诉讼法解释》第 24 条的规定，包括侵权行为实施地、侵权结果发生地。

实践点击

（一）侵害商业秘密纠纷案件中，原告需要在立案时提供哪些证据？

可以分为权利证据、侵权证据、赔偿证据三个部分。

对于权利证据，原告应首先明确商业秘密的性质（是经营秘密还是技术秘密）和内容（如经营秘密主要包括客户名单、经营计划、货源渠道、财务资料等，技术秘密主要包括产品配方、工艺流程、设计图纸、产品模型、计算机源程序等），并从"可以带来经济收益""实用性""已采取保密措施"等角度证明该秘密符合商业秘密的法定构成要件。

对于侵权证据，原告应提供被告已经实施或者即将实施侵权行为的证据材料，如被控侵权产品的实物、照片、销售发票，被控侵权行为的公证书等。侵犯商业秘密案件中，原告应提供被告采取违法手段获得、使用、披露原告所有的商业秘密，以及被告使用的信息与原告所有的商业秘密相同的证据材料。

对于赔偿证据，一般分为因侵权行为引发的损失证据和为制止侵权行为支付合理费用的证据。对于侵权损失，权利人可以提供财务账册、销售记录、涉案知识产权的许可合同等证明权利人因侵权行为遭受的损失或者侵权人因侵权行为获得的收益；对于合理费用，一般需提供公证费、调查费、律师费、差旅费的发票等实际付款的凭证。

（二）侵犯商业秘密纠纷案件中，哪些原告是适格主体？

根据《反不正当竞争法》《最高人民法院关于审理侵犯商业秘密民事案件适用法律若干问题的规定》的规定，一般认为可以提起诉讼的主体包括商业秘密的权利人以及商业秘密的被许可人。

根据《最高人民法院关于审理侵犯商业秘密民事案件适用法律若干问题的规定》第26条的规定，商业秘密的独占使用被许可人有权单独提起诉讼；排他使用被许可人有权和权利人共同提起诉讼，或者在权利人不起诉的情况下自行提起诉讼；普通使用被许可人有权和权利人共同提起诉讼，或者获得权利人书面授权后有权单独提起诉讼。

（三）侵犯商业秘密纠纷案件中，非经营者是否可以被列为被告？

侵犯商业秘密行为的主体，即被告诉讼主体资格，包括经营者以及经营者以外的其他自然人、法人和非法人组织。关于经营者涉嫌侵犯商业秘密的民事法律责任规定在《反不正当竞争法》第17条。《最高人民法院关于审理侵犯商业秘密民事案件适用法律若干问题的规定》第16条规定，经营者以外的其他自然人、法人和非法人组织侵犯商业秘密，权利人依据《反不正当竞争法》第17条的规定主张侵权人应当承担的民事责任的，人民法院应予支持。因此，在办理侵犯商业秘密民事案件中，经营者和非经营者均可列为被告，并且其因可能的侵权行为而需要承担的民事法律责任的认定标准一致。

（四）侵犯商业秘密民事纠纷案件中，原告是否可以向法院申请证据保全和行为保全？

侵犯商业秘密民事纠纷案件中，作为原告方，基于某些特殊情形，可以向法院申请证据保全和行为保全。根据《民事诉讼法》第 84 条的规定，在证据可能灭失或者以后难以取得的情况下，可以向人民法院申请证据保全。侵犯商业秘密民事纠纷案件中，原告申请证据保全主要集中于两类证据：一是被告的侵权证据，如被告与客户的往来合同、被告的技术资料等；二是被告的侵权获利证据，如企业财务账册等。

根据《最高人民法院关于审理侵犯商业秘密民事案件适用法律若干问题的规定》第 15 条的规定，侵权行为人试图或者已经以不正当手段获取、披露、使用或者允许他人使用权利人所主张的商业秘密，基于当事人/权利人权益的保护，可以向人民法院申请行为保全。

（五）原告是否可以主张"赔礼道歉"这一责任承担形式？

商业秘密只具有财产权属性，不具有人身权属性。赔礼道歉是针对人身利益和商业信誉受到损害的一种责任形式，因此对于侵犯商业秘密等仅涉及财产权益的知识产权民事案件，赔礼道歉这一责任承担形式一般不适用。

请求权基础规范指引

处理侵害商业秘密纠纷的法律依据主要是《反不正当竞争法》第 9 条、第 17 条，《最高人民法院关于审理侵犯商业秘密民事案件适用法律若干问题的规定》第 3 条至第 7 条、第 15 条、第 16 条、第 26 条，《最高人民法院关于第一审知识产权民事、行政案件管辖的若干规定》第 1 条，《最高人民法院关于北京、上海、广州知识产权法院案件管辖的规定》第 1 条。

四、网络不正当竞争纠纷

案由释义

所谓网络不正当竞争，根据《反不正当竞争法》第 12 条的规定，是指经营者利用技术手段，通过影响用户选择或者其他方式，实施妨碍、破坏其他经营者合法提供的网络产品或者服务正常运行的行为。具体包括以下行为：（1）未经其他经营者同意，在其合法提供的网络产品或者服务中，插入链接、强制进行目标跳转；（2）误导、欺骗、强迫用户修改、关闭、卸载其他经营者合法提供的网络产品或者服务；（3）恶意对其他经营者合法提供的网络产品或者服务实施不兼容；（4）其他妨碍、破坏其他经营者合法提供的网络产品或者服务正常运行的行为。

管辖规定

《最高人民法院关于适用〈中华人民共和国反不正当竞争法〉若干问题的解释》第 26 条第 1 款规定，因不正当竞争行为提起的民事诉讼，由侵权行为地或者被告住所地人民法院管辖。关于侵权行为地的确定，《民事诉讼法解释》第 24 条规定，侵权行为地包括侵权行为实施地、侵权结果发生地。

同时，若被诉侵权行为被认定为信息网络侵权行为，《民事诉讼法解释》第 25 条规定了关于信息网络侵权的特殊管辖规则，即信息网络侵权行为实施地包括实施被诉侵权行为的计算机等信息设备所在地，侵权结果发生地包括被侵权人住所地。

实践点击

（一）网络不正当竞争行为与信息网络侵权行为之间的关系？

信息网络侵权行为具有特定含义，指的是侵权人利用互联网发布直接侵害他人合法权益的信息的行为，主要针对的是通过信息网络侵害他人人身权益以及侵害他人信息网络传播权等行为，比如侵权人在互联网上发布的信息直接侵害权利人对作品享有的信息网络传播权等。信息网络侵权行为具有特定含义和范围，并非凡是案件事实与网络有关的不正当竞争行为均属于信息网络侵权行为。

（二）网购收货地能否作为网络不正当竞争案件管辖连接点？

在网络购物环境下产生的不正当竞争纠纷诉讼中，对于网购收货地能否依据上述规定作为管辖连接点，实践中一直存在争议，原告往往希望向网络购物收货地法院起诉，主要理由是认为收货地就是侵权结果发生地，以此作为案件管辖的连接点。《最高人民法院关于适用〈中华人民共和国反不正当竞争法〉若干问题的解释》第 26 条第 2 款的规定对网购收货地能否作为不正当竞争纠纷问题予以明确，即当事人主张仅以网络购买者可以任意选择的收货地作为侵权行为地的，人民法院不予支持。

（三）网络不正当竞争行为发生在中华人民共和国领域外应当如何确定管辖？

《最高人民法院关于适用〈中华人民共和国反不正当竞争法〉若干问题的解释》第27条规定，被诉不正当竞争行为发生在中华人民共和国领域外，但侵权结果发生在中华人民共和国领域内，当事人主张由该侵权结果发生地人民法院管辖的，人民法院应予支持。

请求权基础规范指引

处理网络不正当竞争纠纷的法律依据主要是《反不正当竞争法》第12条、第24条。

第七章
特别程序类高频案由

第一节
高频案由分析

通过对 5 年来[①]上海市闵行区人民法院特别程序的收案情况进行统计分析，申请司法确认调解协议的案件占比为 80.5%，为最高频案由。其次为申请认定自然人无民事行为能力、限制民事行为能力案件，约占 16.8%，申请宣告公民失踪、申请宣告公民死亡案件约占 0.6%，申请人身安全保护令案件约占 0.6%；其余为非高频案由，合计约占 1.5%。

第二节
申请司法确认调解协议

案由释义

申请司法确认调解协议是指对经人民调解委员会或依法设立的调解组织调解达成的调解协议，当事人可以在一定期限内共同向有管辖权的人民法院

---

① 相关案件数据的统计期间为 2019 年 1 月至 2023 年 7 月。

申请司法确认,经人民法院依法确认有效的人民调解协议具有强制执行力。

管辖规定

《民事诉讼法》第 205 条规定,经依法设立的调解组织调解达成调解协议,申请司法确认的,由双方当事人自调解协议生效之日起 30 日内,共同向下列人民法院提出:(1)人民法院邀请调解组织开展先行调解的,向作出邀请的人民法院提出;(2)调解组织自行开展调解的,向当事人住所地、标的物所在地的、调解组织所在地的基层人民法院提出;调解协议所涉纠纷应当由中级人民法院管辖的,向相应的中级人民法院提出。

《民事诉讼法解释》第 352 条规定,两个以上调解组织参与调解的,各调解组织所在地人民法院均有管辖权;双方当事人可以共同向其中一个有管辖权的人民法院提出申请;双方当事人共同向两个以上有管辖权的人民法院提出申请的,由最先立案的人民法院管辖。

实践点击

(一)当事人向人民法院申请司法确认调解协议的,应提交哪些材料?

当事人申请时,应当向法院提交调解协议、调解组织主持调解的证明,与调解协议相关的财产权利证明材料等,并提供双方当事人的身份、住所、联系方式等基本信息。委托他人代为申请的,必须向人民法院提交委托人签名的授权委托书。

(二)哪些情况下当事人申请司法确认调解协议,法院裁定不予受理?

有下列情形之一的,人民法院裁定不予受理:(1)不属于人民法院受理范围的;(2)不属于收到申请的人民法院管辖的;(3)申请确认婚姻关系、亲子关系、收养关系等身份关系无效、有效或者解除的;(4)涉及适用其他特别程序、公示催告程序、破产程序审理的;(5)调解协议内容涉及物权、知识产权确认的;(6)人民法院确认调解协议有效后,当事人就同一纠纷重新起诉的。

案例链接:曾某系赵某收养之女,收养关系经民政部门登记。曾某成年后，双方关系出现矛盾并逐渐恶化。赵某与曾某经 M 区联合人民调解委员会达成调解协议，解除双方收养关系。后赵某向 M 区人民法院申请确认上述调解协议效力。法院在审查后，认为该案系申请确认收养关系解除的情况，故裁定不予受理。

请求权基础规范指引

申请司法确认调解协议的法律依据主要是《人民调解法》第33条，《民事诉讼法》第205条、第206条，《最高人民法院关于人民调解协议司法确认程序的若干规定》。

第三节
认定公民无民事行为能力、限制民事行为能力案件

案由释义

公民的民事行为能力是指公民能以自己的行为取得民事权利、承担民事义务的资格。公民的民事行为能力分为三类：完全民事行为能力、限制民事行为能力与无民事行为能力。无民事行为能力是指公民不具有以自己的行为取得民事权利和承担民事义务的能力。限制民事行为能力又称不完全民事行为能力，是指公民在一定范围内具有民事行为能力，超出一定范围便不具有相应的民事行为能力。限制民事行为能力人只能进行与其年龄、智力、精神健康状况相适应的民事法律行为，其他比较复杂或重大的民事法律行为则必须由其法定代理人代理或在征求其法定代理人同意后进行。

申请认定公民无民事行为能力是指申请人依据一定的事实依据，请求人民法院认定特定公民为无民事行为能力人。

申请认定公民限制民事行为能力是指申请人根据一定的事实和理由，向人民法院申请特定公民为限制民事行为能力人。

📝 管辖规定

《民事诉讼法》第 198 条规定，申请认定公民无民事行为能力或者限制民事行为能力，由利害关系人或者有关组织向该公民住所地基层人民法院提出。

📝 实践点击

（一）申请认定公民无（限制）民事行为能力的情况都有哪些？

一种是利害关系人单独向人民法院申请认定公民无（限制）民事行为能力，法院依据《民事诉讼法》的特别程序审理；另一种是在诉讼过程中，当事人及利害关系人提出一方当事人为无（限制）民事行为能力，人民法院认为有必要对其行为能力予以确认的，按照《民事诉讼法》特别程序处理，先作出当事人有无民事行为能力的判决，原诉讼中止。

（二）哪些主体可以申请认定公民为无民事行为能力或者限制民事行为能力人？

可由利害关系人或有关组织提出申请，具体可见表 7-1。

表 7-1　申请宣告公民行为能力的主体

类型	主体
利害关系人	近亲属
	被申请人的债权人、债务人、合伙人等与被申请人有民事权利义务关系的人
有关组织	居委会、村委会、学校、医疗机构、妇女联合会、残疾人联合会、依法设立的老年人组织、民政部门

（三）在向法院申请认定公民行为能力的案件中，申请人需提供哪些材料？

申请人一般需要提交：（1）申请书；（2）申请人的身份证明材料；（3）申请人与被申请人之间的亲属关系证明，如户口簿、公安机关出具的证明或人事档案等；（4）被申请人不能辨认或不能完全辨认自身行为的证明材料，如医院诊断证明、病例等。

（四）认定公民无民事行为能力或者限制民事行为能力的案件中，人民法院是否必须对被申请人进行医学鉴定？

人民法院在受理申请后，必要时应当对被请求认定无民事行为能力或限制民事行为能力的公民进行鉴定。申请人已经提供鉴定意见的，人民法院应当对鉴定意见进行审查，审查核实没有疑问的，可不再进行医学鉴定。

请求权基础规范指引

处理申请认定公民无民事行为能力或限制民事行为能力案件的法律依据主要是《民法典》第21条至第24条，《民事诉讼法》第198条至第201条，《民事诉讼法解释》第347条、第350条。

第四节 宣告失踪、宣告死亡案件

案由释义

申请宣告公民失踪，是指公民离开自己的住所下落不明，经过法定的期限仍无音讯，利害关系人申请人民法院宣告该公民为失踪人。法律设立宣告公民失踪制度的重要意义在于公民失踪以后，其财产无人管理，难免会造成毁损、流失或被他人侵犯的后果，法院宣告公民失踪以后即可指定财产代管人，保护失踪人的合法权益。

申请宣告公民死亡，是指公民离开自己的住所地或最后居住地，下落不明满法定期限，利害关系人申请人民法院宣告该公民死亡。宣告公民死亡是法律上的推定死亡，将产生与公民自然死亡同样的法律后果。

管辖规定

《民事诉讼法》第190条规定，公民下落不明满2年，利害关系人申请宣告其失踪的，向下落不明人住所地基层人民法院提出。

《民事诉讼法》第 191 条第 1 款规定，公民下落不明满 4 年，或者因意外事件下落不明满 2 年，或者因意外事件下落不明，经有关机关证明该公民不可能生存，利害关系人申请宣告其死亡的，向下落不明人住所地基层人民法院提出。

实践点击

（一）申请宣告公民失踪应满足什么条件？

申请宣告公民失踪，应当满足以下几个条件：（1）时间上，要有失踪事实且上述事实持续满 2 年。（2）申请主体上，申请宣告失踪的申请人须是利害关系人。符合法律规定的多个利害关系人提出宣告失踪、宣告死亡申请的，列为共同申请人。（3）管辖上，审理申请宣告自然人失踪的法院是失踪人住所地的基层人民法院。此外，申请书应当附有公安机关或其他有关机关关于该公民下落不明的书面证明。（见表 7-2）

案例链接： 朱某与张某系夫妻。2021 年 2 月 13 日张某离家出走，朱某拨打其电话始终无法与其取得联系。之后朱某又向张某的母亲、妹妹等亲属打听，也无法得知张某的下落。2023 年 5 月 3 日，朱某向张某户籍所在地法院申请宣告张某失踪。人民法院经审查案件符合受理条件，可以受理。

（二）申请宣告公民死亡应满足什么条件？

申请宣告公民死亡，应当满足以下几个条件：（1）自然人下落不明满 4 年；因意外事件下落不明的，自然人下落不明的时限为 2 年；因意外事件下落不明，经有关机关证明该自然人不可能生存的，申请人申请宣告死亡不受 2 年时限的限制。（2）由利害关系人提出申请。（3）要向下落不明人住所地的基层人民法院提出申请。同样，申请时应当附有公安机关或其他机关关于该公民下落不明的书面证明。（见表 7-2）

表 7-2 申请宣告失踪与宣告死亡的条件

类型	宣告失踪	宣告死亡
时间限制	2 年	4 年；因意外事件下落不明，时间为 2 年；因意外事件下落不明且有关机关证明不能生存的，没有时间限制

续表

类型	宣告失踪	宣告死亡
主体限制	利害关系人	利害关系人
公告期	3 个月	1 年；意外事件下落不明且有关机关证明不能生存的，时间为 3 个月
法律后果	财产代管	身份关系变动以及财产重新安排

（三）可以向法院申请宣告公民失踪或死亡的利害关系人有哪些？

可以向法院申请宣告公民失踪或死亡的利害关系人包括被申请人的配偶、父母、子女、兄弟姐妹、祖父母、外祖父母、孙子女、外孙子女以及其他与被申请人有民事权利义务关系（如债权债务关系）的民事主体。符合法律规定的多个利害关系人提出宣告失踪、宣告死亡申请的，列为共同申请人。

案例链接：胡甲和胡乙系胡丙（1960 年出生）的哥哥。2000 年，胡丙外出务工回来时带着妻子何某及女儿胡小某。2001 年，何某带走女儿胡小某，至今下落不明。2009 年开始，胡丙即与胡甲共同生活。2022 年 9 月，胡丙因交通事故死亡，事故的赔偿款由政府社会事务办暂时保管。为了胡丙的死亡赔偿款有人代管，胡甲与胡乙兄弟两人向法院申请宣告何某和胡小某失踪。法院认为，胡甲、胡乙与胡丙属于法律上的利害关系人，而与何某、胡小某之间没有法律上的利害关系，因此胡甲、胡乙申请宣告何某、胡小某失踪，属于主体不适格，故裁定驳回其申请。

（四）利害关系人在申请宣告失踪或死亡时，有无顺序上的限制？

一般无先后顺序的限制。此处的例外是，当失踪人尚有配偶、父母或子女的情况下，其兄弟姐妹不具有申请宣告死亡的资格。根据《民法典》继承编的规定，自然人死亡后的第一顺序继承人不包括兄弟姐妹，此种情况下其同失踪人的身份利益关系是很弱的，不应将其认定为利害关系人。

案例链接：张甲是张乙的姐姐，其父母均已死亡。2011 年 3 月，张乙离家出走，至申请宣告死亡时仍下落不明。张甲作为利害关系人向法院申请宣告张乙死亡。因其无法向法院提供张乙配偶及子女的有关情况，被法院裁定不予受理。之后其提起上诉。二审法院认为，张甲申请宣告张乙死亡，应提交被申请人张乙的配偶、子女的生存证明，否则在张乙尚有配偶、子女的情况下，张甲作为张乙的姐姐，不能构成法律规定的利害关系人，不具有申请宣告死亡的资格。最终，二审法院裁定驳回张甲的上诉，维持原裁定。

（五）哪些人不能作为申请宣告失踪人死亡的利害关系人？

一是失踪人的一般债权人或债务人。债权人可以通过申请宣告债务人失踪来确定财产代管人，由财产代管人参与诉讼偿还其债务，而不需要宣告债务人死亡来实现其债权。二是与失踪人有劳动关系的单位，和一般债权人一样，单位也可以通过申请宣告失踪实现利益。

（六）利害关系人向法院申请宣告失踪或死亡的，应当提交哪些材料？

利害关系人向人民法院申请宣告公民失踪或死亡的，不能口头提出，应当提交申请书。申请书应当写明该公民失踪的事实、时间和请求，并附有公安机关或其他有关机关关于该公民下落不明的书面证明。被申请人已经被法院宣告失踪的，还应提交法院宣告失踪的判决书。在主体材料方面，申请人应提交与被申请人之间的身份关系材料，如户口簿、公安机关等组织出具的身份证明材料或双方具有民事权利义务关系的凭证，如判决书等。

案例链接：李某系康某外甥，因康某下落不明几十余年，现向 W 区人民法院申请宣告其死亡。李某向 W 区人民法院提交了该院 1988 年所作判决书，确定被申请人的姓名、性别、民族、出生时间、籍贯等信息，该案判决书在事实查明部分还确认被申请人于中华人民共和国成立前夕离家出走，至今下落不明。W 区人民法院在审查后认为申请人没有提供公安机关或有关机关关于康某下落不明的书面证据，裁定不予受理。后李某提起上诉。M 中级人民法院认为，康某于 1949 年下落不明，W 区人民法院 1988 年民事判决书亦确认康某于 1949 年下落不明的事实，故上诉人李某的申请符合条件。

请求权基础规范指引

处理申请宣告自然人失踪、申请宣告自然人死亡案件的法律依据主要是《民法典》总则编第 2 章自然人中第 3 节宣告失踪和宣告死亡的相关规定，

《民事诉讼法》第 15 章特别程序中第 3 节宣告失踪、宣告死亡案件的相关规定，《民事诉讼法解释》第 17 章特别程序中关于宣告失踪、宣告死亡的规定。

第五节 申请人身安全保护令案件

📝 案由释义

申请人身安全保护令是指申请人因遭受家庭暴力或者面临家庭暴力的现实危险而申请人民法院出具的禁止或者责令被申请人为一定行为的裁定。

📝 管辖规定

《反家庭暴力法》第 25 条规定，人身安全保护令案件由申请人或被申请人居住地、家庭暴力发生地的基层人民法院管辖。

📝 实践点击

（一）哪些人可以申请人身安全保护令？

申请人身安全保护令的主要是遭受家庭暴力或者面临家庭暴力的家庭成员。无论男女都可以成为申请人。当事人是无民事行为能力人、限制民事行为能力人，年老、残疾、重病的人，或者因受到强制、威吓等原因无法申请人身安全保护令的人，其近亲属、公安机关、民政部门、妇女联合会、居民委员会、村民委员会、残疾人联合会、依法设立的老年人组织、救助管理机构等可以代为提出申请。

（二）只有家庭成员间才能申请吗？如果只是恋爱关系呢？

《妇女权益保障法》第 29 条规定，禁止以恋爱、交友为由或者在终止恋爱关系、离婚之后，纠缠、骚扰妇女，泄露、传播妇女隐私和个人信息。妇女遭受上述侵害或者面临上述侵害现实危险的，可以向人民法院申请人身安全保护令。这项规定再次扩展了人身安全保护令的适用范围，不再限于家庭成员，在更大范围内为受害群体提供了权利救济的依据：以恋爱、交友为名，或者在终止恋爱关系、离婚之后，被纠缠或骚扰的妇女也可以成为申请人。需要注意的是，这种情况仅限于女性作为申请人。

案例链接：男方张某与女方林某原为情侣关系，2022年11月，林某提出分手后，张某每天频繁打电话、发送微信骚扰林某，微信内容带有大量侮辱性字眼，并有要去林某小区和儿子的学校张贴林某身份证和开房记录等人身威胁言论，还三次前往林某所在小区，拍摄小区图片发送给林某。在张某的骚扰、威胁下，林某担惊受怕、精神紧张，严重影响日常生活，因此向上海市闵行区人民法院提出人身安全保护令申请。本案中，根据申请人提供的证据和双方陈述，在双方终止恋爱关系后，被申请人频繁向申请人发送带有严重侮辱性、暴力性言论的微信，到申请人住处所在小区拍照，并以侵害申请人及其近亲属的生命权、名誉权、隐私权、财产权相威胁，已对申请人的生活造成实质影响，足以认定申请人遭受被申请人骚扰并面临较大可能性的暴力现实危险，其申请符合作出人身安全保护令的法定条件。据此，上海市闵行区人民法院作出以下裁定：第一，禁止被申请人张某对申请人林某实施暴力；第二，禁止被申请人张某骚扰、跟踪、接触申请人林某及其近亲属。

（三）家庭暴力的形式有哪些？

家庭暴力指侵害身体、精神等的行为，包括但不限于冻饿、经常性侮辱、诽谤、威胁、跟踪、骚扰、殴打、捆绑、残害、限制人身自由等侵害行为。此外，妇女被泄露、传播隐私和个人信息也在保护范围之内。

（四）如何申请人身安全保护令？

申请人身安全保护令应当以书面方式提出；书面申请确有困难的，可以口头申请，由人民法院记入笔录。向人民法院申请人身安全保护令，不收取诉讼费用。若以书面方式提出申请，需准备表7-3所列材料。

表 7-3 申请人身安全保护令所需材料

类型	材料
当事人身份证明材料	申请人及被申请人的身份信息，如身份证复印件、户口簿复印件、户籍摘抄、结婚证复印件等
事实证明材料	证明遭受家庭暴力或面临家庭暴力现实危险的证据，如公安机关的行政处罚决定书、医疗机构的诊疗记录等。《最高人民法院关于办理人身安全保护令案件适用法律若干问题的规定》第 6 条第 2 款共列举了 11 种证据
管辖证据材料	能证明管辖连接点的相关证据材料

（五）申请人身安全保护令是否要以家事诉讼的提起为前提？

人身安全保护令的申请不以家事诉讼的提起为前提。家事纠纷案件中的当事人向人民法院申请人身安全保护令的，由审理该案的审判组织作出是否发出人身安全保护令的裁定；若申请人在接受其申请的人民法院并无正在进行的家事案件诉讼，由法官以独任审理的方式审理。法院受理申请后，应当在 72 小时内作出人身安全保护令或者驳回申请；情况紧急的，应当在 24 小时内作出。

请求权基础规范指引

处理此类纠纷的法律依据主要是《反家庭暴力法》第 4 章，《最高人民法院关于办理人身安全保护令案件适用法律若干问题的规定》，《妇女权益保障法》第 29 条等相关规定。